上海国际邮轮旅游人才培训基地
Shanghai International Cruise Training Center

国际邮轮产品运营和服务规范

INTERNATIONAL CRUISE PRODUCT OPERATION AND SERVICE CRITERION

"上海国际邮轮旅游人才培训基地"教材编委会 编

中国旅游出版社

《国际邮轮产品运营和服务规范》教材编委会

主　编　何　玲（上海市旅游培训中心）
　　　　　　（上海国际邮轮旅游人才培训基地）

副主编　徐珏慧（上海港国际客运中心开发有限公司）
　　　　　　（中国港口协会邮轮游艇码头分会）
　　　　　郭　训（上海市旅游培训中心）
　　　　　　（上海国际邮轮旅游人才培训基地）

编　者　甘胜军（上海海事大学）
　　　　　贺学良（上海旅游高等专科学校）
　　　　　王雨佳（上海航空国际旅游（集团）有限公司）
　　　　　施悦儿（上海港国际客运中心开发有限公司）
　　　　　崔文文（上海港国际客运中心开发有限公司）
　　　　　鲍　侠（上海众信国际旅行社有限公司）
　　　　　许　吉（上海携程国际旅行社有限公司）
　　　　　赵西安（上海驴妈妈兴旅国际旅行社有限公司）
　　　　　李嘉禄（诺唯真游轮控股有限公司）
　　　　　薛　巍（公主邮轮公司）

前　言

　　《国际邮轮产品运营和服务规范》是专门为从事国际邮轮旅游市场运营管理和市场销售的人员量身定制的教学用书。本书深入分析了近几年国际国内邮轮旅游市场发展趋势，同时从邮轮公司和旅行社两个角度总结提炼出国际邮轮产品运营和服务规范的相关知识。本书作为邮轮旅游行业前瞻性和系统性教材，具有以下特点：

　　国际视野，国内结合。本书的编写具有国际化战略高度和视野，通过大量数据的收集整理，以国际邮轮市场和国际邮轮企业为研究基础，再结合国内实际情况进行总结分析。

　　行业引领，实操性强。与市面上大多数偏重传授理论知识的教材不同，本书提炼了近几年中国邮轮旅游市场的运营经验总结，诸如"邮轮产品设计和定价""包价邮轮产品运营流程""邮轮定制化服务""邮轮市场运营模式和分销渠道""OTA和邮轮产品分销平台""邮轮保险和合同""邮轮突发事件应急和纠纷处理"等内容都是具有较强的实操性和行业指导意义。

　　信息量大，通俗易读。本书内容涵盖了国际邮轮旅游市场、产品设计运营、市场营销和渠道分销以及相关法律法规、应急纠纷等方方面面，知识面和信息量庞大。在文字编排上也图文并茂、通俗易懂，既可作为邮轮旅游行业职业能力培训和自学教材，也可作为旅游大专院校邮轮专业学生教学用书。

　　全书共分七章，各章节分工如下：第一章为邮轮旅游市场现状（甘胜军编写）、第二章为邮轮旅游市场经营模式（甘胜军、郭训编写）、第三章为邮轮产品设计和运营（施悦儿、李嘉禄编写）、第四章为邮轮旅游产品服务流程和规范（鲍侠、许吉、王雨佳、郭训编写）、第五章为邮轮旅游产品的营销及渠道分销（贺学良、崔文文、赵西安编写）、第六章为邮轮旅游安全和风险防范（王雨佳、薛巍编写）、第七章为邮轮旅游突发事件应急和纠纷处理（王雨佳编写）。全书修改为郭训，校稿和统稿为徐珏慧和何玲。

　　本书作为中国港口协会邮轮游艇码头分会推荐使用教材，在编写过程中进行了大量行业调研，并参阅了国内外诸多资料。在此感谢上海海事大学程爵浩先生、上海工程技术大学（上海吴淞口国际邮轮港发展有限公司）叶欣梁先生对本书提出的宝贵评审意见，以及上海市南湖职业学校龙艺和张琼女士、上海航空国际旅游（集团）有限公司魏丰珺和张进女士、上海市旅游培训中心（上海国际邮轮旅游人才培训基地）张悦女士为本书出版所做的大量工作，在此一并表示感谢。由于时间所限，本书尚存不足之处，请予以批评指正，以待进步。

编　者
2017 年 6 月 1 日

目 录
CONTENTS

第一章

邮轮旅游市场发展现状

世界邮轮旅游市场的发展主要经历了 4 个阶段，即过渡萌芽期，诞生引进期，成长拓展期和繁荣成熟期。每个阶段的发展取决于不同的邮轮航线、细分市场以及邮轮旅游目的地，人类休闲需要是推动现代邮轮旅游产业持续发展的根本动因。邮轮产业的发展趋势是：全球邮轮市场稳步发展，东亚邮轮市场快速成长，我国邮轮市场潜力巨大。

我国邮轮产业的发展特征有：中国邮轮企业仍处于培育期，中国邮轮旅游市场渗透率低，中国潜在客户群体非常庞大，国内旅游企业积极布局市场，进入邮轮市场资金需求巨大。我国邮轮产业存在的主要问题有：邮轮旅游接受度仍不高，游客邮轮消费习惯不同，邮轮旅游产品航线单一，邮轮市场降价竞争现象普遍，预订习惯与西方差异大。我国邮轮产业的发展趋势是：中国游客邮轮需求不断高涨，各路资本争相布局邮轮市场，邮轮分销产业链的效率提升，邮轮的法规政策将密集出台。

第一节　国际邮轮旅游市场总体情况

邮轮（英文为 Cruise），或称邮船、巡航船、巡航定期船，原意是指海洋上的定线、定期航行的大型客运轮船，功能是把旅客运送到大洋彼岸，它的生活娱乐设施也是为了给旅客提供舒适行程和解闷。"邮"字本身具有交通的含义，而且过去跨洋邮件一般都是由这种大型快速客轮运载，故得此名。

如今邮轮的定义不再只是定期客运轮船，而是更侧重"游船"（英文为 Cruise、

Cruise Liner 或 Cruise ship），其航程、沿途目的地的选择和船上的设施等都是提供给乘客旅游服务的一部分，运输已不作为邮轮的主要用途，通常会将乘客送回出发的地点。

一、邮轮的历史

邮轮的历史包括了从远洋客船（Liners）到邮轮（Cruise）的演变。早期的远洋定期船，或称远洋班船、远洋客船，是将旅客（也运送货物与邮件，有时也运送部队）从一个港口经一条长途海线运送到另一个港口的船只，这些航线是固定的，也有时刻表。英语的船运公司称为"Shipping Lines"，旅程被称为"Line Voyages"，所以这些客、货船便被称为"Liners"，而"Ocean Liner"也可以跟"Passenger Liner"互用。有时照时刻表航行的货船也被称为"Liners"，但"Liners"不包括用作短途航行的渡船与没有运输用途的游船。远洋定期船的旅程通常较游船更长，短至一星期，长至数个月的也有。

一部浪漫的《泰坦尼克号》电影让中国普通老百姓知道了泰坦尼克号，也让我们能够一睹邮轮旅游的奢华盛况。从人类社会的发展来看，利用船舶运送乘客的历史很早就开始了，但是直到 1844 年，半岛和东方蒸汽航运公司（the Peninsula and Oriental Stream Navigation Co.）组织了从英国到西班牙、葡萄牙再到马来西亚和中国的航行，才是人类第一次邮轮航行。而现代意义上的邮轮产业则始于 20 世纪 70 年代早期，经济的发展带来可自由支配收入的增多，从而使人们能够纯粹为了娱乐而乘坐巨轮环游世界。

1972 年，迈阿密企业家特德·阿里森购买了一艘加拿大船只，并命名为马蒂格拉斯号，进而组建了嘉年华邮轮集团（Carnival Cruise Lines），开始了远洋邮轮经营。嘉年华邮轮和它的竞争者们——北欧海盗号、公主号、皇家加勒比邮轮等——不断推出新的包价邮轮旅行服务。进入 20 世纪 90 年代，新型的、吨位更大的、技术更先进的邮轮陆续投入使用。

到 2000 年，北美邮轮行业共拥有 156 艘邮轮，床位 16.4 万，每年运送的客人超过 600 万人次，收入大约 80 亿美元。1970 年到 2000 年期间，北美邮轮业的环比年增长率达到 8.9%。

2004 年，当地时间 1 月 26 日，世界上最大、最豪华的邮轮——玛丽女王二世号到达美国佛罗里达州劳德代尔堡的港口，顺利完成了它为时 14 天跨越大西洋的载客"处女航"。尽管此次航行价格不菲，最贵票价高达 4.8 万美元，但世界各地的游客依然蜂拥而至，2600 多张船票提前抢购一空。而 1 月 8 日英国女王伊丽莎白二世出席在南安普敦港口举行的邮轮命名仪式，以及当地时间 1 月 12 日在英国南安普敦举行的起航仪式也都引起了世界各大媒体的关注。据悉，玛丽女王二世号邮轮是由英国冠达（Cunard）航运公司出资 8 亿美元建造的，长 345 米，比美国最大的航空母舰还长，吃水线以上高度为74米，有15层甲板，排水量15万吨，邮轮可接待2600名乘客和1250名船员，并拥有14个风格各异的酒吧和俱乐部，6个装饰精美、流光溢彩的豪华餐厅，5个宽敞的游泳池，可容纳千人的剧院，1个图书馆，1个迪斯科舞厅，1个娱乐场和豪华舞厅等设施。

目前，邮轮产业在欧美规模庞大，有大约300艘邮轮，每天载着大量游客航行于加勒比海、巴哈马、百慕大、阿拉斯加、夏威夷、墨西哥湾、地中海、北欧等世界100多个国家和地区。

总之，在早期邮轮是邮政部门专用的运输邮件的交通工具之一，并且同样运送旅客，一般的邮轮均带有游览性质；现代邮轮是旅游性质的，就像是移动的海上度假村，船上娱乐设施应有尽有，是旅游目的地。现代邮轮和早期邮轮的区别，不在于船体大小，而在于两者的定位根本不同：早期邮轮是海上客运工具，它的定位是把旅客运送到大洋彼岸，它的生活娱乐设施也是为了给旅客提供舒适行程和解闷；而现代邮轮本身就是旅游目的地，其生活娱乐设施是海上旅游中一个重要组成部分，靠岸是为了观光或完成海上旅游行程。

二、发展的阶段

世界邮轮旅游市场的发展主要经历了4个主要阶段，即过渡萌芽期，诞生引进期，成长拓展期和繁荣成熟期。每个阶段的发展取决于不同的邮轮航线、细分市场以及邮轮旅游目的地，人类休闲需要是推动现代邮轮旅游产业持续发展的根本动因。

（一）过渡萌芽期（20世纪60年代末至70年代初）

据考证，早在古地中海时代，人类就因移民、战争、探险、贸易等需要，乘船航游于大海。由于当时技术落后，乘船航游区域十分有限，也十分危险。大约15、16世纪，这种依靠风帆动力的木制帆船，也达成了规模宏伟、名垂青史的远洋航行，如郑和下西洋访问亚非国家、哥伦布发现新大陆的探险之旅、麦哲伦的环球航行等，但那时乘船航游乘客少，主要目的是移民、战争、探险、贸易等。

19世纪初期，在第一次工业革命的推动下，轮船从风帆动力演进为蒸汽机动力。19世纪中后期，木制帆船被钢铁构造的船舶取代，煤炭、石油作为燃料，轮船航行速度快。技术进步推动了船舶工业的发展，航运公司开始制造客船，大不列颠号、大东风号等大型客轮问世，人们为了探险、旅行、寻找新的生存地等，开展海洋旅行。据资料记载，在1850年后，英国皇家邮政允许私营船务公司以合约形式，帮助他们运载信件和包裹，由此，一些原本只是载客船务公司旗下的载客远洋轮船，变为悬挂信号旗的载客远洋邮务轮船，"远洋邮轮"一词便由此诞生。

20 世纪初，轮船开始使用蒸汽涡轮发动机，船体大型、设施豪华、速度更快的邮轮如毛里塔尼亚号和露西塔尼亚号问世。这一阶段乘客主要是移民。1909 年 3 月 31 日，泰坦尼克号始建于北爱尔兰的最大城市贝尔法斯特的哈南德·沃尔夫造船厂，船体于 1911 年 5 月 31 日下水，以煤为燃料，以蒸汽为推动力，最大时速可达 23 节，全长约 269.06 米（882.75 英尺），宽 28.19 米（92.5 英尺），注册吨 46328 吨（净重 21831 吨），排水量达到规模空前的 66000 吨；船上配有室内游泳池、健身房、土耳其浴室、图书馆、升降机、壁球室等，奢华和精致堪称空前，是当时最大最有声望的载人邮船。这些客轮外表雄伟壮观，舱位通常分为两到三个等级，一等是富人舱，二等是中等收入群体，三等为统舱，是大众舱。一般来说，邮轮上，一、二等舱与三等舱乘客的比例大约为 1∶10，不同等级舱在住宿、就餐、饮食、娱乐等各方面差异明显。

第一次世界大战期间，大部分远洋轮船被征用改装成军队运输船。战后新一代轮船出现，客船更大、更豪华、更美观，特别是速度更快。1920 年，美国禁酒令颁布，公海成为美国人饮酒的唯一去处，众多美国人以饮酒为目的乘船出游，客轮的休闲娱乐功能开始显现。大约 20 世纪三四十年代，挪威号、伊丽莎白王后号、诺曼底号、卡罗尼亚号邮轮陆续诞生，用途主要是中产阶级乘船旅行以及作为二战时军队运输船等。特别是 1936 年建造的玛丽女王号，成为 30 年代豪华和大型跨洋客轮的代表。这一时期客轮仍被看作一种交通工具，承担运输任务，但以休闲度假为目的的现代邮轮也正逐步成型。

1958 年，喷气式飞机开辟飞越大西洋的商业服务，因其更为方便快捷，远洋客运陷入了不利的经营境地，加勒比海等地区的一些邮轮公司逐渐转向开拓新业务，即把客轮打造成海上流动的休闲场所。20 世纪 60 年代后，许多远洋客轮配置多种娱乐设施，改装成以旅游功能为主的邮轮，现代邮轮业拉开帷幕。

20 世纪 60 年代前的远洋客运是运输业的较小组成部分，尚未形成完整产业链，乘客数量和船公司收益增长缓慢，对区域经济的带动十分有限。这一时期的远洋邮轮存在三方面特征：一是船票是船公司最主要的收益来源，而以三等舱船票为绝大部分；二是主体功能为运输，主要乘客是为了穿越海域到达彼岸，为此客轮一般不会中途停靠多个港口方便乘客下船观光；三是乘客呈两极分化明显，有的是寻求享乐的上流社会人士，但大多数是背井离乡、寻找生计的劳苦大众。

20 世纪 60 年代初期往返美欧大陆之间的跨大西洋客运班轮每年的客运量超过了 100 万人次，70 年代初却急剧下降到每年 25 万人次左右。原来的客运班轮经营商迫于经营压力，不得不寻找新的经营方式。全球邮轮旅游业开始萌芽。

20 世纪 70 年代初是邮轮经营的痛苦转型时期，班轮公司正尝试由服务提供商的角色向提供邮轮设施及服务转变。但客运班轮本身并不一定适合开展新型的邮轮旅游休闲服务，其过渡还面临很多的障碍，如没有空调、不舒适的三等舱以及甲板上下缺乏公共空间等。这一阶段，人们对邮轮知之甚少。

（二）诞生引进期（20 世纪 70 年代至 80 年代）

这一时期诞生了现代意义上的邮轮产业，邮轮旅游产品所包含的内容也具备了今天的雏形。1966 年秋天，经营总部设在美国迈阿密的 NCL（Norwegian Caribbean Line，后改名为 Norwegian Cruise Line）公司首艘邮轮 Sunward 投入正式运营，这标志着现代邮轮产业的诞生。NCL 公司创始人 Kloster 的成功经营理念很快被邮轮业界接受，从此许多经营者陆续进入邮轮市场。

这一阶段人们对邮轮有了一定的了解，邮轮目标市场以本国游客为主，航线观光也是以本国观光地为基本港，但人们对邮轮的认识还局限在其豪华的外观、内部设施以及高昂的旅游费用方面。

这一时期，挪威邮轮、皇家加勒比邮轮、嘉年华以及 P&O 等公司相继正式组建各自的邮轮船队，涉足邮轮旅游。20 世纪 70 年代早期，邮轮航线巡游不再仅仅是航运的概念，已经成为休闲产业的一个有机组成部分。

20 世纪 60 年代是现代邮轮业诞生阶段，远洋轮船为化解与飞机竞争的不利困境，占取市场份额，便纷纷改装成以休闲娱乐为主的旅游邮轮：拆掉用于划分不同等级舱位的舱壁，扩大公共活动空间，装上空调，将多功能厅改建成舞厅、剧院，现代邮轮开始出现。也有了一些专为跨洋旅游新造的邮轮，如 1965 年建成的海洋号邮轮，1966 年挪威邮轮公司的向阳号邮轮首开先河销售 3~4 天的邮轮假期。为此，现代邮轮旅游业获得标志性发展。

20 世纪 60 年代晚期，出现了将空中飞行和海上航线合二为一的"飞机+邮轮"（fly+cruise）这一旅行模式，更进一步推动邮轮旅游产业的发展。由于团体包机服务可以将机票价格降低到合理的水平，飞机和邮轮的结合，对不喜欢海上长途旅行的年轻群体来说具有特别大的吸引力。

20 世纪 70 年代是现代邮轮旅游步入大众化阶段，邮轮公司纷纷建造度假邮轮，邮轮公司和航空公司联合销售客票，大大便利了乘客航游，乘邮轮旅游逐渐从精英阶层走向大众，嘉年华、皇家加勒比等邮轮公司纷纷组建邮轮船队。

（三）成长拓展期（20 世纪 80 年代至 90 年代中期）

这一阶段，嘉年华公司快速发展壮大，主要以引进二手改装船的方式进入加勒比海市场的角逐，采用强劲的"fun in the sun"广告攻势，并结合有竞争力的价格策略，成功地撬开大规模的青年消费市场。

这一时期，目前世界上规模最大的三大邮轮公司（嘉年华、皇家加勒比、丽星）都在邮轮旅游行业奠定了稳固的基础，并在欧美主流消费市场建立了各自的邮轮网络。与此同时，邮轮市场开始高度细分，提供的服务也不断丰富，市场得到拓展，人们对邮轮的需要逐渐增加。

20世纪80年代是现代邮轮研发创新阶段，许多超豪华邮轮建成下水，如80年代初挪威邮轮公司豪华装修的法国号，公主邮轮公司高舒适度的皇家公主号，计算机自动导航的风之星号，装备卫星新闻服务系统和温泉的伊丽莎白女王二世号，以及总注册吨位当时最大达73000吨的皇家加勒比公司的海上君主号。

20世纪90年代是现代邮轮业规模化发展阶段，邮轮产品日趋多样，游乐和休闲功能更加齐全，总注册吨位超过10万吨的巨型邮轮逐渐诞生，邮轮市场日渐成熟，世界邮轮旅游业快速扩张，到后期，世界邮轮游客年均达800万人次。

（四）繁荣成熟期（20世纪90年代中晚期至今）

1993年，一向处于全球邮轮市场边缘的亚太区域也有了变化——马来西亚丽星邮轮集团成立。该公司最初仅在新加坡和马来西亚提供邮轮服务，之后的业务扩展到整个亚太地区。2000年之后又收购NCL和Orient东方邮轮品牌，进入欧美市场。丽星集团在全球邮轮市场占有10%左右的市场份额，成为世界第三大联盟邮轮品牌。

世界主要邮轮公司都是以欧美区域市场为邮轮经营的基地发展起来的，随着人们对邮轮认识的逐渐清晰以及世界旅游业的发展，邮轮旅游在北美和欧洲逐渐成熟，由昔日上流社会特定的旅游时尚演变为中产阶级的大众旅游休闲活动。

20世纪80~90年代，北美和欧洲的邮轮市场就形成了系统的市场结构，市场发展进入成熟期，呈现较为繁荣的局面。20世纪以来是现代邮轮业全面提升阶段，主要体现在三方面：

一是世界传统邮轮目的地吸引力趋减，北美客源市场增速放缓，而亚洲人口多，经济社会发展快，邮轮设施纷纷改善，东方文化独具魅力，皇家加勒比、丽星、嘉年华等国际邮轮公司纷纷拓展亚洲和中国市场，2006年至2014年，我国邮轮出入境人数从16万人次增长到172.34万人次。

二是嘉年华邮轮公司2003年收购公主邮轮公司，行业进一步垄断竞争；以2014年为例，全球邮轮市场供给总体呈现寡头垄断格局。全球8大邮轮公司隶属于三大邮轮集团——嘉年华集团、皇家加勒比邮轮集团和丽星邮轮集团，占有全球邮轮旅游市场约85%的市场份额。其中嘉年华集团就占有全球市场56%份额。

三是国际邮轮上恐怖事件呈偶发态势，邮轮业快速发展对港口空气、水等环境造成影响等，如何加强社会规制、促进邮轮旅游持续快速健康和安全发展，已引起各方关注。

三、发展的特征

目前邮轮市场的繁荣成熟时期表现出来的特点主要体现在以下几个方面：

（一）全球邮轮旅游业持续快速增长

全球邮轮市场一直稳健增长，潜力很大。据 CLIA（国际邮轮协会）资料显示，自 1980 年以来，邮轮旅游人数一直以年均 8.6% 的速度增长，其中 1996~2006 年年均增长 9.3%，远远高于国际旅游业的整体发展速度。20 世纪 70 年代全球邮轮旅客 50 万人次，到 2006 年达到 1210 万人次，2017 年预期将达到 2500 万人次。邮轮公司的规模也稳定增加，20 世纪 80 年代建造邮轮近 40 艘，90 年代建造邮轮近 80 艘，2000~2007 年年底 88 艘邮轮投入营运，2017 年将有 26 艘邮轮投入运营，2017~2026 年，邮轮行业预计再引入 97 艘新邮轮，投资额约为 530 亿美元。

（二）邮轮日趋大型化和功能多样化

20 世纪 80 年代建造的邮轮单船平均达 2.6 万总吨、776 客位；90 年代建造的邮轮单船平均 4.6 万总吨、1205 客位；2000 年后建造的邮轮单船平均 7.66 万总吨、1815 客位，2007 年新邮轮平均 2611 客位。2007 年投入使用的"海上解放"号排水量 15.8 万吨，载客量 4375 人，2009 年投入使用的"海洋量子号"号排水量 22 万吨，载客量 5400 人。邮轮功能向多样化的方向发展，除了酒吧、咖啡厅、免税商店、夜总会、健身中心、图书馆、会议中心、青少年中心外，还设置豪华赌场、游泳池、高尔夫球场练习场、保龄球、篮球馆、排球馆、滑浪池、攀山墙、滑冰场等大型设施。

（三）世界邮轮航线分布比较集中

全球邮轮旅游活动的主要区域为加勒比海区域、欧洲/地中海区域、亚洲/南太平洋、阿拉斯加、墨西哥西海岸等地，其中加勒比海地区和欧洲/地中海区域又是最为密集的邮轮旅游活动区，邮轮到访量分别占全世界的 45.1% 和 22.4%。

（四）全球邮轮母港大都分布在美国

全球邮轮母港大都分布在美国，少数分别在加拿大、欧洲和东南亚等地区。其中北美邮轮经济最为发达，以美国迈阿密为例，其享有"世界邮轮之都"的美称，拥有 12 个超级邮轮码头，2000 米岸线，泊位水深达 12 米，可同时停泊 20 艘邮轮。欧洲邮轮经济历史悠久，形成了诸多邮轮都市，其中首推西班牙的巴塞罗那。巴塞罗那扼地中海出入大西洋的咽喉，旅游资源十分丰富，设有 6 个旅游客运码头，可同时停泊 9 艘邮轮。亚洲邮轮业虽起步较晚，但近年来发展势头良好，典型代表是新加坡、中国香港。

（五） 北美是全球邮轮旅游的主要市场

作为世界上最大的邮轮市场，北美游客数量始终占世界份额的 80%以上。2006 年全球邮轮旅客为 1210 万人，其中北美市场 1020 万人，占 84.2%；2007 年全球邮轮旅客达 1260 万，北美市场 1060 万人，占 84.1%。据研究，北美全球邮轮旅游总收入，从 1997 年的 77.9 亿美元，增加到 2006 年 206.4 亿美元。其中，2006 年美国全球邮轮总收入为 176 亿美元。

（六） 全球邮轮游客平均旅程为 7 天左右

全球邮轮游客平均旅程为 6.5~7 天，短期旅游的比重有所提高。从 20 世纪 80 年代中期开始，邮轮公司注重对短期（2~5 天）旅游市场的开拓，短期旅游的游客比重从 1980 年的 24.3%上升到 2001 年的 37.2%，前几年虽有所下降，但 2005 年以来又开始回升，2005 年为 33.9%。

（七） 邮轮旅游的主要对象是中产阶级

邮轮旅游属于高端产品，主要对象是中产阶级，2006 年全球邮轮游客平均年龄 50 岁，平均年家庭收入 10.4 万美元，57%的游客接受过大学教育。据研究，2006 年北美的全球邮轮旅游收入为 206.4 亿美元，平均每个游客支付 1720 美元，每天支付 248 美元。同时，在美国港口登船的旅客平均消费 136.2 美元，其中过夜游客消费 289.19 美元，不过夜游客消费 30.48 美元；在美国港口停靠的旅客平均消费 123.39 美元。

（八） 邮轮旅游市场呈现高度的寡头垄断

全球邮轮旅游市场主要为三大著名邮轮公司——嘉年华邮轮公司、皇家加勒比海邮轮公司与丽星邮轮公司所属的云顶集团公司所控制，占全球邮轮旅游市场 80%以上的份额。其中，嘉年华和皇家加勒比海总部均位于北美。60%以上的邮轮悬挂方便旗为方便航行和管理，主要悬挂巴哈马、巴拿马、百慕大等船旗，不到 40%的邮轮悬挂船舶所有人所在国或主要航线所在国国旗。

四、未来的展望

（一）全球邮轮市场：稳步发展

第一，邮轮旅游所提供的独特与综合选择使其魅力依旧，未来仍将是一个年轻而具吸引力的国际化产业。根据预测，到 2017 年世界邮轮旅游者有望突破 2350 万人次，到 2020 年可能突破 3000 万人次。

第二，邮轮旅游市场具有大众化和年轻化趋势。根据世界邮轮协会（CLIA）资助完成的一项研究显示，美国人口中有 12.3% 人曾经乘坐过邮轮；超过 6800 万的美国人希望乘坐邮轮；6900 万人愿意在未来 5 年中乘坐邮轮，超过 4300 万的人确定会成行，这意味着潜在的邮轮度假市场至少达到 570 亿美元，最高可能达 850 亿美元；乘坐邮轮的人中有超过 80% 的人表示"非常满意"或者"很满意"，有 90% 的人表示日后会再次乘坐邮轮。

第三，全球邮轮旅游市场寡头垄断格局还将继续下去，三大邮轮集团公司高度掌控市场的程度有增无减，但小型邮轮公司经营灵活，在市场的利润空间仍拥有成长前景。

第四，北美市场仍将是世界邮轮旅游的主要市场，环加勒比海地区将继续保持世界首选邮轮旅游目的地的地位，但欧洲、东南亚市场紧随也将出现稳定快速的增长势头。

第五，规模经济将继续推动世界邮轮越来越走向大型化，邮轮旅游产品消费与选择日益多样化。

（二）东亚邮轮市场：快速成长

长期以来，东亚地区一直处于世界邮轮市场的边缘，但东亚拥有发展邮轮旅游产业的基本环境。

第一，海域广阔，旅游资源丰富多样，文化多元性明显。

第二，港口条件优良，有香港港、新加坡港和马来西亚巴生港等国际邮轮专用港口。

东亚邮轮业起步较晚，真正发展始于 1993 年丽星邮轮公司的成立，但近年来发展势头良好。随着邮轮经济持续增长，各大邮轮公司都将加大开发东亚市场的力度。2007～2008 年度，以美国为基地的水晶、皇家加勒比、精致、荷美、公主、大西洋、七海等 13 家邮轮公司，都加大东亚地区市场拓展力度。2006～2016 年，在中国运营邮轮从 1 艘增加到 18 艘、从 900 客位增加到 4 万客位。

（三）我国邮轮市场：潜力巨大

第一，优良的市场条件。全球邮轮巨头普遍看好中国国内的市场，认为中国将成为世界邮轮业发展的巨大市场，已经形成了一批中产阶层和富裕阶层，具备了邮轮旅游的条件。根据发达国家经验，在人均 GDP 达到 6000～8000 美元时，邮轮产业将进入快速增长期。目前，我国沿海地区的一些城市已经进入这样的发展阶段，形成了一批中产阶层和富裕阶层，客观上具备了邮轮旅游的物质基础。

第二，自然和人文景观丰富，国际地位提高，有条件成为邮轮旅游目的地。我国海岸线绵长，自然景观和人文景观丰富。

第三，港口条件良好。我国沿海分布了许多著名港口，有得天独厚的水深条件，基础设施较完备，港口服务费用也大大低于发达国家。

第四，相关的政策机制已经启动。邮轮产业涉及的部门较多，需要邮轮港口城市发改委、交通、旅游、海事、海关、边防、卫生检验等相关政府部门建立统一的管理机制，不但需要得到政府部门的支持，还要充分调动民间组织和行业协会的积极性，加快建立科学的管理体制和完善的规章制度。

第二节　中国邮轮旅游市场发展现状

一、发展的现状

纵观全球邮轮旅游市场，虽然国际邮轮旅游市场主要集中在北美和欧洲，两地区的发达国家占了市场的最大份额，但随着国际邮轮产业将发展重点转向亚洲尤其是中国内地这一新兴市场，亚太地区邮轮业发展迅速，增长速度已高于世界平均值。不同的文化背景和优美的自然风光使得亚太地区成为更为集中的旅游目的地，亚太地区的邮轮旅游将更加频繁。我国以优越的地理位置、独具魅力的东方文化、丰富的旅游资源和潜力巨大的客源市场成为亚洲邮轮市场的核心组成部分，越来越受到邮轮公司的重视。

在旅游业快速增长的背景下，中国发展邮轮经济的时机日益成熟。随着经济全球化步伐的加快，一些欧洲和美洲的邮轮公司已经把目光投向了亚洲，主要是东南亚各国。中国作为服务业和旅游业迅速发展的国家更成为各大旅游公司关注的地区。许多邮轮公司已经在中国建立了办事处和分公司，邮轮业在中国蓄势待发。上海、青岛、大连、天津、宁波、厦门、海口、深圳等港口城市都已将目光投向邮轮经济。

目前，中国邮轮产业的经济效益主要来自邮轮停靠接待业务、岸上旅游服务以及少数邮轮供应服务，邮轮业对当地经济的贡献有限，同时也限制了中国邮轮产业链的拓展。而组建和发展本土化的邮轮船队，可能成为"中国邮轮旅游爆发式发展"历史时期打通产业链"最好的突破机会"。但同时也要认识到，邮轮旅游市场竞争具有高浓度的特点，虽然竞争者数量不多，但每个都具有很强的竞争能力。这一特性加上邮轮业极高的固定成本和管理成本，使得产业进入门槛过高，一旦进入竞争将异常激烈。本土化邮轮公司可能在相当长的时期里缺乏在港运作、票务代理、航线开发、消费者培育、销售渠道、人员培训等方面的经验。

2006年，上海虹口区率先提出发展邮轮经济的专题报告，上海港国际客运中心启用，意大利歌诗达邮轮爱兰歌娜号上海母港首航，中国邮轮经济从此拉开序幕。10年来，在华运营邮轮从1艘增加到18艘、从900客位增加到4万客位；全国国际邮轮港口从零发展到7个，还有3个正在建设；乘坐邮轮出境游中国旅客从2万增加到180万。

近年来，中国的企业已经开始经营邮轮。2012年至今，国内本土邮轮中，有海航邮轮旗下的海娜号、天海邮轮的新世纪号以及渤海邮轮的中华泰山号，这3家占据中国邮轮市场的份额不足10%，且均为单船邮轮公司。2015年11月16日，海航邮轮宣布旗下海娜号邮轮从11月17日起停止在中国内地运营。同年12月3日，国内首家全民营投资邮轮公司——钻石国际邮轮（下称钻石邮轮）旗下辉煌号豪华邮轮从德国抵达上海港，并在经过功能区域改造后，于2016年3月投入运营。

我国邮轮企业主要采用与旅行社、邮轮港口合作经营的模式，国内的许多旅行社如锦江旅游有限公司、中国国际旅行社有限公司、广之旅国际旅行社等都开设了邮轮业务部门。此外，邮轮公司与邮轮港口企业也根据业务需要设立了专门的邮轮旅行社，如2010年上海国际港务集团投资成立了上海港国际邮轮旅行社；携程在2015年9月上线了中文游邮轮预订平台，该平台可提供全球邮轮即时舱位显示和预订；在2015年，途牛收购了以邮轮出境游、零售为主营业务的北京恒信国际旅行社股份有限公司，该公司兼具包船+分销的双模式运营；2013年同程上线了旅游频道，2014年同程成立了邮轮事业部，打造了"邮轮+"业务模式，将邮轮与其他有需求的行业进行连接，先后推出了"邮轮+健康""邮轮+蜜月游""邮轮+亲子游"等产品；2015年8月，凯撒旅游正式进军邮轮旅游业，并成立了邮轮销售公司；春秋旅游推出了邮轮代言人和邮轮吉祥物，是国内第一家拥有自己的邮轮代言人及吉祥物的旅行社。

在航线布局方面，我国邮轮企业的经营模式主要是母港邮轮（Homeport Cruise）模式，母港邮轮一般是游客直接从国内相对较近的港口城市出发搭乘邮轮的旅行方式。国内运营的母港邮轮产品均以大众化定位，航线多为7天以内的短途航线。在北线，多为以天津、青岛、上海为母港的日韩航线，航程在7天左右；在南线，是以上海、厦门为母港的赴台航线以及以三亚、香港为母港的东南亚航线。

长线邮轮（Fly+Cruise）一般是乘客需要通过搭乘飞机到达当地港口乘坐邮轮的旅游方式。一般选择长线邮轮产品的乘客均有一定的出境旅游经验，目的地选择方面主要集中在世界上最成熟的两大邮轮旅游目的地——加勒比海和地中海地区。2010年我国大陆的长线邮轮乘客数约为5000人，相较于出境游市场，规模非常小。限于我国邮轮游客的消费文化及企业的实力，我国邮轮企业运营这种长线邮轮模式的非常少，但随着游客对高端邮轮体验需求的增加，未来这种模式将会迅速推广。2015年3月1日晚8点，歌诗达·大西洋号搭载千名乘客，从上海吴淞口国际邮轮港出发，首个中国出发环球邮轮航次正式起航。此次环球旅行，歌诗达·大西洋号将有史以来第一次带领中国乘客历时86天，横跨三大洋、五大洲，途经18个国家和地区，到访28个目的地。

中国邮轮产业的发展，离不开中国政府和各级地方政府的大力扶持。近几年，相关部门出台了一系列发展邮轮产业、深化邮轮经济的利好政策，包括2008年6月出台了《促进我国邮轮业发展的指导意见》；2009年10月19日，允许国际邮轮公司在华开展多点挂靠业务，游客可以在邮轮停靠的任一港口离船登陆观光，并简化多点挂靠时的游客检查手续；2009年12月国务院发布了《关于加快发展旅游业的意见》，首次提出"要把旅游业培育成为中国国民经济的重要产业，要培育新的旅游消费热点，支持有条件地区发展邮轮、游艇等新兴旅游，把邮轮、游艇等旅游装备制造业纳入国家鼓励类产业项目"；2010年11月24日《国际邮轮口岸旅游服务规范》（LB/T 017-2011）行业标准通过全国旅游标准委员会审查，该规范从接待服务、服务设施与服务项目、安全要求、卫生要求、服务信息传递和综合管理等方面对我国邮轮港口的相关服务标准进行规范，是目前第一个国家级邮轮行业标准；2014年3月交通运输部出台了影响力广泛的《关于促进邮轮运输业持续健康发展的指导意见》，还发布了编号为JTS165-7-2014的强制性行业标准《游艇码头设计规范》；2015年4月出台的"一带一路"文件备受资本市场关注，在邮轮发展方面，文件提出要推动21世纪海上丝绸之路邮轮旅游合作；2015年4月22日，《全国沿海邮轮港口布局规划方案》（以下简称"方案"）出台，提出要在2030年前，在全国沿海形成2~3个以邮轮母港引领、以始发港为主体、以访问港为补充的港口布局，在全国形成12个始发港；2015年5月，国家质检总局在上海试点邮轮食品供应链监管新机制，已经制定《出入境邮轮卫生检疫管理办法》；2015年12月23日，交通运输部发布公告称《邮轮码头设计规范》（JTS170-2015）自2016年1月1日起施行；2016年12月15日，国家旅游局在浙江舟山召开《全国邮轮旅游发展总体规划（2016-2025）》征求意见座谈会，提出了未来十年我国邮轮旅游的发展目标、主要任务和保障措施。这一系列政策的出台将有力地拉动中国邮轮经济的发展。此外，近年召开的"中国邮轮产业发展大会""国际邮轮博览会"和"中国邮轮产业发展高峰论坛"

等，广泛吸引政府部门、邮轮公司、旅行社和学术机构共同探究邮轮业的发展趋势，为中国邮轮经济的发展出谋划策。

二、发展的特征

（一）中国邮轮企业仍处于培育期

未来 10 年，中国邮轮产业发展将处于爆发期和市场细分的快速发展阶段，将迎来黄金 10 年。邮轮旅游在欧美发达国家已经发展 50 年，而中国邮轮新兴产业 2006 年才开始起步。按照国际邮轮发展经验，人均 GDP 达 5000 美元时，邮轮经济开始起步；邮轮旅游在人均 GDP 达到 6000 至 8000 美元时，邮轮经济进入快速发展期。2015 中国人均 GDP 为 8016 美元（5.2 万元），北京、天津、上海、浙江、江苏、内蒙古、广东、福建、辽宁和山东 10 个省份人均 GDP 突破 1 万美元，具备了邮轮旅游快速发展的条件。

（二）中国邮轮旅游市场渗透率低

一组数据或许能比较邮轮旅游在中国市场的广阔空间：2014 年中国出境游人数 1.09 亿，全球排名第一，其中以邮轮出游的游客仅占 1%；相比之下，2013 年美国出境游人数仅有 6000 多万，却有超过 1100 人选择以邮轮出游，占比高达 18.3%。以渗透率来说，邮轮市场在北美的渗透率约为 3.2%，在欧洲约为 2%，但在亚太区不到 0.05%。由此巨大差异可预见，这是个充满机遇的市场。

美国邮轮业发展到目前的规模用了 30~35 年，目前邮轮的市场渗透率在 3%~4%，客户总数达到 1100 万。如果能在中国达到类似的程度，那么 13 亿人的 4% 就是 4000 万人，这是一个非常惊人的数字。一直以来中国市场的发展速度都远高于其他地区，因此所需要的时间很可能也要比美国更短。

（三）中国潜在客户群体非常庞大

欧美成熟市场中，邮轮更多是面向老年消费者的旅游活动。老年游客在选择旅游产品时更偏好于选择美丽的自然风光或独特的人文风貌，他们对于旅游过程中的舒适、安全和品质要求更高，因此要求途中时间短、景点时间长、行程安排节奏舒缓，同时需要配置健全的医疗安全设备和服务体系。邮轮作为一种移动的游览目的地，兼顾了景点和行程的舒适，同时其完善的医疗安全设施配置和专业的服务团队也能满足老年游客对旅游过程中的安全和健康的要求。全球邮轮市场，60 岁以上消费者占总体消费市场的

26%，50岁以上消费者达到总体消费构成的48%。在亚洲市场上，由于邮轮行业起步较晚，相对比较新鲜，因此尝试邮轮旅游的人口年龄相较于欧美市场更加年轻，但随着邮轮市场逐渐发展，邮轮被更多的老年消费者了解并接受，近年来亚洲市场的老年人所占比重也日益提升，2014年亚洲60岁以上邮轮乘客占总体市场的25%，较2012年增加了2个百分点。

根据2014年统计数据，截至2013年年底，我国60岁以上的人口达1.7亿，占总人口的14.89%，55岁以上退休人口达2.4亿，占总体人口21.21%。根据《中国老龄化发展趋势预测研究报告》预测，2020年60岁以上的老龄人口将达到2.48亿，占总人口的17%；预计2050年，这一部分人口将超过4亿，占总人口的比重超过25%。

从地域上看，环渤海和长三角等经济发达地区的老年人口比例相对较高，其中，我国65岁以上人口占总人口比例为9.68%，而北京65岁以上人口分别占当地人口的8.58%，天津占11.4%，上海占10.64%，江苏占12.2%，老龄化进程显著；同时这些地区的老年人口往往具有较强的经济购买力、较高的素质和更现代的消费旅游观念，不再局限于过去重积蓄、重子女的消费意识，愿意在健康、舒适、有品质的项目上消费。据统计，目前老年人口的总年收入在3000亿元到4000亿元人民币之间。老年群体的消费能力超过1万亿元，并预计将在2020年和2030年分别达到2.8万亿元和3.7万亿元。在老年消费市场上，旅游业的渗透率达30%，并且还将持续上升。

（四）国内旅游企业积极布局市场

随着国内邮轮旅游市场升温，最近几年来国内旅游企业积极展开在邮轮领域的布局与竞争，国内旅游企业的参与主要集中在邮轮代理分销环节，海航集团、渤海邮轮、携程、钻石邮轮等少数几家旅游企业涉足上游邮轮船舶运营，中船集团开始涉足邮轮建造领域。

2015年10月，中船集团、邮轮运营商嘉年华以及中国投资有限责任公司对外宣布，将成立规模为26亿英镑（约合249.95亿元人民币）的合资邮轮公司，并着手在中船集团旗下的外高桥船厂建设首艘国产豪华邮轮，未来投放于中国市场。

（五）进入邮轮产业资金需求巨大

邮轮产业依托母港、停靠港及港口所在城市资源，向上下游领域延伸，形成了覆盖船舶制造、港口服务、后勤保障、交通运输、游览观光、餐饮购物和银行保险等行业在内，跨区域跨行业、多领域多渠道的产业链。产业链上游包括邮轮设计与制造、船上物资的采购与配送、燃料补给，码头和港区的配套设施建设，中游环节则为各大邮轮公司对邮轮的运作和管理，产业链下游为邮轮产品的营销和市场拓展。邮轮本身既是一种交通方式，又是旅行的目的地，需要企业具有较强的资源整合能力。

与集装箱等船舶造价基本上可以测算出来不同，豪华邮轮的造价要昂贵许多，而且越是豪华，越是昂贵。国际上建造一艘现代化的邮轮，需要 5 亿~7 亿美元，超大型豪华邮轮的造价甚至高达十几亿美元，对金融服务公司的要求很高。中国境内目前还没有相关大企业涉足大型邮轮制造领域，国内的造船公司业务以承接海外邮轮公司的零件组件订单为主，由于技术上的限制，国内目前只能造一些邮轮船体，至于邮轮上的精密设备仪器往往都是在国外安装完成。邮轮产业的国际资本运作是一个复杂的系统，没有法律层面给予的支持和控制，就很难实现邮轮产业链的实质性突破。

三、主要的问题

（一）邮轮旅游接受度仍不高

邮轮在中国依然是一个新生事物，市场接受度还不高，甚至很多人对邮轮的认识还停留在泰坦尼克号的阶段，认为邮轮是给上流社会的奢侈享受，或者由于担心海上风浪及安全问题而拒绝乘坐邮轮。此外，邮轮公司在中国的舱位销售大多采取旅行社分包的方式，因而这几百万的出游人数中大多还是以旅行团的形式，与欧美国家自由享受的出游方式不同，这在一定程度上弱化了邮轮公司的品牌影响，不利于邮轮产业的推广和发展。

（二）游客邮轮消费习惯不同

中国整体上是一个大陆国家，所以游客在出境游上选择邮轮出行的还相对较少。邮轮上的产品消费大多还是偏西方消费文化，对于中国游客的消费习惯来说，也是一个考验。中国游客在选择邮轮时最关注几类问题：一是邮轮上的餐饮、服务，中国消费者是否习惯；二是岸上观光景点如何；三是是否有购物等附加服务。

在这三个方面，国际邮轮多多少少有些"水土不服"。例如，多数国际邮轮提供的都是标准化的西式美食，长时间的航线上，中国游客可能会"吃不惯"；目前，国际邮轮上大多数船员来自菲律宾、印度等东南亚国家，中文服务还有待提高。而邮轮上所提供的娱乐项目，都带着比较浓郁的西方娱乐色彩，高端的生活方式对中国不少游客来说也"不太接地气"。一些国际邮轮产品对于目的地观光一带而过，邮轮上的免税店和国际大牌的旗舰店相比还是存在差距，款式吸引力不足。如果针对国际邮轮的这些短板，中国本土邮轮做好"更接地气"的功课，自然会有很大的发展空间。

（三）邮轮旅游产品航线单一

国际上知名的邮轮公司将近 70 家，每年投入运营的邮轮达到 8000 多艘次，邮轮产品更是多达两万多种。而针对国内市场的邮轮有 500 多艘次，但航线主要是日韩航线、台湾航线和东南亚航线。造成这一现象的原因主要是：第一，国内邮轮市场还处在培育期，对于丰富的邮轮产品类别不具备消化能力；第二，国内消费者对长航线的接受度较差，不论总费用还是假期天数，都是问题，因此国内母港航线普遍为 6 天 5 晚以下的短航线产品；第三，自然条件下，根据邮轮正常 18~22 节的航速，国内港口出发五六天内能够抵达的港口只有日本、韩国以及台湾港口，可设计的航线组合较少。综上各种原因，目前各大分销商只挂卖短线航线产品，以及相对标准化可控的邮轮产品。

（四）航线单一导致降价竞争

中国海岸线虽然很长，但沿海旅游资源开发不成熟，航线设计较为单一，中国港口靠港的运营航线大多集中在日韩航线。在市场淡季，包船公司为保证满舱率不得不降低价格，竞争十分激烈，船票分销存在价格战隐忧。激烈的竞争使得邮轮产品价格战初露端倪。不少企业通过造概念、造主题等方式吸引游客眼球。例如芒果网就结合时下热点，推出亲子游、父母游、蜜月游等主题邮轮产品。

对于各大旅游企业即将打响的邮轮价格战，中国交通运输协会邮轮游艇分会 CCYIA 常务副会长郑炜航担忧低价竞争会让中高端的邮轮旅游失去本质。"邮轮旅游的核心是休闲度假，大量以观光游览为诉求的游客被低价招揽，不仅让邮轮旅行变质，亦可能产生游客因不满而过度维权的情况。"另也有多位业内人士透露，中国邮轮市场其实已经出现供过于求的现象。有业内人士坦言，旅行社常通过包船形式与邮轮公司合作，一旦销售不佳，很容易出现尾货。为了凑足人数，不少旅游企业通常低价甩卖邮轮舱位，导致价格体系的混乱。"不过虽然旅游企业出现包船风险的概率很高，但邮轮产品的利润高达 5%~10%，远高于普通出境游的 2%~5%，因此不少旅游企业都愿意赌一把。"

现阶段来看，整船分销、价格战是邮轮产品在中国销售的特有模式，这背后当然有中国市场特有的逻辑，其中一个便是中国过于庞大的大众市场是一种强大的吸引力，使得邮轮大众化成为一个绕不过去的话题。这样的做法和中国其他旅游业态也类似，或者可以看看 OTA 的价格战，先占领市场再说。当然，邮轮公司和旅行社都是要追求利润的，邮轮本身也是旅游目的地，船上消费是游客一项巨大的支出，邮轮上有博彩业、免税商品等，这些都是许多中国游客喜欢的消费项目。据皇家加勒比公司统计，中国游客在邮轮上的消费达到每人 150 美元。

（五）预订习惯与西方差异大

欧美游客喜欢提前半年以上甚至一年来预订邮轮产品，所以快到出行时期，仅有极少量产品进行甩货销售；而中国游客喜欢在出行前 2~3 个月开始预订，所以就造成了邮轮 GDS 分销定价系统在中国市场不适用，中国需要适合匹配中国预订习惯的分销系统。对分销商而言，短期销售压力太大，也是导致尾舱甩卖现象的主要原因。

四、发展的趋势

（一）中国游客邮轮需求不断高涨

适合中国邮轮旅游消费者的邮轮航线、邮轮船型将出现，中国游客对邮轮的需求被有效激发。

邮轮旅行市场严格说是一个由"供给"拉动的市场，并不是一个纯粹由"需求"拉动的市场，需求不是一个自发的，更多的是由邮轮公司提供的产品引导而产生的"需求"。在这种"创造"出来的需求下，消费者基本处于接受和适应的过程。由于中国游客对于邮轮的消费偏好与现有欧美邮轮旅游产品有巨大差异，随着国内邮轮旅游行业发展和消费者习惯的养成，专门来满足中国游客的邮轮旅游产品将会不断开发出来。

由于邮轮旅行自身的特点使其不同于与岸上的自由行方式，中国游客对邮轮的需求已经被有效激发，具体表现在：①需求从一线城市向二线甚至三线城市传导，从北（天津）上广（香港）沿海城市向内陆城市迅速传导；②对邮轮产品，目的地和邮轮服务的期望多元化，市场细分慢慢显现。整个邮轮市场由于邮轮产品供给量的增加而变得更加丰富多彩，游客各取所需；③对海外邮轮线路和产品（长线邮轮产品），甚至环球邮轮产品的需求与日俱增；④将邮轮与海外目的地结合起来旅行的自由行客人数目逐步提高，客源相对母港航次客人明显呈年轻化倾向。

中国交通运输协会邮轮游艇分会 CCYIA 常务副会长郑炜航认为，10 年是一个产业发展的重要节点。2006~2016 年的 10 年，主要是消费者对邮轮度假的认识阶段，是传播邮轮知识、文化的阶段。在这个阶段，一些港口已初步建成，市场培育已经逐步成熟。比如邮轮母港的建设，从北到南，基本布局已经成型，大致可划分为 5 个核心圈：

一是以上海为龙头的长三角圈。2014 年，上海邮轮旅游的游客与航次，占大陆市场 50%，位列全球第 9，今年可能列入第 8 位；二是以天津为核心的环渤海圈，2014 年邮轮旅游的游客与航次占全国大陆市场 20%；三是以香港、广州与深圳为核心的华南沿海圈；四是以厦门为中心的海峡两岸；五是以三亚为中心的南海圈。

专家认为，这 5 个核心圈相比较，上海圈是龙头，而南海圈也可以看成是华南沿海圈中的一个二级区域，目前邮轮旅游量不大，加上南海国际局势存在风险，所以游客总量还不会太大。不过，三亚所能辐射的南海区，长远来看占据战略要津，可辟航线丰富，区域内海景风光旖旎，市场需求展示出巨大的潜力。

（二）各路资本争相布局邮轮市场

国际邮轮巨头纷纷加大在中国市场的投入。2015 年，嘉年华集团为中国市场配备了第三艘歌诗达邮轮，并追加订造 9 艘邮轮，将来可能直接和中国公司合作。2016 年 6 月，巨型豪华邮轮海洋量子号登陆中国。2016 年 4 月，十万吨级以上的豪华邮轮歌诗达幸运号也来到中国。在未来两年内，邮轮公司们对于中国市场这块"大蛋糕"的热情也愈发高涨：截至 2017 年，中国内地将至少有 9 家邮轮公司运营的 19 艘船，运力和供给量将以每年 50%~70%的速度递增。

在中国市场上投入更多艘邮轮已经写入了许多邮轮巨头们未来几年的发展战略。以嘉年华为例，即歌诗达邮轮和公主邮轮进驻中国后，2017 年嘉年华集团还将把旗下嘉年华邮轮和 AIDA 邮轮两大领先品牌也引进中国，以进一步巩固在中国市场的地位。而不久之前，公主邮轮国际运营执行副总裁安东尼·考夫曼在接受澎湃新闻采访时也透露，2016 年公主邮轮已在华投入了黄金公主号，目前还计划引进一艘名为盛世公主号的新建邮轮，这也是公主邮轮首次为中国市场量身定制邮轮。预计在 2017 年，盛世公主号将以上海为母港开启首个全年航季。

同时，邮轮巨头们不仅仅满足于选择上海、天津等城市作为母港，而是开始把厦门、青岛、烟台、海口等更多城市作为母港发布产品，以求吸引中国从北至南更多地区的游客，以及二三线城市的游客。例如，公主邮轮便宣布将实现"三年三母港"计划。2016 年，除了以上海和天津为母港的航线之外，还将开启厦门母港。而根据山东省交通厅发布的信息，2016 年将有渤海邮轮、皇家加勒比游轮、地中海邮轮 3 家邮轮公司计划在青岛开设邮轮航线，预计 2016 年青岛邮轮母港接待邮轮将达到 70 航次。

中资企业也加快进入邮轮市场。2014 年 9 月，携程与皇家加勒比合作组建天海邮轮公司，第一艘邮轮天海新世纪号于 2015 年 5 月顺利首航。渤海轮渡的中华泰山号邮轮 2014 年 8 月首航，2015 年在上海-日韩、舟山-台湾等航线上的运营取得较大成功。海航旅业 2011 年年底从美国嘉年华邮轮集团引入海娜号邮轮。中船集团 2015 年 10 月联手嘉年华宣布建造中国首艘豪华邮轮。中船重工集团相关人士也表示，公司正在考虑邮轮制造产业，适合的时机将参与。

大量资本进入邮轮公司或者邮轮运营，目前中国三家本土邮轮公司都是单船公司，后续肯定还会有第二艘、第三艘邮轮购置计划。现在中国有几家公司准备筹建邮轮公司或者购买邮轮，更多公司准备进军这个市场。进入邮轮市场的公司具有复合性的背景，包括旅游公司、资本投资公司、传统造船企业转型，还有地方政府以港口为主力，希望通过购买邮轮带动区域经济效益。投资的领域包括码头、船队，也可能是船厂和邮轮服务业。

（三）邮轮分销产业链的效率提升

邮轮旅游领域销售的核心产品是船票，船票是根据舱位所处的甲板层、朝向、等级等因素来确定价格，非标准程度高，目前邮轮公司的舱位管理系统很难做到跟国内的OTA 分销平台进行直连，二者的库存信息还无法实现同步。未来致力于实现邮轮公司库存与分销渠道企业直连的"switch"工具或平台将应运而生，并将成为一些创业企业新的掘金之地。

（四）邮轮的法规政策将密集出台

在邮轮产业快速发展的形势下，政府出台了一系列法规政策，为各地制定配套规划提供了总体依据，避免各地重复建设、浪费资源，盲目发展，恶性竞争等情况的出现。早在 2006 年 9 月份，交通部发改委出台的《全国沿海港口布局规划》中就对我国邮轮业的基础设施建设进行了总体布局；2006 年 6 月，发改委出台《促进我国邮轮业发展的指导意见》，这是第一份关于邮轮产业的国家指导文件。随着国内休闲旅游市场的发展，进入 2010 年以来，国务院、发改委、国家旅游局和交通部都曾出台文件，鼓励、支持、积极培育我国邮轮旅游市场。2015 年 4 月交通部又出台了《全国沿海邮轮港口布局规划方案》，明确到 2030 年前我国沿海将形成 2~3 个邮轮母港，使我国成为全球三大邮轮运输市场之一。在港口布局方面，明确由北向南重点发展大连港、天津港、青岛港、烟台港、上海港、厦门港、深圳港、三亚港八大邮轮母港。

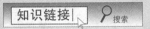

2016 中国邮轮旅游市场发展情况

根据 CCYIA 统计快报，2016 年我国大连、天津、烟台、青岛、上海、舟山、厦门、广州、海口、三亚 10 大港口城市共接待邮轮 1010 艘次，同比增长 58%，其中母港航次 927 航次，同比增长 69%，访问港航次 83 航次，同比下降 8%。10 大港口城市接待邮轮出入境中外邮轮旅客 2261405 人（4522810 人次），同比增长 82%；其中，出境中国旅客 2144890 人（4289780 人次），首次突破 200 万人，同比增长 91%，入境境外旅客 138715 人（277430 人次），同比增加 8%。

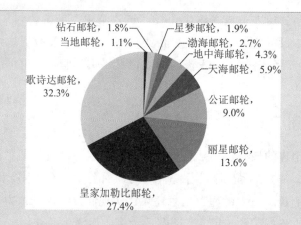

10大港口中，市场份额的前三甲为：上海（含吴淞口和国客2个码头）总航次509航次，占全国的51%，中外旅客1472438人（2944876人次），占全国的65%；天津总航次128航次，占全国的14.25%，中外旅客357831人（715662人次），占全国的16.3%；广州总航次104航次，占全国的10.4%，中外旅客162984人（325967人次），占全国的7.2%。

据了解，2017年中国邮轮总航次预计将达到1053航次，预期同比增长27.6%，再创新高。今年，多家国际邮轮公司首次进入中国市场，推出其高端邮轮航次，抢食中国邮轮市场的"大蛋糕"。其中，被誉为"海上头等舱"的NCL邮轮喜悦号和定期横跨大西洋航线的奢华邮轮冠达邮轮玛丽皇后二号今年都将首次进驻中国母港，开启上海母港首航季。驴妈妈CEO王小松表示："2017年，邮轮游目的地将趋向多元化。虽然仍以日韩航线为主，但是随着华南邮轮市场成熟，东南亚国家将开始抢戏，越南、马来西亚、泰国、新加坡、菲律宾等国家航线将越来越多。"

CCYIA常务副会长兼秘书长郑炜航表示，中国邮轮行业正在蓬勃发展，但也要清醒看到行业的问题和隐患，一方面数据喜人，年年高歌猛进，一方面效益欠佳，三大主力板块（邮轮公司、邮轮港口、包船旅行社和OTA）都叫苦不迭，旅客体验度明显下降，经济贡献度十分有限。中国邮轮行业要持久健康发展，2017年到了反思、梳理、纠偏、正本的时候了。

知识链接 🔍搜索

邮轮会奖旅游（MICE）成为新盈利点

"邮轮MICE是一个非常重要的盈利点，它可以一次性地把舱位分几块就销售出去了。"今年以来，会奖团队越来越认可邮轮，它一站式地解决了飞机、酒店、餐饮、娱乐、会场、交通等一系列问题。不仅可以开上千人的大会，还可以布置小专场、展销会等，有1000间舱可以拿出三四百间做MICE。"2017年邮轮MICE一定会快速发展的，我们也会更加着力于这方面业务。"易游天下国旅邮轮部总监包颖慧说。

"直销和保险公司最喜欢在邮轮上开会了，这样销售可以在船上与客户'捆绑'6天，这6天客户哪也去不了，更容易谈成生意。此外还有酒公司、毛巾厂等，他们每年都有订货会，把客户请到船上不仅可以充分地将产品展示出来，也加快了签单的进度，销售也更容易跟进了。所以很多有这样需求的企业，现在都对邮轮 MICE 非常感兴趣。"

易游天下曾做过的海上商旅活动包括创投俱乐部春光里合伙人年会、保险公司销售精英会奖团、化妆品公司会奖团、服装品牌发布会等。一方面，邮轮宽敞的空间和一站式的服务平台可以满足商旅和团建客人的需求，另一方面，让人放松的娱乐节目和高品质的影音设备可以让客人告别常规会议的枯燥乏味。此外，具有竞争力的价格也是吸引团队的重要因素，据包颖慧透露，会奖团队的整体花销为 3000~4000 元/人，而去国外组织的价格要在 6000~7000 元/人。

（来源：林伊，TWC 专访 北方邮轮市场：回暖之际，如何发力？TravelWeekly 旅讯，2017-02-04）

知识链接 🔍 搜索

华南邮轮市场：十年不温不火到 2016 年暴涨

华南邮轮市场的起步比华东和华北市场晚，在 2015 年时华南市场的航线仍多以香港为母港。2016 年随着广州南沙母港的开启运营，华南市场快速发展，供给量与 2015 年相比翻了很多倍，业绩也有大幅度提升，未来发展潜力较为可观。

"2016 年我们公司总体来说是相当不错的，组织邮轮游客出行超过 4 万人，这个数字大概是 2015 年的 5 倍。在价格稳定性和供求关系匹配度方面，华南市场相对而言比较平稳，所以整体而言，2016 年的发展还比较顺利，也许在未来会与华东和华北市场面对相似的痛点和焦点问题。"广之旅出境游部自由行邮轮中心总经理钟妮告诉旅讯记者。

错过繁荣 躲过重创

事实上，与华东和华北市场相比，华南市场认识邮轮是比较早的，早在 20 世纪 90 年代，华南游客就已经通过丽星邮轮接触到了邮轮产品。但因为华南区一直没有自己的邮轮母港，可以说其并没有赶上中国邮轮市场的第一个黄金十年。而在 2016 年，新母港的运营帮助华南市场迎来了暴涨期。在运营方式上，华南一直保持着整包船、半包船和切舱均有的混搭风格，所以在其他区域的包船社经营状况低迷的时候，华南市场并未受太大影响。总体而言，华南区既没有赶上邮轮市场高额回报的繁荣东风，也没有遭受到市场的惨烈重创，总体发展是不温不火、循序渐进的。

华南地区的消费者对邮轮的观念相对成熟理性，基于出境游市场的较长时间积淀，游客的消费习惯也比较适合邮轮。目前，华南区的邮轮线路以前往越南、日本（以冲绳为主）、台湾和东南亚为主，相比华东和华北市场而言，目的地更加丰富，岸上游以观光为主，以购物为辅。岸上观光是钟妮比较引以为豪的方面之一，她说，广之旅很少去打包或赠送岸上游产品，而是让消费者自由选择。在 2017 年他们一方面会加强与邮轮公司的合作，提升岸上游的满意度，另一方面会增加自营的精品岸上观光产品，让游客有更好的体验。

在销售模式上，2017 年广之旅会坚持"大切舱+盈利"的模式。在钟妮看来，包船的成功与否与供求关系息息相关，供不应求时包船的胜算较大，例如在 2016 年之前华南的母港还未成型，以香港为主出发的航线供给量并不算大，所以他们会做一些半包或整包，因为包船确实能够增加品牌认知度和号召力。但另一方面，包船在盈利方面会有风险，所以从 2016 年开始，广之旅以大切舱为主，基本没有采取包船模式，因为盈利才是企业的最终目的，2017 年会继续坚持大切舱模式。

依托 3 母港打造"3 小时邮轮圈"

随着深圳太子湾母港的正式开运，从 2016 年 11 月开始华南区共有 3 个邮轮母港，深圳太子湾邮轮母港、香港启德码头、广州南沙港形成珠三角邮轮经济带，在全国范围内属于比较密集型的母港群，同时华南地区的邮轮航线也将更加丰富。"目前来看，2017 年会有 4 大邮轮公司在华南运营定期或不定期的航线，总体供给量预计会有一倍的增长。那么如何在最短时间内，用供给量去消化市场需求，我觉得这或许是一个比较大的挑战。"钟妮说。

广之旅 2017 年的排兵布阵会着力于两方面：第一，由于南沙母港采购量较大，所以依然会利用广之旅地缘优势主力发展广州市场。第二，借助地级县市。"随着更多邮轮公司来到华南，线路安排也会更加丰富，那么可以利用这个优势，打造'3 小时邮轮圈'。第一个是以广州为中心，例如广州到南沙 1.5 小时，广州到深圳大概 2 小时，广州到香港大概 3 小时，围绕这个资源圈可以提供给消费者更多产品。第二个是以 3 个母港为各自中心辐射开来，也是大概 3 小时的客源圈，3 小时抵达母港还算比较容易接受的范围内。"

广之旅的邮轮之路其实不算短了，前些年主要经营新加坡、地中海等境外航线，随着华南母港的运营以及游客对邮轮的认可，广之旅的邮轮盘子越做越大，这主要源于 3 个方面的优势。第一，广之旅是广东第一大的旅行社集团，可以依托其在华南区的地缘和品牌的优势，利用比较强大的销售网络。目前，其在广州市有 50~60 个自营门店，在广东省有 100 多个网络分公司。第二，虽然 2016 年其迎来了一个暴涨时期，但这与前几年一直在做的一些包船、切舱这样的积累是分不开的，多年积累的经验使广之旅的资源更加丰富、服务更加专业。例如，在邮轮上会推出金牌领队的管家服务；由于南沙港尚为临时性母港，在配套方面还不太完善，广之旅会赠送一些接驳服务，让客人更加便利。此外，2016 年在分销渠道方面也有了新的突破。从人数上看，同业分销占大概 35%，从营业收入上看占到 30%，依托强大的采购资源，并把这些优势的资源共享给同业。

（资料来源：林伊，TWC 专访 华南邮轮市场：十年不温不火到 2016 暴涨，TravelWeekly 旅讯，2017-01-26）

第二章

邮轮旅游市场经营模式

　　经营模式是指企业依据自身的经营宗旨和战略目标，通过对资源进行整合，从而确定下来的业务范围、企业在产业链中的位置以及为实现价值定位采用的方式、方法的总和。从法律法规层面，旅行社经营和销售国际邮轮旅游产品须具备相关资质。

　　邮轮企业经营模式是指邮轮企业根据自身的经营宗旨，为实现企业所确定的价值定位而采取某一类方式方法的统称，主要包括邮轮企业的市场定位、产品设计、营销渠道、盈利模式、定价方式、雇员管理等。邮轮港口经营模式是指邮轮港口根据自身的经营宗旨，为实现其所确认的战略定位而采取的方式和方法的总和，其主要包括发展模式、管理模式、推广模式、盈利模式、服务模式和营销模式等重要模块。旅行社的经营模式一般有常规经营模式和品牌化经营模式。

　　大部分邮轮公司从成立之初就以渠道分销为主，国际上，直销一般占比 15% 左右。世界上目前唯一一家以直销为主的邮轮公司就是 SAGA 邮轮。这家公司是以保险业务起家，近 50 年积累了大量保险客户，进入邮轮产业后，利用自身已有资源，产品打造以面向 70 岁以上的老年人为主。当前，国内邮轮旅游产品最主要的销售模式是船票捆绑岸上游（旅行社将邮轮船票与岸上游进行打包），以包价形式销售给游客。

　　包船模式在中国邮轮业发展初期是有一定积极意义的，它对邮轮旅游业处于发展起步阶段的中国市场起到了极大的推动作用，让国内邮轮旅游的需求在短时期内被急速地激发，也使中国邮轮业进入到了高速发展的通道。但是，随着国内邮轮旅游市场逐渐走向成熟，包船模式作为一种运营销售模式也显现出许多问题，未来将会被更加多元化的模式所替代。

　　我国邮轮船票的销售，除了包船和切舱模式外，还有邮轮公司直销和票务代理等销售模式。

第一节　邮轮旅游市场经营模式与类型

经营模式是指企业依据自身的经营宗旨和战略目标，通过对资源进行整合，从而确定下来的业务范围、企业在产业链中的位置以及为实现价值定位采用的方式、方法的总和。换言之，经营模式就是企业如何将所拥有的资源要素进行有效配置，从而使得企业价值不断增长以达到营利的目的。

经营模式是一个复合型的概念。一般而言，企业的经营模式应包括生产模式、融资模式、管理模式及销售模式等。

一、经营资质

（一）经营资质的法律规定

一方面，从法律法规层面，经营和销售国际邮轮旅游产品须具备相关资质。

根据 2009 年颁布的《中华人民共和国旅行社条例》，经营国内旅游业务和入境旅游业务的旅行社在取得经营许可满两年，且未因侵害旅游者合法权益受到行政机关罚款以上处罚的，可以申请经营出境旅游业务。另外，中华人民共和国《中国公民出国旅游管理办法》也明确规定，未经国务院旅游行政部门批准取得出国旅游业务经营资格的，任何单位和个人不得擅自经营或者以商务、考察、培训等方式变相经营出国旅游业务。国务院旅游行政部门应当将取得出国旅游业务经营资格的旅行社（以下简称组团社）名单予以公布，并通报国务院有关部门。

因此，根据国际邮轮旅游的特点，除了单独销售船票，其他性质的无论是母港出发还是海外出发的包价产品都属于出境旅游，必须由具备出境旅游资质的旅行社进行产品运营和销售。经营国内旅游业务和入境旅游业务的旅行社只能委托代理销售出境旅行社的组团产品。关于上海市邮轮旅游经营规范问题，可以参考本章知识链接《上海市邮轮旅游经营规范》。

关于单独销售船票，需要重点说明如下：

（1）依据《海商法》第五章"海上旅客合同"对旅客客票的定义"旅客客票是海上旅客运输合同成立的凭证"，可以认为，邮轮船票是邮轮公司提供服务以及游客登船的凭证，游客通过支付对价，获得邮轮公司提供的相应服务。但目前中国市场上，由于主要是旅行社打包了邮轮船票、岸上游、领队服务等，邮轮船票逐渐被"隐形化"。

（2）法律上，船公司或船务公司可以销售船票。但是目前所有的邮轮公司都是注册在境外的，境内只有代表处或船务公司。代表处不能销售船票。为了扶持邮轮产业发展，对于外商独资船务公司船票的销售，交通运输部于 2011 年 9 月发布了《关于加强外商独资船务公司审批管理工作的通知》，其中第二条第三款规定，"允许经批准的独资船务公司或其分公司，为该独资船务公司的母公司拥有或经营的船舶提供揽货、揽客、签发提单、出具客票、结算运费和签订服务合同等服务"。

（3）《上海市邮轮旅游经营规范》第十条规定：邮轮公司在国内设立的船务公司可以直接销售邮轮船票，也可以委托有资质的旅行社和国际船舶代理企业销售邮轮船票。

（4）旅行社如果单独销售船票，则可以按照单项服务的方式操作。但目前受到包船/切舱后旅行社打包岸上游的做法，很少有旅行社在单独销售船票。

另一方面，从邮轮公司和旅行社的业务关系层面，经营和销售国际邮轮旅游产品又分为不同的代理层级，每家邮轮公司每个层级的代理资格和享受的权益义务也不尽相同。

（二）旅行社代理等级分类

一般来说，邮轮公司为了鼓励更多的旅行社代理售卖自己的产品，会采取各种的激励手段，旅行社代理等级分类就是其中一种。代理等级一般分为两类：一类代理和二类代理，不同的代理等级邮轮公司给予的激励不同，代理的权利义务也不同，在邮轮公司给予的市场支持费用也依据"一类代理优先考虑，二类代理其次考虑"的原则。作为对应义务，不同的旅行社代理要完成的销售指标和业务量也不同。

代理划分标准一般是邮轮公司以年度规定完成舱房数作为一个界限来划分，完成任务的考核目标每年都会不同。根据不同的航线、时间段、母港及非母港产品进行分类。每年考量标准不同，采取优胜劣汰的原则。这种做法有利于提高代理的竞争动力，自主采购的旅行社为了实现自己的利益最大化，掌控资源以及在同业中的话语权，必须保持住一类代理的资质。另外，新加入的出境社、在线旅行社以及一些谋求上市的旅行社为了达到自身的某种经营目标，通常也采取积极主动出击的决策，尽量成为邮轮公司的一级代理。

邮轮公司旅行社代理销售协议

×××邮轮公司，向注册地址为×××的×××旅行社及其所有的有关办事处和分支机构（合称为"×××旅行社"）提供本销售协议（"本协议"）。本协议非排他性适用于×××旅行社对于以下产品的销售：于 2019 年 1 月 1 日至 2019 年 12 月 31 日离船或结束航程的所有×××品牌乘船游览项目和邮轮旅行项目。×××邮轮公司和×××旅行社达成如下协议：

1. 概念

（1）计佣金收入。对于所有计佣金收入，×××邮轮公司将按照在附录A上列明的标准佣金比例支付佣金。"计佣金收入"指：×××邮轮公司实际获得的乘船游览项目或邮轮旅行项目的收入（但不包括该收入中的不计佣金收入），仅限于×××邮轮的×××计划且处在全额退票费期间的预定行程的退票费。

（2）阈值收入。阈值收入用于决定旅行社何时从一个超额佣金层级进入到下一个佣金层级。阈值收入指×××邮轮公司实际获得的乘船游览项目或邮轮旅行项目的收入（但不包括该收入中的不计佣金收入）以及附加航空旅行收入。

（3）超额计佣金收入。对于所有超额计佣金收入，×××邮轮公司将按照在附录A上列明的超额佣金的适用比例支付佣金。"超额计佣金收入"指：×××邮轮公司实际获得的乘船游览项目或邮轮旅行项目的收入（但不包括该收入中的不计佣金收入）。

（4）不计佣金项目。对于不包含在计佣金收入、阈值收入和超额计佣金收入定义中的任何项目，×××邮轮公司将不支付佣金；这些其他项目包括但不限于在计佣金收入、阈值收入和超额计佣金收入上征收的任何政府收费、税费或其他科征项目。

2. 佣金

×××邮轮公司同意按本协议的条款支付附录A上列明的佣金。

3.×××旅行社承认并同意：

（1）在提前六十（60）天书面通知的情况下，×××邮轮公司有权随时变更计佣金收入的定义内容、不计佣金收入包含的项目种类，以及本协议规定的佣金比例。虽有前述规定，在六十（60）天的通知期到期之前所做的预定将不受到影响。×××旅行社特此承认并同意×××邮轮公司根据本协议向×××旅行社支付的所有佣金均已含税，其已包括×××旅行社需要对外收取、交纳或应付的所有税收，并且在×××邮轮公司支付该含税金额前，×××旅行社必须开具正式发票或符合当地法律的其他收据。×××旅行社特此承认并同意×××邮轮公司有权按照当地法律的规定从佣金中扣除预提税。

（2）×××旅行社负责填写所有乘客出入境表格（PIF）并将其信息向×××邮轮公司传达，同时向每位乘客提供一份相关航行合约。此外，×××旅行社还应向每位乘客及时提供出入境、海关、检验检疫、健康方面的有关建议，以及乘客的始发国、到达国、访问国的其他相关法规和要求。

（3）唯有向×××旅行社预定行程的乘客实际离船、开始航空旅行或参加邮轮旅行项目时，×××旅行社才挣得佣金。×××旅行社同意向其所有办事处和分支机构清楚地说明以上规定。如已支付佣金的预定被取消，×××旅行社应将该部分佣金退回给×××邮轮公司。尽管如此，如果×××邮轮公司乘客通过×××计划进行预定之后取消该预定，并且该取消符合×××的条款，×××邮轮公司可向×××旅行社支付超出押金部分的退票费的佣金。

（4）即使本协议其他条款另有规定或相反解释，如果出现×××旅行社不胜任、违反伦理道德或职业道德、不符合行业标准或违反本协议的行为，×××邮轮公司仍有权自主决定暂停或终止×××旅行社参与实施本协议项下的项目的部分或全部内容，或终止本协议。

（5）×××邮轮的所有过去和现行的广告政策、销售政策以及销售的通用条款和条件，包括订金、结算、退订、团体销售政策，将适用于根据本协议销售的乘船游览项目以及邮轮旅行项目。×××旅行社承认并保证其已阅读，理解和接受有关政策，并将继续了解有关政策的任何变化。

（6）×××旅行社将以胜任和专业的方式销售本协议项下的产品，并与乘客以及×××邮轮公司公平及善意地进行交易活动。×××旅行社同意始终遵守所有相关法律，同时同意在接受产品或服务的付款和后续提款操作中，就持卡人的信息存储和安全方面遵守信用卡行业的支付规定，以及其他有关付款和后续提款操作的规定。×××旅行社应及时将在×××旅行社经营地点发生的可能影响×××旅行社和×××邮轮公司共同商业利益的政治、经济、法律和其他事务或事件通知×××邮轮公司。

（7）未经×××邮轮公司的事前书面同意，严格禁止以任何目的而从事合并销售。

（8）如果×××旅行社收购其他旅行社或机构，或被其他旅行社或机构收购×××旅行社同意通知×××邮轮公司，并且本协议将得以重新审议和/或修改。未经×××邮轮公司的事先书面同意的，×××旅行社不得转让本协议。

4. ×××旅行社同意将本协议及其获得的关于×××邮轮公司的专有信息和机密信息进行严格的保密。

5. 由于×××旅行社及其高管、代理人、员工或承包方的作为或不作为或×××旅行社对其在本协议项下的义务的重大违约所引起的所有要求、诉讼、诉讼程序、费用、法律责任、法律判决、罚款或惩罚以及相关的合理律师费用由×××旅行社进行承担，×××旅行社将就此向×××邮轮公司、其相关公司、×××邮轮公司及其相关公司的所有董事、员工、代理人进行赔偿，为其辩护并使其免于承担责任。本条款的赔偿责任在本协议到期或提前终止后仍继续有效。

6. 本协议项下的所有通知和请求将以挂号信、隔天送达邮件或带有收件确认功能的传真的方式进行送达，并且应由一方送达另一方的如下地址：

×××旅行社_____

×××邮轮公司_____

7. 本协议及其附录以及文中引用的所有其他文件构成双方的完整协议，未经×××旅行社和×××邮轮公司的主管人员的书面同意，不可修改或改变本协议内容。若本协议的任何条款和规定依据适用的法律被判定为违法或无法执行，该等条款和规定视为从本协议中移除，其他条款继续有效。本协议适用×××法律并按照×××法律解释。各方同意将以个体的身份，而非集体中的一员的身份，解决任何争议，并同意接受×××法院的管辖权，放弃对法院地的任何异议。

8. 在本协议有效期内，×××旅行社将获得并始终持有就履行本协议所必要的所有证照、许可、授权、以及适用的法律法规或政府要求的其他批复。×××旅行社进一步保证在本协议的有效期内遵守所有对其业务有影响的相关法律和法规。若×××旅行社未能遵守本条款规定的义务的，×××邮轮公司有权终止本协议。

9. 本协议到期后，在保留×××邮轮公司在本协议中的终止权的前提下，本协议将自动延续一年。在原始期限到期后，×××邮轮公司将有权以提前六十天通知×××旅行社的形式终止本协议。

10. 任何情况下，包括×××邮轮公司被告知其可能性的情况下，×××邮轮公司均不承担本协议项下的任何或然性损失、间接损失、特别损失、惩戒或惩罚性损失。

11. ×××邮轮公司和×××旅行社之间的关系应为两个独立缔约方的关系，双方之间不存在为任何目的的代理关系、合伙关系、雇佣关系或合资关系。×××旅行社将视为乘客的代理。

12. 禁止付款：×××旅行社不得有任何行动使×××邮轮公司违反，并应当全力配合×××邮轮公司确保遵守×××出口限制或贸易制裁、《×××反海外腐败法》以及所有其他适用的反腐败法律。对上述法律的遵守应包括但不限于，确保×××旅行社及其任何主要人员、员工或者代理人不会直接或通过第三方间接：（a）为腐败地获得或保留业务，或者给任何人，包括但不限于×××邮轮公司，介绍业务而向官员或官方机构（定义如下）支付、承诺或提议支付，或授权支付任何有价物，进而（i）影响此等官员或官方机构的任何官方行为、决定或不作为；（ii）诱使此等官员或官方机构违反其法定职权做出或者不做出某项行为；（iii）确保任何不当优势；或者（iv）诱使此等官员或官方机构影响或左右其他官员或官方机构的任何行为或者决定；（b）向官员或官方机构或任何其他个人或组织承诺、主动提议或者提供任何腐败性付款、酬金、报酬、贿赂、回扣、过度的礼物或招待或是其他违法或者不道德的利益。×××旅行社应将×××旅行社获知或怀疑与本协议有关的活动可能存在违反《×××反海外腐败法》或其他法律的情况通知×××邮轮公司。"官员或官方机构"指的是（i）任何政府、军队或国际组织的任何官员、员工、代理人、代表、部门、事务处、公务员、公司实体、机构或者分支，或（ii）任何政党候选人、政党组织及其官员。

13. 道德准则：×××旅行社同意，本协议项下关于其合同履行，包括与×××邮轮公司任何员工的接触中，不发生下列行为：（i）向该等员工提供或承诺提供任何礼物或利益；（ii）索要或接受来自该等员工的任何服务、设备或承诺，保密或专有性信息、数据，除非该等内容（a）为×××邮轮公司与×××旅行社的协议中所要求，（b）系根据×××邮轮公司与×××旅行社的书面信息披露协议而披露，或者（c）经×××邮轮公司的管理层特别书面授权；（iii）索要或接受该等员工的偏袒；（iv）利用其在与×××邮轮公司开展业务的过程中获得的任何信息来销售、购买或交易×××邮轮公司、×××邮轮公司的母公司或关联公司的任何股票、证券、金融衍生产品；（v）在未向×××邮轮公司管理层完全披露并取得预先许可的情况下与该等员工建立任何外部业务关系。本章节中，"员工"包括员工的直系亲属和家庭成员，"×××旅行社"包括×××旅行社的任何员工和代理，"礼物或利益"包括任何金钱、物品、服务、折扣、优惠以及任何其他形式的类似物，但不包括低价值的广告产品，例如钢笔、铅笔、日历本，"偏袒"指在×××旅行社，其他供应商或销售商之中，偏袒×××旅行社以维护×××旅行社的利益。

14. 本协议同时以英文及中文书写，两种文本具有同等的法律效力。如在理解条款的定义和条款的解释方面两种版本有任何冲突或者不一致的，应以英文版本为准。

特此同意！

×××邮轮公司　　　　　　　　　　×××旅行社

签字：　　　　　　　　　　　　　　签字：

（盖章）　　　　　　　　　　　　　（盖章）

附录 A-1：佣金制度

1. 受限于本协议相关条款的规定，×××邮轮公司同意如下：

（1）对于 2019 年 1 月 1 日至 2019 年 12 月 31 日之间离船或结束航程的×××邮轮公司乘船游览项目和邮轮旅行项目的销售，就本协议 1.（1）条中所定义的计佣金收入向×××旅行社支付百分之十（10%）的标准佣金。

（2）对于 2019 年 1 月 1 日至 2019 年 12 月 31 日之间离船或结束航程的×××邮轮公司乘船游览项目和邮轮旅行项目的销售，就超额计佣金收入向×××旅行社支付百分之_____（____%）的超额佣金。适用于个人和团体预定的超额佣金，可以在最后结算时扣除。

2. ×××旅行社将就 2019 年的超额计佣金收入获取超额佣金，超额计佣金收入将基于一个与×××旅行社 2018 年底阈值收入相符的层级结构进行计算。以下表格体现了该层级结构的内容。在此结构下，如果×××旅行社 2019 年已出航的阈值收入已达到了下一层级，自该天起的所有新预定以及尚未全额付款的预定的超额佣金将适用该层级相应的标准。

附录 A-2：佣金制度

1. 受限于本协议相关条款的规定，×××邮轮公司同意如下：

（1）对于 2019 年 1 月 1 日至 2019 年 12 月 31 日之间离船或结束航程的×××邮轮公司乘船游览项目和邮轮旅行项目的销售，就本协议 1.（1）条中所定义的计佣金收入向×××旅行社支付百分之十（10%）的标准佣金。

（2）对于 2019 年 1 月 1 日至 2019 年 12 月 31 日之间离船或结束航程的×××邮轮公司乘船游览项目和邮轮旅行项目的销售，就超额计佣金收入向×××旅行社支付百分之_____（____%）的超额佣金。适用于个人和团体预定的超额佣金，可以在最后结算时扣除。

2. ×××旅行社将就 2019 年的超额计佣金收入获取超额佣金，超额计佣金收入将基于一个与×××旅行社 2018 年底阈值收入相符的层级结构进行计算。以下表格体现了该层级结构的内容。在此结构下，如果×××旅行社 2019 年已出航的阈值收入已达到了下一层级，自该天起的所有新预定以及尚未全额付款的预定的超额佣金将适用该层级相应的标准。

二、经营模式

（一）邮轮企业的经营模式

邮轮企业经营模式是指邮轮企业根据自身的经营宗旨，为实现企业所确定的价值定位而采取某一类方式方法的统称。具体而言，主要包括邮轮企业的市场定位、产品设计、营销渠道、盈利模式、定价方式、雇员管理等。从国际邮轮产业的发展周期来看，美国等西方邮轮产业发达国家已经进入成熟期，中国目前仍处于起步期到增长期的过渡阶段。

1. 国外邮轮企业经营模式个性

不同的邮轮企业其经营模式具有不同的特点。作为全球最大和最盈利的邮轮企业，嘉年华集团走规模化发展道路，以此降低全球范围内的经营成本，在牢牢把握北美市场的同时，谨慎拓展欧洲和亚洲市场。嘉年华集团虽然旗下子公司众多，但是依然保持各自的经营风格，注重提高顾客忠诚度，防止原有客源的流失。比如，旗下歌诗达邮轮定位于大众旅游，以独特的意大利风格和高度的环保和社会责任吸引游客。皇家加勒比邮轮虽然也走集团化发展道路，但是突出其高端、奢侈的特色，以无可比拟的优质服务吸引回头客和新游客，游客品牌忠诚度很高。丽星邮轮走特色化发展道路，凭借独特的市场定位和经营理念稳占亚洲市场，同时走多元化发展道路，经营陆上旅游产业，分散经营风险，扩大盈利来源，邮轮博彩收入占公司总邮轮收入很大的比例。地中海邮轮打造世界最年轻的船队，以独特的地中海式风格和高度的环保和社会责任热情待客。

2. 国外邮轮企业经营模式共性

虽然上述国外邮轮企业经营模式各有特点，并且具有很大的差距，但是通过对比可以发现都具有如下共同点。首先，虽然邮轮企业规模差异很大，但是都追求规模效益，不断降低经营成本和经营风险；其次，各大邮轮企业都有准确的市场和品牌定位，并且突出其品牌特色，提高游客忠诚度；在营销渠道上旅游代理商的作用依然十分重要，与此同时，邮轮公司网络营销和统一营销力度不断加大；再次，邮轮企业目前收入来源多来自船票，但是船票外收入所占比重逐渐上升，并且这种趋势将越发明显。最后，国外邮轮企业非常注重健康、安全、环保的经营理念，具有完善的经营保障体系，并且拥有高度的社会责任感。

知识链接 🔍搜索

皇家加勒比邮轮公司的经营模式

（1）清晰的经营理念和品牌定位。皇家加勒比邮轮主要以奢华的邮轮设计和细致周到的管家式服务吸引高层次消费群体。公司自1969年成立以来，通过不断的合作收购走集团化市场垄断道路，但是，与嘉年华相比，其能一直占领国际邮轮市场第二位的角色主要取决于高端化的市场定位。旗下的精致邮轮更是一开始就明确高层次的市场定位，总共10艘邮轮每艘都极尽奢华，充分体现贵族风格。皇家加勒比通过在豪华邮轮基础上提供人性化的贴身服务，使游客真正得到尊贵的享受。由于公司市场定位高端，比较符合美国人的邮轮消费观念，因此，其50%以上的市场份额都在美国本土。金融危机后，定位高端的皇家加勒比邮轮损失惨重，公司计划将50%以上的市场定位于欧洲、亚洲和南半球。同时，未来几年，公司将放缓新运力投放市场的速度，保持供需之间的平衡和稳定，以获得有利的定价权。

（2）不断追求技术和服务创新。皇家加勒比对技术和服务创新的追求可谓不遗余力。1969 年成立至今，皇家加勒比在全球邮轮历史上留下了光辉灿烂的足迹，旗下多艘大型邮轮凭借史无前例的吨位、大胆创新的设计屡屡打破世界邮轮纪录。2009 年 12 月和 2010 年 12 月，公司旗下的 2 艘邮轮"海洋绿洲"号和"海洋魅力"号先后投入运营。这两艘姊妹船的排水量均为 22.5 万吨，是世界上最大、最具创意的邮轮。这两艘邮轮还引入"社区理念"，把邮轮空间划分为不同的主题区域，以满足不同游客的需求。2011 年 2 月，公司推出"阳光计划"，继续积极扩张船队规模，全力打造 2 艘新一代邮轮。凭借多年丰富的经验和独步业界的创意，公司在新一代邮轮设计中凝聚了现有邮轮中最出色的创意，并在此基础上增加了新的活动和娱乐理念。在服务方面，公司不断推出新的船上娱乐项目，为游客创造更加丰富多彩的船上活动。

（3）重视健康、安全和环保理念。皇家加勒比致力于保护游客和雇员的健康、安全，同时，通过高效地利用资源把对环境的负面影响降到最低限度。作为该目标的一部分，公司内部建立了一个统一的部门来监测全球安全，包括海事安全、医疗和公共健康以及环保安全，该部门由不同领域的致力于提高公司应急响应水平的技术专家组成。皇家加勒比在邮轮上安装了技术先进的废水处理装置，并且还在不断地投资新技术，例如在邮轮公共场所安装摄像机以及在最新的邮轮上利用太阳能等。公司开展的"拯救波浪"行动聚焦于环境影响最小化，并对"海洋绿洲"号收到的大量"绿色"赞美非常自豪。

（资料来源：殷翔宇 . 国外邮轮企业经营模式［J］. 水运管理，2013，35（4）：16—21.）

（二）邮轮港口的经营模式

邮轮港口经营模式是指邮轮港口根据自身的经营宗旨，为实现其所确认的战略定位而采取的方式和方法的总和。它是邮轮港口（企业）对市场做出反应的一种范式，这种范式在特定的环境下是有效的。其主要包括发展模式、管理模式、推广模式、盈利模式、服务模式和营销模式等重要模块（图 2-1）。

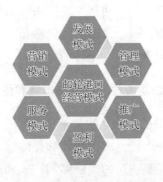

图 2-1　邮轮港口经营模式构成要素示意图

国外邮轮港口经营模式的特点如下：

1. 根据实际情况选择适合自身的发展模式

当前国际上较为常见的邮轮港口发展模式有"出海口型""市中心型""交通枢纽型"和"资源链接型"等类型。每种邮轮港口发展模式都有相应的前提条件和各自的优劣势，选择适合自身发展的邮轮港口模式显得尤为重要。例如，新加坡根据自身的特殊地理区位条件选择了发展"交通枢纽型"邮轮港，通过引进现代化的管理理念和先进的设施设备，将新加坡邮轮港口建设成为世界知名邮轮港。

2. 勇于突破，积极考虑地主型邮轮港的管理模式

当前，国际各大邮轮港口对其管理模式的选择不尽相同：西班牙巴塞罗那 D 号邮轮港选择了"私人服务型"的管理模式；香港启德邮轮码头则采取了"地主型"的邮轮港管理模式。各种模式各有长短，然而根据国内的实际情况和不同邮轮港口管理模式的特征，"地主型"邮轮港管理模式较为符合国内实际，它也是当前国际社会较为流行的一种模式。

3. 全方位、主动式和多样化的市场营销及宣传推广

营销和推广对企业来说至关重要，对于新兴的邮轮港口行业来说更是如此。美国迈阿密邮轮码头全方位、主动式的营销和推广活动增加了迈阿密邮轮码头的市场知名度和活力；新加坡邮轮中心行业联盟式的战略推广模式取得明显效果；香港启德邮轮码头积极主动、组合式的邮轮港口宣传推广模式也是可圈可点。

4. 完善邮轮港口配套，提升邮轮港口综合服务能力和水平

邮轮港口的发展注定是一个系统工程，这就要求它要有综合配套的支撑，而不仅仅是承担一个普通客运港口的职能。从迈阿密邮轮码头、新加坡邮轮中心和西班牙巴塞罗那邮轮港的发展实践中不难发现，一个成功的邮轮港口一定是一个配套设施完备，并且能够提供现代化服务的"综合服务体"。

5. 注重邮轮港口设施建设的功能性、休闲娱乐性和景观化设计

西班牙巴塞罗那 D 号邮轮港的娱乐化和景观化设计给人留下了难忘的印象。而国内邮轮港口的建设与国外相比有一个较为突出的差异，即国内更加注重邮轮港口的外观造型而忽略其功能实用性。这除了与我国的经济体制、规划理念等因素相关以外，还与我国邮轮港口经营管理缺乏实践经验有关。

6. 优化邮轮港口服务理念，加强港口人员服务意识和理念

邮轮港口的生命背景在于邮轮旅游发展的大环境，邮轮港口与邮轮旅游二者之间相辅相成，有着"唇亡齿寒"的利害关系。这就要求邮轮港口人员要站在一个更加全面、宏观和理性的角度来看待邮轮港口在邮轮旅游产业链中的重要性，以更加饱满的热情和更加人性化的态度参与到邮轮港口的日常运营和管理服务中。

7. 采用现代化的设施设备，积极引进人才，提高邮轮港口运作效率

邮轮港口运营效率的高低更是会直接影响到整个邮轮旅游过程中游客的满意度，甚至是邮轮公司对停靠港口的选择。无论是迈阿密邮轮码头先进的管理操作系统，还是新加坡邮轮中心和巴塞罗那 D 号邮轮港惊人的管理运作效率，成熟的邮轮港口总是将规范化的流程和便捷性看得非常重要。对于刚刚起步的国内邮轮港口运营商来说，在邮轮港口的实际运营管理过程中应当积极引进现代化的设施设备和高端人才，从软件和硬件两方面着手来保证邮轮港口的通畅性。

（三）旅行社的经营模式

1. 国外旅行社的常规发展模式

经济发达国家在第二次世界大战后，由于经济、交通、通信等事业的发展，旅游活动成了一项大众需求。随着这些因素的不断完善，使长距离的国际旅游成为可能。因此，大多数发达国家遵循的常规发展模式为：先发展国内旅游后发展国际旅游。这种发展模式符合一般事物的发展规律，即由低到高的自然过渡。

2. 国外旅行社的垂直分工体系

欧美等发达国家旅行社也经过多年的发展，目前正以这种垂直分工体系运作，形成了旅游批发商、旅游经营商和旅游零售商的纵向序列。旅游批发商从事旅游产品的设计、组装；旅游经营商从事旅游产品的设计、组装，并提供旅游接待服务；旅游零售商则专门负责旅游产品的代理销售。这三者构成了旅行社业的垂直分工体系，前两者一般不直接面向公众销售产品，旅游产品通过旅游零售商进行销售。此种分工体系使旅行社不仅在旅游产品的生产、销售过程中分为三个层次，而且也自然地相应形成了大、中、小旅行社的规模化、专业化、网络化特点。

国外旅行社的分工体系使旅行社之间避免了无谓的竞争，形成了合作和相互依赖的关系，形成良性循环，既发挥了批发经营商的规模经济，又体现了零售代理商直接

面对游客服务的优势。旅游批发经营商不仅降低了市场交易费用，还降低了市场风险，刺激了旅游市场发展。最终提高了企业和整个行业的运营效率。因此，国外旅行社的优势就在于业务范围的划分节约了市场交易费用，降低了市场风险，刺激了旅游市场发展。

3. 国外旅行社的品牌化经营模式

在国际旅游市场中，知名旅行社具有很大的优势，其原因在于长期坚持品牌经营战略，系统化地实施品牌营销管理。其具体经验包括牢固的品牌意识，准确的品牌定位和完备的品牌结构。

芒果网和携程网推出邮轮主题

芒果网于 2007 年首家在国内上线"邮轮频道"后，经过了一个较长的邮轮旅游市场培育期。芒果网总裁助理周源邵说，2012 年 4 月到 6 月期间推出的"邮轮体验季"，将整合网站的其他服务资源，将邮轮旅游和免费租车代驾等一条龙服务结合起来，进一步提升邮轮旅游的服务。"邮轮体验季"活动期间，凡在芒果网预订邮轮产品，对预订环节进行体验评价并在参加邮轮出行时记录出行感受，并以文字和相片的方式展示在芒果网邮轮频道上的游客，除获得芒果积分卡之外，在活动结束后，芒果网还将评出最佳邮轮体验游记，获奖者可获得"2013 年邮轮船票"。

几乎在同期，携程网也上线了邮轮子频道，推出冲绳、济州岛等独家代理的航次产品，将邮轮作为一项重要业务加快发展。携程网相关负责人称，邮轮频道推出线路超过百条，覆盖到全球主要邮轮航线区域，如亚洲、欧洲、美洲、中东以及南极等航线，涉及的邮轮公司有歌诗达邮轮、皇家加勒比国际邮轮、丽星邮轮、荷美邮轮、挪威邮轮、MSC 地中海邮轮、公主邮轮、银海邮轮等；出发港口则包括上海、天津、香港等，产品包括团队游、自由行和邮轮船票等多种方式，价格从数千元到数万元不等。其推出的多个独家代理产品预订，包括暑期 7 月 3 日出发皇家加勒比的"冲绳 4 晚航线"和国庆黄金周 10 月 7 日出发的歌诗达"济州 3 晚航线"，对希望体验邮轮旅游的消费者有很大吸引力。

（资料来源：ttp：//www.ccyia.com/news/xingyexinwen/2013/0206/716.html；2012-04-23）

三、销售模式

根据国际邮轮协会（CLIA）的统计表明，2016 年中国邮轮出境游人次达 369 万（出境入境各算一次，自然人次为 185 万左右），收入规模高达 67 亿元，中国已经成为全球最具活力和增长力的邮轮旅游市场。中国邮轮市场的高成长性和市场潜力吸引了国际邮轮公司纷纷进驻，从 2006 年"歌诗达·爱兰歌娜"号邮轮在上海开启国内第一条母港运营的国际邮轮航线后，截止到 2015 年，在中国地区运营的国际邮轮公司达 7 家，邮轮数量 12 艘，共 700 多艘次。还有新进入者在不断试图进入中国邮轮市场，2016 年有 6 艘邮轮进入中国开展母港运营，2017 年目前已确定 2 艘将在中国开辟母港航线。

（一）国际邮轮市场销售模式

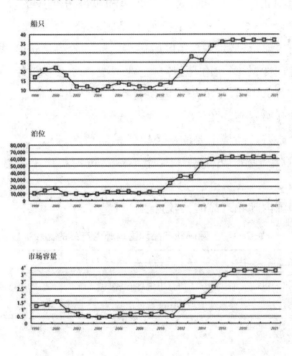

图 2-2　1998~2021 年亚洲／太平洋邮轮市场供应量

资料来源：Cruise Industry News.

纵观国际邮轮市场，起步阶段的经营销售模式主要以代理销售为主。自 2008 年起，以北美为代表的国际邮轮市场进入成熟阶段，随着经营专业化和社会分工的需要，形成了代销为主，直销为辅的销售模式。因此，邮轮票务代理公司（包括旅行社）销售的邮轮票务占据了主要市场份额，而邮轮公司也会相应地给予丰厚的佣金。根据国际经验，邮轮产品通常是由邮轮船上产品（含船上吃住玩、停靠港口费，小费不强制）、岸上旅游产品等构成。国际上传统做法是邮轮公司提供销售团队，采取"一对一"的服务模式，向游客提供目的地推荐、航线选择、船票预订、费用收取以及购买后的交通衔接、酒店预订、登船服务、岸上观光（可在船上旅游部购买）等全套服务。当然，游客也可以在具备邮轮产品代理资格的旅行社或网上进行订票，这种方式根据统计占据绝大多数。总的来说，邮轮旅游产品完全可以根据游客喜好自主自助选择不同方式组合的旅游产品。

（二）中国邮轮市场销售模式

国内邮轮旅游市场发展从目前来看主要经历了三个阶段：2008 年之前为起步阶段，这一时期主要是国际邮轮的引入，邮轮公司散卖和小部分企业的包船；2008 年至 2015 年为高速发展探索阶段，这一时期的主要特征是邮轮公司的大量入驻，航线的不断拓展，旅行社大规模的包船承销；2016 年以后逐步向成熟阶段迈进，这一时期的主要特点是包船承销模式相对理性，旅行社根据各自企业情况逐渐改变战略，包船、切舱、散卖等多种形式并存于市场，邮轮公司开始重视直销，政府相关法律法规文件相继出台完善，单纯的票务代理开始崭露头角。

当前，国内邮轮旅游产品最主要的销售模式是船票捆绑岸上游，旅行社将邮轮船票（含船上吃住玩、停靠港口费，小费强制船上单独支付）与岸上游进行打包，以包价形式销售给游客。

国际邮轮产品和国内邮轮产品的比较见表 2-1。

表 2-1　国际邮轮产品和国内邮轮产品的比较

产品类型	供应商	产品特点	价格表现
国际产品形式	邮轮公司	船票和岸上游自由组合的自助产品	船票价格+港口税+岸上游价格
国内产品形式	旅行社	船票捆绑岸上游的包价旅游产品	包价（含港口税和岸上游）

第二节　邮轮旅游市场销售模式的比较

一、包船切舱模式

邮轮旅游的飞速发展所带来的经济效益、社会效益以及对相关产业链的促进作用受到中国政府、邮轮公司、邮轮客源地与目的地以及各类旅游企业的高度关注。因此，大力发展邮轮旅游既是国家战略，也是地方新的经济增长点。近几年中国邮轮旅游市场的高速发展与国内邮轮旅游包船运营销售模式的大力促进作用密不可分。

包船，是指某一旅行社从邮轮公司获得某一航次的独立经营权，成为一级批发商垄断某一航次的经营行为。包船模式是邮轮公司为迅速打开中国邮轮市场通常采用的渠道营销模式。这种模式鼓励旅行社销售邮轮产品的积极性，同时也使得原有的邮轮市场竞争主体由邮轮公司转变为旅行社。旅行社需要投入大量的人力、物力和财力策划、经营、销售、服务其所承销的邮轮航次。

切舱，是指邮轮分销商从邮轮公司或包船商手中买断一些舱位来销售。在邮轮分销环节，分销的层级很多，从一级（包船商）到二级（分销商），分销商下面还有很多低一级的分销商，比如很多规模小的旅行社因为采购量小，就向三级分销商采购。而同一层级之间，因为船期、航次的不同，要提高产品的丰富度，也会在同业间采购，所以不同层级之间、同层级之间都会有邮轮舱位的交易需求。大切舱（Mega Group）是指买断大于50%而小于100%的舱位。切舱模式其实可以视为包船模式的一种。

（一）包船切舱模式的积极作用

1. 有助于保证邮轮公司收益和扩大市场供应

从邮轮公司的角度来看，因为长期以来一直在欧美发达地区运营，对东亚市场并不了解，除了提前制定好几条全球航线，仅仅挂靠中国几个港口的产品外，邮轮公司对以中国母港出发的航次散卖没有太大信心，他们会充分考虑销售当中带来的不确定性因素。再加上邮轮旅游对中国游客来说是新鲜事物，必须依赖旅行社才能更好进行搜客和游客管理，旅行社包船模式可以分散其销售压力和经营风险。另外，邮轮旅游销售收益包括船票收益、船上二次消费以及岸上旅游收益，包船模式可以使邮轮公司提前锁定自己的船票收益。邮轮公司还可通过规定包船旅行社最低上船人数，以及旅行社缴纳岸上旅游管理费等多种方式，保证自身收益的最大化。正是因为这种运营销售模式的产生，使得邮轮公司实现了收益最大化，并且大大降低了销售风险，因此越来越多的邮轮公司才将战略部署到中国，争先恐后地进驻中国，并在国内设置相关办事机构。短短几年，中国的邮轮供应市场就从无到有，再到供应充足的市场局面。

2. 有助于旅行社全面掌控资源和价格体系

包船模式可以让旅行社掌握足够的资源，同时享有价格制定权，自己提供领队和岸上游服务等。在旅行社的包船航次中，相对于其他切舱和散卖航次，可以在价格上获得优势，并在广告支持、销售渠道、销售政策等各方面获得邮轮公司的大力支持，从而有效避免和其他竞争对手的价格竞争和渠道冲突，也有利于旅行社拓宽自己的产品内容和占领邮轮旅游市场份额。当然，从理想的角度来看，如果圆满完成销售，包船模式是能够增加旅行社收益的。因为在包船航次中，旅行社所拿到的价格远远低于非包船航次，如果能够成功地运用适当的价格策略和市场营销手段，旅行社是可以从包船航次中赚取较高的利润的。

3. 有助于加强邮轮公司与旅行社的深度合作

包船对于邮轮公司和旅行社来说都是一种全新的模式，双方通过紧密合作在中国市场运营销售邮轮旅游产品，促进了中国旅游企业的国际化合作程度。在中国邮轮旅游市场快速发展的这几年，各种问题不断突显又在不断解决，市场逐渐走向成熟。对于旅行社来讲，包船模式是一种提前买断资源的模式，规模大，资金需要量大，操作难度高，国际化合作水平要求高。但是，随着几年的磨合期和成功运作下来，国内的包船旅行社的销售能力、运营能力、谈判能力、市场判断能力等都得到了大大提升，企业的知名度和品牌效应也不断突显。

（二）包船切舱模式的消极作用

随着国内邮轮旅游市场逐渐走向成熟，包船模式作为一种运营销售模式也显现出许多问题，未来将会被更加多元化的模式所替代。

1. 包船旅行社销售压力大，价格竞争无序

国际邮轮行业是典型的寡头垄断行业，几乎所有的大的邮轮公司都是上市企业。根据各家邮轮公司的财务年报统计可以看出，国际邮轮公司的邮轮运营成本基本在160~180美元（含佣金30~40美元，不含折旧）。而邮轮行业的惯例是，邮轮船票的定价是基本贴合邮轮运营成本的。因此，在一般情况下，邮轮公司只有实现满舱才能弥补运营成本，其他诸如船上二次消费或岸上旅游观光才能算得上是利润。追求100%的满舱率是邮轮公司经营的首要目标。在国外的销售体系中，销售价格一般由邮轮公司制定，且至少提前一年公布航线和价格；代理商向邮轮公司以买断切舱或零散订舱的方式拿舱；邮轮公司返还佣金给销售代理。在这种体系下，船票销售代理商会协助公司以及大客户包船，但是不会在没有客户的前提下实行大量买断船舱。

但是在国内，由于旅行社包船运营销售模式的产生，销售压力和经营风险就全部都转嫁给了旅行社。在包船模式下，旅行社与邮轮公司进行价格博弈，就NPD价格（标准载客量每床每晚价格）协商达成一致后，签订包船协议。包船后，旅行社自行制定销售价格，并按照协议约定的时间进度向邮轮公司分批支付包船费用。另外，在包船协议中，除了要缴纳给邮轮公司岸上旅游管理费用外（包价旅游中旅行社承担了岸上旅游部

分），邮轮公司还规定了一个满舱率，一般指标都要在90%以上（各家邮轮公司略有不同），如果旅行社最后销售完不成指标，那么旅行社就必须按照亏舱的人头支付罚金。例如，2014年皇家加勒比游轮公司的罚金政策为：当销售满舱率不足99%时，包船旅行社要按照亏舱人头补齐损失的船票（按包船价格计算）；歌诗达大西洋号的罚金政策类似，当销售满舱率低于97%时，包船旅行社要按照亏舱人头支付每人每晚220元等。可见，包船旅行社虽然占据了一定的上游资源，但同时也承担了巨大的销售压力和经营风险，如果不能满舱销售，就会面临亏损。因此，满舱率就从邮轮公司转移到了包船旅行社的身上，为了这个目标，价格竞争就不可避免，导致了市场的无序化。

2. 权责不明晰，包船旅行社经营有法律风险

在包船模式下，邮轮公司并不直接和游客产生合同关系。在2016年上海市推出《邮轮旅游合同范本》之前，游客与旅行社签订的中华人民共和国国家旅游局推出的标准出境旅游合同，这跟邮轮旅游的复杂性和特殊性完全不相符合。例如，根据国际邮轮行业相关法规，因不可抗力因素导致的航程更改邮轮公司的没有责任的，也无须承担违约责任。但是对于中国游客来说，一来他们并不了解邮轮旅游的特殊性，二来他们跟旅行社签订的是标准出境旅游合同，上面并没有明确规定邮轮出行因不可抗力改变行程要不要赔偿，怎样赔偿等内容。因为合同是游客与旅行社签订的，这就直接导致了游客向旅行社索赔。而实际上，由于旅行社缺乏与邮轮公司的议价能力，常常处于被动地位，经常会迫不得已要承担解决此类事故的责任，并面临经济效益和社会效益的双重损失。

3. 低价竞争加剧邮轮旅游产品走向"异化"风险

旅行社包船经营销售的模式，改变了国际邮轮原有的市场特征。大量的旅行社因为包船拥有了产品的所有权和定价权，可以根据自身需要加工改造产品，把原来的自助式邮轮产品变异为包价旅游产品，从而进入了供应商市场，加剧了本身就供大于求的邮轮市场供给竞争的激烈性。由于国内旅行社进入门槛低，产品同质化，经营模式可复制性强，又长期实行薄利多销的经营理念，再加上众多在线旅行社（OTA）和以资本运作为目的的各种旅游企业的市场搅动，低价竞争成了常态。价格的下降，导致了服务质量的下降，游客满意度的降低又使得产品价格上不去，不断地恶性循环加剧了国内邮轮旅游市场走向"异化"的风险。

知识链接 🔍 搜索

邮轮会奖旅游

会奖旅游，即会展及奖励旅游，包括 4 个组成部分：会议（Meeting）、奖励旅游（Incentive）、大会（Convention）、展览（Exhibition），国际上简称为 MICE。其中会议、大会和展览旅游是指利用举行各种会议、大会和展览活动的机会所开展的特殊旅游活动；奖励旅游则是公司为了激励成绩优秀的员工、经销商或代理商而专门组织的旅游活动。会奖旅游属于典型的高端旅游市场，被看作是旅游市场中含金量最高的部分。这主要是因为：第一，消费水平高，旅游者一般是各行业的领袖和精英人士，收入高，有很强的购买能力；第二，价格敏感度低，由于费用往往是由公司或其他机构支付，旅游者对旅游产品价格不敏感，而是更重视旅游服务的品质；第三，逗留时间长，旅游者既要参加会议等商（公）务活动，又要进行观光游览等消遣活动，因而在旅游目的地的停留时间相对较长；第四，团队规模大，作为一次性的消费整体，会奖旅游的团队规模要远远超过其他旅游形式。正是由于会奖旅游档次高，利润丰厚，市场潜力大，经济效益显著，使得越来越多的旅游目的地和旅游企业加入到这一市场的竞争中来。

近年来，邮轮游不仅日益受到家庭游客、亲子游客的追捧，也越来越成为众多企业会奖旅游的"标配"。途牛旅游网监测数据，从 2015 年至今，途牛邮轮会奖旅游团预订量持续走高，2016 年较 2015 年同比增长超过 230%，"4 晚 5 日"或"5 晚 6 日"的短途线路最受欢迎。比如，迄今途牛承接的最大单团为 2016 年 12 月 31 日出发的"歌诗达幸运号 上海-济州-福冈-上海 4 晚 5 天"整包团，该团出游人数高达 3100 多人。途牛邮轮事业部总经理刘建斌表示，"该团从接洽到完成，前后历时两个月。虽然涉及人数多、行程安排复杂、个性化需求多样，但最终圆满完成，并为途牛邮轮组织会奖旅游积累了更多宝贵的经验。"

近年随着直销公司对邮轮包船的青睐，企业包船航次变得越来越多，包船规模也越来越大。例如 Amway 安利、Nuskin 如新，还有中脉、克里缇娜、宝健、天士力、USANA 等大型直销公司动辄就包下 10 万吨以上的邮轮，甚至 16.8 万吨的全球最新的海洋量子号，为了品牌和生意，他们包船一点都不含糊！

直销企业之所以热衷于大型豪华邮轮包船，是基于以下几个原因：

第一，和五星级酒店一样，豪华邮轮上一般都配备非常完善的大型会议场所。但是不同的是，这些场地使用全是免费提供的（需事先预约），而且设备租赁和人工也是相对非常低廉的。这与在陆地上的五星级酒店举办活动需要为会议场地，设施和服务支付相当昂贵的费用相比，企业客户可以省下一大笔开销成本。

第二，邮轮上有各种文体活动场地和互动活动，非常适合公司举办团队建设和各类活动。当然，也会节省一些成本。

第三，豪华邮轮是一个相对封闭的社交环境，客户和客人朝夕相处，场景感非常强，容易产生情感的共鸣和高昂的情绪。这种环境非常有利于公司将自己的产品和其他信息有效传递给客户，从而起到非常好的产品品牌宣传和营销效果。

第四，豪华邮轮的高贵典雅的环境和硬件设施，员工彬彬有礼的服务态度会给客户留下深刻印象，有助于企业形象。

据不完全统计，每年企业包船平均占到邮轮供给总量的 5%~10%。

二、其他销售模式

（一）国外的异地零散游客模式

欧美市场尽管也有 Expedia、Booking.com 这样大型的 OTA（在线旅行社），有 Kuoni、Tui 和 Thomas Cook 这样大型的传统旅游集团（包括批发商和零售商），也有包括 AMEX 和 CWT 这样大型的 TMC（商旅管理公司），但是由于旅游业向消费者终端已经渗透得非常彻底，小型旅行社门店星罗棋布。而邮轮业在欧美的主要市场是以老年人为主（老人是有闲暇时间、有养老金的消费人群，而且平时缺乏人际交流，有社交需求），老年人自己购买旅游产品相对来说需要一个人际沟通过程，这点是线上代理所无法提供的。而且相对来说老年人忠诚度较高（他们需要便捷的服务，不希望也无法频繁改变消费行为和服务提供者）。这些原因导致在欧美国家，邮轮旅游销售总体上还是以小型的旅行代理机构或门店为主。尽管少数超大型和大型旅游企业依靠全国甚至全球性强大的销售网络和能力还是有一定的谈判能力和筹码，但是直达消费终端客人和零售商的邮轮销售代理商体系和格局已然成形，销售网点星罗棋布，随时随地直接为邮轮公司输送较为稳定的客源。因此邮轮公司对市场的掌控性非常强大，而收益管理也能做到了然于心，完全可以根据舱位的付款率进行动态收益管理。

由于销售网点极多，他们所输送的客源极其分散，这在客观上造成了欧美澳洲邮轮客源是以巨量散客为主，而目的地的岸上观光者也多数自愿在船上直接向船方购买，根据线路不同自然成团。

这就是通常称之为 FIT（Foreign Independent Tourist 或 Foreign Individual Tourist，异地零散游客）模式的邮轮营销模式。

（二）中国邮轮直销和票务代理

虽然在包船模式下，邮轮公司的船票收入并不会受到影响，但单一的销售渠道必然导致销售的不稳定。因此，要稳稳守住船票这块主阵地，邮轮公司必须扩大销售渠道，降低销售风险。

　　我国邮轮船票的销售，除了包船和切舱模式外，还有邮轮公司直销和票务代理等销售模式。比如，《上海市邮轮旅游经营规范》第十条规定：邮轮公司在国内设立的船务公司可以直接销售邮轮船票，也可以委托有资质的旅行社和国际船舶代理企业销售邮轮船票。

　　邮轮代理并不仅仅在中国存在，在欧美，邮轮代理也是一个主要的邮轮产品销售方式，但是比例往往控制在接近 70%，另外一种就是直销，占到 30% 以上。邮轮业内专家分析，尤其是在美国，旅行社小型化、社区化，星罗棋布，以零售为主，从代理到直客之间的距离很短。而在中国，有资质有能力做包船的旅行社大概只有 100 家左右。包一条船，需要资金一两千万元，即便是再小的船或者半包，也起码需要几百万元，这对旅行社的现金流提出很高的要求；再来看运营的门槛，以海洋水手号为例，一条船客人大约 3500 人，需要大概 100 辆车和 100 个领队，有能力一下子拉出去那么多领队的旅行社并不太多；邮轮产品要卖，就需要销售能力，做直客的旅行社销售能力好一些，以分销为主的旅行社更擅长渠道。而中国的旅行社基本以分销为主，擅长直销（如 OTA，有门店和社区能力的旅行社等）的旅行社并不多，这也在很大程度上抬高了邮轮产品销售门槛。

　　邮轮业内常常对比包船和直销两种不同的模式。有观点认为，成熟市场上 68% 的邮轮通过代理渠道完成，而中国的这一比例超过 90%。实际上，国外邮轮公司对中国市场并不熟悉，大量直销并非现实之举，但业内观点认为，随着国际邮轮公司逐渐渗透中国市场，这一比例将会有所调整。

　　以皇家加勒比为例，其在 2016 年专门成立了一个门店销售团队，销售会在旅行社门店里驻店帮助包船社销售；其官网 2016 年也实现了直销预订功能；同时，它也在发展中小代理，让他们的门店成为皇家加勒比的专卖店，挂皇家加勒比的 logo，卖皇家的邮轮产品。又如，2014 年 9 月，携程发布了全球首个"中文邮轮预订平台"，用户可直接预订全球 20 家邮轮公司的舱位，这意味着这个 OTA 巨头开始绕过旅行社，直接与供应商坐上谈判桌，而不仅仅满足切舱位。平台所体现出的大数据、直观展示、交互信息、APP 应用等典型的互联网特点，似乎在提醒着邮轮业，卖船票不能总是"黄牛"思维了。

国内邮轮旅游市场经营销售情况

　　据携程发布的《2016 邮轮游趋势预测》显示，2016 年国内母港港口运力将实现超 80% 的上涨，加上香港出发的航次，中国选择邮轮出境游游客有望达到 200 万人次以上。不过，与北美每年数以千万计的邮轮人数相比，中国目前的体量仍偏小。2016 年 9 月，由中国交通运输协会邮轮游艇分会等多方联合出品的《2015 中国邮轮发展报告》显示，2015 年我国有 10 个港口接待过邮轮，包括大连、天津、青岛、烟台、上海、舟山、厦门、广州、海口、三亚，全国共接待邮轮 629 艘次，同比增长 35%。其中，接待母港邮轮 539 艘次，同比增长 47%。该报告中指出，未来 10 年我国邮轮产业发展将处于爆发期、市场细分的快速发展阶段。

不过，在中国邮轮产业链中，国内旅游企业的参与主要集中在船票代理分销环节，只有海航、渤海邮轮和携程等少数旅游企业涉足上游邮轮运营。目前，邮轮产品在中国的销售普遍采用包船模式，即代理商将邮轮公司某一个航次上可售卖的所有舱位都提前买断（极少情况下邮轮公司会保留极少的舱位以备不时之需），因而，完全由其自身主导销售，但同时销售压力也转至包船商身上。虽然包船模式在近几年成为中国邮轮市场高速发展的重要驱动力，但这也成为 2015 年国内邮轮销售陷入价格战困境的主要因素。2015 年韩国 MERS 病毒突袭东亚，市场出现滞销，包船商不得不降价甩舱来迅速消化库存，忍痛止损来避免空舱带来的更大损失。2015 年因为包船亏损 2000 万~3000 万元人民币的包船商不在少数，而亏损几百万元的代理比比皆是。

中国市场正处于发展的初期阶段，因此包船模式将继续作为主要的销售模式。"有利的方面是公主邮轮能和旅行社合作伙伴共同合作、迅速开拓市场，通过旅行社现有的网络，将邮轮旅行这种全新的出行体验和生活方式带给更多的中国游客"。不过，邮轮包船模式使得多数包船商亏损上千万元，足以证明这个模式的弊端和不合理性。而随着中国邮轮行业的进一步发展，其他的销售模式将得到尝试。《2015 中国邮轮发展报告》也认为，中国特色式的包船营销模式无法长久，将在一两年内形成新的营销渠道格局，虽然零售包船模式并不会马上消失，依然将是主导，但切舱及散客销售的比例将会提高。

知识链接 🔍 搜索

邮轮市场兵败 2015 年的根本原因：包船模式

1. 包船商亏损的出现

从 2010 年开始，随着中国政府对邮轮经济和邮轮旅游持开放和支持的态度以及各大邮轮公司在华逐步加大宣传和推广力度，邮轮旅游在中国悄然升温，中国游客对于邮轮旅游的认知也与日俱增，需求快速放大增长。与此同时，嘉年华邮轮集团旗下的歌诗达邮轮和公主邮轮，皇家加勒比游轮和丽星邮轮等公司在华部署的邮轮也逐年增加。而中国领先的在线旅游电商——携程旅行网也和皇家加勒比邮轮公司合作，购买了中型豪华邮轮并成立了第一家中国自己的邮轮公司开始运营。

在中国邮轮业发展初期，邮轮的供给量是非常有限的。即便是已经开始腾飞的 2011~2013 年，从邮轮公司母港出发的各航次的最终上客人数和当时邮轮船票的最终卖价可以看出，当时整体的供给量是小于或等于市场对于邮轮产品的需求量。甚至在某个特殊阶段供给量略大于市场需求量的时候，问题也不是太大。毕竟中国有那么大的人口基数，支撑 6~7 艘邮轮的生意自然不在话下。

然而情况从 2014 年下半年开始慢慢发生了变化。如前所述，几年的包船经历使邮轮公司和包船商获利颇丰，也赢得了不错的社会效益。不少旅行社企业还借机赢得了企业快速的规模扩张。这一切可能使大家忽视了 2015 年以及后面的年份由于供给量激增可能带来的巨大风险，尽管邮轮公司早就提前宣布了更多的邮轮会投放到这个看上去欣欣向荣的新兴市场。

由于 2014 年仍然是盆满钵满的一年，所以在这一年的年中各大邮轮包船商都早早签署了 2015 年的包船合同。的确，2015 年的上半年也没有让大家失望，销售情况甚至比 2014 年的上半年还要理想，各大包船商及各级代理盈利情况良好。然而正当大家信心十足，准备迎接全球最新的豪华邮轮——海洋量子号来到中国时，一场突如其来的公共卫生危机——韩国 MERS 病毒突袭东亚，点燃了 2015 年中国邮轮业危机的导火线，将我之前预测的 2016 年中国邮轮业由于供求失衡，价格高企导致的阶段性危机事件提前了半年。

2. 包船商亏损的原因

邮轮市场供求关系出现逆转，邮轮供给量的增长速度远大于需求的增长，而由于当前还是提前买断的包船模式，价格和满舱率没有及时起到应有的杠杆作用，包船商承受最大压力，并最后为之买单。但邮轮公司的 2015 年的账面数字仍然华丽。而当地团队承受代理巨亏所带来的各种非人压力，也是苦不堪言。

邮轮销售渠道建设和消费者产品和品牌教育卓有成效，但仍然远落后于行业的快速发展。目前的邮轮产品推广还未像欧美国家一样深入腹地。大部分新的邮轮销售代理缺乏对产品和销售方法的深度认知，也缺乏风险危机意识，盲目冒进。讽刺的是，这些代理由于所切的舱位数较少，为了止损，他们往往充当了低于成本甩舱的"急先锋"，并使核心包船商深受其害。

最根本的原因来自于包船这种"期货"模式带来的"平仓"风险以及一系列的市场反应。之所以这么认为，是因为即便在供给量较大的情况下，邮轮公司和邮轮销售代理能够同担风险，共同进退，不强行要求满舱出行，在价格的杠杆作用下，整个邮轮市场的价格和信心是完全可以被稳定住的。但是在包船模式下，双方的合作更像是一种博弈，而不是倾力合作。于是大家错过了暑期，又一起错过了冬季这两个较好的逆转市场的机会。平心而论，所有的参与者都被"包船模式"所绑架了！

尽管 2015 年各大邮轮公司的账面上还是非常华丽，但是邮轮公司也丝毫高兴不起来。因为他们深知，他们不会是最后的胜利者，因为在一种长期的合作环境里，只有合作共赢才是正道。中国邮轮业才刚刚起步，潜力非常巨大。邮轮品牌尚未深植人心，邮轮公司直销模式即使成功，也离不开邮轮销售代理这个主要渠道。邮轮公司和代理更像是一种"互生"关系，唇亡齿寒，邮轮公司必须照顾到中介的利益，大家的合作才能够长久平稳，除非邮轮公司准备放弃中国这个市场。

（资料来源：寿晓渊．邮轮市场兵败 2015 年的根本原因：包船模式［N］．环球旅讯，2015-12-16．）

第三章

邮轮旅游产品设计和运营

第一节 邮轮旅游产品设计

一、邮轮船舶分类

（一）根据邮轮吨级规模分类

船舶的排水量和总吨位是通常用于对船舶大小进行分类的单位依据。邮轮的分类，通常也可以通过排水量、总吨位（Gross tonnage，GRT）两个指标，并结合载客量（Pax Capacitiy）或者标准底层床位（Lower Berth，LB）两个指标来衡量。就邮轮规模而言，一般按注册总吨位划分为小型、中型、大型和超大型；就载客量而言，500~1200 人为小型邮轮、1200~2600 人为中型邮轮，2600~4000 人为大型邮轮，4000 人以上的为超大型邮轮。

表 3-1 邮轮船型的吨级分类标准

分类	注册总吨	载客量
小型	50000GRT 以下	500~1200 Pax
中型	50000~100000GRT	1200~2600 Pax
大型	100000~150000 GRT	2600~4000 Pax
超大型	150000GRT 以上	4000Pax 以上

邮轮的规模是影响游客体验的主要因素。大规模的巨轮的典型特征是拥有多个泳池、博彩中心、多种就餐选择以及众多活动；小型邮轮针对各自的品牌特色舍弃了一些设施，以奢华型邮轮为例，娱乐设施有所减少的，但是舱房的档次和服务水平有明显提高；探险型邮轮则更集中精力关注目的地和致力于提供不同的邮轮体验。人们以各种不同的标准对邮轮进行分类，例如，邮轮所承载的客人数量，食物、饮料及住宿条件的质量，邮轮体验的总体衡量。尽管没有一个统一的标准，但是分类和质量标准的研究还是很有意义，为了吸引各自目标群体，很多邮轮公司经营不同类型的邮轮，这样就可以设计出与邮轮规模、产品系列、目标市场及销售间隔相对应的特定航线。

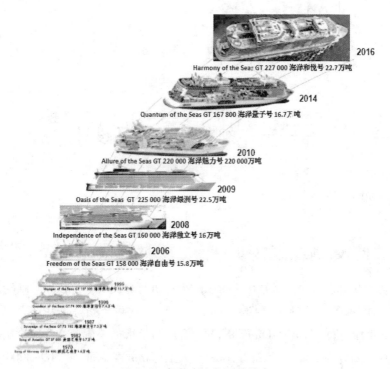

图 3-1　邮轮主力船型的演变

如图 3-1 所示，是 20 世纪 70 年代以来，邮轮主力船型的演变。很明显可以看出，邮轮船舶同货轮一样，也正在经历不断大型化的过程。受规模经济效益的驱动，以及船舱要求更高（阳台房、宽敞）和娱乐设施多样化的需求，船公司对新造船舶的大型化的定位趋势已经确立。随着邮轮大型化的发展趋势，10 万~15 万 GRT 的大型邮轮几乎已经成为现阶段的主流船型，15 万总吨以上邮轮在船队中的比例越来越高。目前，暂定将于 2018 年首航的皇家加勒比国际邮轮旗下绿洲系列的第四艘邮轮海洋交响号（Symphony of the Seas）总吨位已经达到 23 万 GRT，比 2009 年下水时被誉为吉尼斯级的超级邮轮的海洋绿洲号（Oasis of the Seas）吨位还要重 7100 吨。根据 Berlitz 统计，超过 20 万 GRT 的邮轮现有船舶 3 艘，均为皇家加勒比绿洲级邮轮。截至 2017 年 3 月，Cruise Industry News 更新的数据显示，到 2026 年新船订单中共有 10 艘超过 20 万 GRT 的超大型邮轮。

（二）根据邮轮航行区域分类

按照邮轮航行的区域划分，可以将邮轮分为内河游轮和远洋邮轮两种类型。远洋邮轮航程较远，航行时间较长，一般情况下，航期在 10~15 天，甚至更长；内河游轮航程较近，时间一般在 7 天左右或者更短。

远洋邮轮（Ocean Cruises）旅行比起手续烦冗复杂的陆上旅行要便捷舒适很多。邮轮旅行集奢华的酒店布置、精致美味的饮食、优美的景色、丰富多彩的船上娱乐活动以及贴心的服务于一体，逐渐成为众多旅行者的选择。如今，"邮轮即是目的地"的观念正在逐步影响着消费者。每天都有上百艘邮轮载着超过数十万旅客航行在地中海、阿拉斯加、加勒比海、北欧、东南亚、东北亚等国家和地区。

相比体积庞大的远洋邮轮，内河游轮（River Ships）显得私密性更高、更为小巧精致。通常内河游轮的标准载客量不超过 200 人，但是却会配备 24 小时的专属管家服务。根据安联全球救援对美国互联网网民的调研，目前有 73.9% 的受访者更愿意选择内河游轮，因为内河水流更为平稳。新一代的内河游轮房间的面积甚至超过了顶级酒店，基本都配置了更大的私人露台和全景落地玻璃，旅客可以要求随时靠岸，更加灵活深入地探寻岸上的美景。目前，全球内河游轮旅游产业主要有四大市场：欧洲的莱茵河、多瑙河，埃及的尼罗河，美国的密西西比河和中国的长江。

（三）按邮轮产品分类

1. 设计市场定位

欧美邮轮行业高度发达，并持续以稳定的增速高速发展，20 世纪末以来的平均年增长率达到 8%。对成熟的欧美邮轮行业进行剖析，我们发现，欧美所提供的邮轮产品船舶类型多样，航线种类繁多。从市场定位的角度，按产品的市场受众、航线目的地及是否按乘客需要提供个性定制服务，可以将邮轮产品分为四大类：平价邮轮、大众型邮轮、高端邮轮以及奢华邮轮。

表 3-2　邮轮产品分类表

分类	主要品牌	船队	邮轮（吨位及载客量）	
平价	Cruise and Maritime Voyages、路易斯（Louis）	1～3	10000～40000	800～2000
大众	爱达（AIDA）、嘉年华（Carnival）、歌诗达（Costa）、迪士尼（Disney）、星梦（Dream）、地中海（MSC）、诺唯真（NCL）、P&O、皇家加勒比（Royal Caribbean）、丽星（Star）、途易（TUI）	4～15	70000～230000	3500～5000
高端	精致（Celebrity）、冠达（Cunard）、荷美（Holland America）、公主（Princess）	10+	10000～15000	2600～4000
奢华	精钻会（Azamara Club）、水晶（Crystal）、赫伯罗特（Hapag～Lloyd）、大洋（Oceania）、庞洛（Ponant）、丽晶七海（Regent Seven Seas）、世鹏（Seabourn）、银海（Silversea）	1～5	10000～60000	200～800

注：邮轮品牌按照英文首字母排序

由于现代邮轮基本都提供了优质的基础设施，大众邮轮和高端邮轮之间的区别日益模糊。现在大多数游客认为，这两种类型的邮轮注重海上旅游和度假，而奢华邮轮则更注重于多样化和个性化的服务。一般来说，区分高端邮轮和大众型邮轮这两种产品的主要标准为乘客船员比以及每床每晚的船票价格。

（1）平价邮轮。平价邮轮的游客群体以年轻人和低收入人群为主，航期一般为 3～7 天，航行区域通常在地中海地区而不存在于北美市场，票价低廉，船上基础服务设施有限。

（2）大众邮轮。纵观全球邮轮市场，大众型邮轮产品占据了大多数的市场份额，是最受欢迎的邮轮产品。目前，越来越多的新建邮轮都有船舶大型化的趋势，例如最出名的莫过于皇家加勒比游轮 22 万吨级的海洋绿洲号与海洋魅力号，可以容纳 6000 名乘客 3000 名船员。由于大型邮轮载客人数多运力大，又属于大众型邮轮的范畴，因此大众型邮轮产品便成了邮轮市场的主要供给。高端邮轮产品和奢华邮轮产品的市场份额相对而言则小了很多。虽然市场占有率不高，但是两者的市场需求一直保持稳定，而且邮轮公司的利润率也相对较高。

（3）高端邮轮。①乘客船员比。乘客船员比是邮轮上标准载客量人数与船员的比例，反映的是邮轮服务人员可以提供的服务品质：服务人员数量越多，每位乘客获得的人性化服务越好。因此乘客船员比越低，说明邮轮的私人化、定制化程度越高。行业内高端邮轮的乘客船员比在 2～2.5∶1。②每床每晚的船票价格。每床每晚的船票价格是将不同航线的票价按航线天数取平均数而得，反映的是乘客在邮轮上所享受服务种类的多寡和品质的优劣。每人每晚船票价格在 300 美元以上的航线产品属于高端邮轮产品的范畴。相比大众型邮轮产品，高端邮轮的一个特色就是船票不仅包含船上的吃住，还包含岸上游、固定的酒精饮料以及邮轮旅游前后的机票住宿。

（4）奢华邮轮。奢华邮轮是高端邮轮的进一步升级，无论是舒适度还是产品都有很大的提升，相比于高端邮轮，奢华邮轮承载更少的游客，每位游客对应的服务员数量更多。奢华邮轮提供的航线更长，尤其是 12 晚以上的邮轮产品。虽然奢华邮轮的市场主要面向亚洲的国际游客，但是这类邮轮非常成功地吸引了收入富裕、具有旅行经历而且能够很好地适用并接受西式服务与产品的亚洲人。

图 3-2　邮轮费用分布情况

目前市场上邮轮品牌的侧重性分布如图 3-2 所示。例如，公主邮轮的费用属于尚可负担，品牌本身侧重点在于船舶本身和目的地之间；皇家加勒比游轮旗下的船舶更偏重船舶本身，注重打造自身船上设施来吸引消费者；银海邮轮属于奢华邮轮中价格较为昂贵的品牌，在注重自身品质的同时，倾向于有特色的目的地旅行等。

2. 假期长度

邮轮产品的时间长度决定了访问港口的数量以及邮轮产品的价格。

（1）3~4 天的邮轮产品适合拥有少量假期或时间和金钱并不充裕的游客。此类型产品属于体验型产品，对于邮轮尚未接触或不感兴趣的游客可以选择此类型产品作为初次体验。

（2）5~7 天邮轮产品是目前市场上比较主流的产品。在欧美地区，可以在一周内访问加勒比海或者地中海的 4~6 个港口。此类型产品对于邮轮旅客而言性价比最高，既能较全面地感受到邮轮的本身，又能兼顾岸上游目的地的丰富。

（3）10 天或 11 天产品比较适用于 fly cruise。一般的西地中海航线都在 10 天左右（一般不会超过 14 天），本地游客较多，航线会提供更多的目的地及母港港口，方便游客同时选择邮轮旅游，以及邮轮前后陆地过夜产品，例如太平洋地区的深度巡游等。

（4）环球航线基本以高端奢华邮轮为主，适合中产阶级中老年人或富豪阶层。一般来说，环球航线的时间在 60 天或 80 天左右，甚至长达 100 天，但船公司通常会分段销售，以 20~30 天为界限。

二、邮轮旅游船上产品构成

除了在吨位和载客人数上，邮轮公司有着激烈的竞争外，船上的产品风格也是另一个比拼的重点，我们一直强调邮轮不是一个简单的交通运输工具，是一座漂浮在海上的"城市"，其本身的舱房、餐饮、娱乐、购物等是一艘邮轮成功的关键，所以邮轮本身就是目的地。

（一）舱房

作为整个航次中担负起"家"作用的存在，舱房必须是邮轮中的重中之重。邮轮上舱房主要分为内舱房、海景房、阳台房和套房四大类，游客可以根据自己的喜好、预算和人数，来选择适合的房型。

1. 内舱房

内舱房的构造类似于一般商务酒店的标准间，房间位于邮轮的内部，没有窗户，面积较小，在 $10~16m^2$。虽然内舱房面积较小，但浴室、衣橱、客厅和梳妆台等设施一应俱全，两张单人床可合并成为大床。内舱房会运用多种装室内装修效果如通过镜子、淡色墙纸、落地灯，甚至假窗帘来使空间显得更开阔些。有很多偏爱内舱房的邮轮旅客，看重其价格较其他房型要便宜一些，隔音和遮光效果好，性价比高。

2. 海景房

海景房位于邮轮的外侧，可以在房间内向外观看，传统的船舶有舷窗，现代邮轮则有更大的窗户，视野相比内舱房更为开阔。海景房对于那些担心拥挤的游客而言再理想不过了，面积一般在 $16~28m^2$。海景房位置与邮轮的行进方向一致，游客可以每天在晨光中醒来，随时欣赏海景。

3. 阳台房

阳台房位于邮轮的中上层的外侧，面积一般在 $17~26m^2$，相比内舱与海景房，阳台房游客拥有自己的专属阳台，房间内有玻璃推拉门通向阳台，可以与同伴在私人空间下沐浴阳光欣赏美景。

4. 套房

套房是邮轮上最昂贵的房间，一般在船头，有多个房间，有些还有自己的温泉池。其面积较标准间更大，一般在 $20 \sim 152m^2$。一些豪华邮轮可能拥有一整层位居上层的、类似金钥匙的甲板，由更大的客舱或套房组成。目前豪华邮轮为了满足部分客户群体的需求，一些套房从房间面积到内部装饰都奢华无比。有些套房拥有大的落地窗墙，可以让乘客尽览如画风景，同时，还有超豪华的阳台、餐椅、按摩浴缸以及沙发等设施，将让游客享受到高品质的服务。作为邮轮中最高级的房型，套房客人还将享有船方所提供的礼宾服务。

（二）餐厅

从登船之日起，乘客将在邮轮上解决一日三餐，所以邮轮内部的餐厅形式很重要。它不仅体现了邮轮的规模和格调，还体现了邮轮的经营特色。为了保证餐厅食品安全卫生，餐厅部门工作人员还会配有专门的卫生手册。

海洋量子号

主餐厅	奇客餐厅、格蓝迪餐厅、美国爱肯烧烤餐、海岸厨房（套房专享）、丝绸之路餐厅
自助餐厅	帆船自助餐厅
特色餐厅	奥利弗意大利餐厅、仙境坊、美式牛排馆、主厨餐厅、泉·日式餐厅
休闲餐饮	索伦托餐厅、拉装咖啡馆、270度咖啡馆、热狗屋、皇家大道咖啡馆、杰纽因啤酒屋、海上火锅、功夫熊猫面馆

图 3-3 海洋量子号餐厅情况

邮轮上餐厅一般分为免费餐厅和收费餐厅。邮轮上的早餐和午餐基本上都采用自助形式，晚餐是采用菜单点餐形式，由于邮轮上的乘客来自不同国家和地区，因此邮轮餐厅的菜单通常会提供多语种对照菜单，内容分别按照前餐、主菜、汤、甜品等几大类列出，每日不重样，当然也有固定不变的内容，比如意大利面。所有菜式除了特别注明外均不限量。儿童还有专门的儿童菜单，也是有些内容是固定的。一般情况下，餐厅只提供饮用水、牛奶、咖啡等有限的几种免费饮品，酒类和其他饮料是需要额外支付费用的。

邮轮上餐厅还可分为主题餐厅、休闲餐厅和特色餐厅，大型邮轮的典型特征是拥有好几个主题餐厅。主题餐厅是反映邮轮品牌的风格和标准的餐厅，提供的饮食比较精致，种类比较丰富。休闲餐厅是轻松自由的就餐选择，一般提供自助餐和下午茶。特色餐厅一般包括披萨店、汉堡店、西点店以及冰激凌销售点等。游客可以根据个人喜好选择在特色餐厅用餐。

（三）休闲娱乐

邮轮上的休闲娱乐设施和项目丰富，包括以下一些项目：

1. 演出大厅/剧院

娱乐活动通常每晚都有，为照顾分时段用餐的客人，节目会每晚演出两场。白天，演出大厅还可以用来举办会议、讲座或其他专项活动。大多数邮轮通常还设有另外的娱乐区域、电影院、酒吧、KTV 和舞厅等。

2. 游泳池

大多数邮轮上都有一个或者多个游泳池，在泳池周围还会配有按摩浴缸。通常泳池不会太大，因为如果容积巨大，会影响邮轮的稳定性。泳池四周的甲板上会有许多躺椅和桌子，有些邮轮会有专门供儿童嬉戏的浅水池。部分邮轮上会有玻璃天窗，能够遮盖住整个泳池区，天暖时开启，以便使游客可以在露天环境下感受凉爽的海风；天冷或下雨时则关闭。

3. 健身俱乐部

邮轮上还会给乘客提供锻炼的场所，配有健身区、固定自行车、健身踏步器和投掷器械。健身俱乐部通常还会和水疗区相连，可以为游客提供面部按摩服务、桑拿、芳香疗法等一些美容、放松身心的服务。船上可能还会在甲板上设有慢跑跑道、篮球场和其他运动方面的设施。

4. 礼品店

在有些船上，这仅仅是一个卖各种杂物的小商店，而在很多船上，这里出售纪念品、免税货品、T 恤衫等以该船为主题的物品。一些邮轮以有许多购物之处为特色，甚至构成了一条微型商业街。

5. 医疗设施

邮轮会按照相关规定，在乘客人数超过 100 人的任何船上都随船配备一名内科医生，并常常由一名或多名护士来做助手。这些保健专家工作用的设备就像一所小型医院所具备的。

6. 照片陈列室

邮轮上会有专业摄影师来为游客拍照，记录游玩的重要时刻和风景优美的景点。这些照片会被陈列在船上的照片陈列室里，游客可以从中选购自己喜爱的照片，价格合理适中。

7. 博彩

博彩在大多数地区是不合法的，因此大多数邮轮都设有博彩活动场所。当邮轮行驶到公海上时，游客可以在那里玩 21 点、老虎机等其他游戏。由于法律的原因并且为了避免与岸上博彩竞争，严格情况下博彩会在邮轮进入领海时关闭。

8. 儿童、青少年俱乐部

3~11 岁儿童可以去邮轮上的儿童俱乐部，有专门的工作人员免费带领他们玩游戏、做手工和画画等。此外，针对 0~3 岁的婴幼儿，MSC 地中海邮轮还与智高合作打造了专属俱乐部。12~17 岁的青少年同样可以在邮轮上找到适合自己的项目中心，在俱乐部里有专业的团体看护人员与孩子们一起开展创意游戏、运动和其他活动。2017 年 3 月诺唯真喜悦号专门为青少年打造了青少年学院"Splash Academy"，旅客可以在港口日或晚间，将孩子交给看护服务人员，自己去享受一个浪漫之夜。

图 3-4　海洋量子号中的娱乐设施　　图 3-5　诺唯真喜悦号中的娱乐设施

（四）商场

邮轮拥有免税店以及多个精品购物店，为游客提供丰富的免税商品以及精美礼品，让乘客在邮轮上就能畅享购物体验。邮轮上的免税店数量，主要取决于邮轮的大小，越大的邮轮商店越多，主要经营化妆品、手表、珠宝首饰、香水和包等，而且在航行中每天都会有打折销售的商品。

三、邮轮旅游航线设计分析

（一）航线设计考虑因素

母港邮轮的岸上线路设计是与邮轮公司的航线设计密切相关的。邮轮公司在设计航线时，主要考虑的因素包括航线规划反应战略和品牌发展方向，设计具体航线最大限度满足客人及最优化收益，研究新目的地和竞争对手，把航线放到预订系统并进行沟通，改进已有航线等。航线设计的流程包括船—母港—停靠港选择—航线设计—长短搭配、往返程转港搭配—各地消化量—船上运营—开始销售。在欧美地区，邮轮航线的设计主要由邮轮公司制定，而中国由于旅行社采用了包船模式，因此大多数航线都是邮轮公司与旅行社共同协商制定的。

从常规来讲，邮轮公司制定航线主要考虑的因素包括：

1. 收益的核算

NIY（Net Itinerary Yield，航线净收益）是航线收益的指标，是邮轮公司决策邮轮部署的主要参考依据。计算公式为：NIY＝净船票收益＋净船上收益－燃油费－食品成本－酒店部运营成本（本书第三章的第二节将为读者详细的解读船上收入及邮轮公司的成本分析）。

2. 新区域拓展的驱动因素

邮轮运力的不断增加使得邮轮公司在他们的传统布局范围以外开始扩张，邮轮吨位的扩大，也增加了对挂靠港基础设施的要求。考虑到北半球冬季时，客源地的客人需要寻求更温暖的区域，邮轮公司将会拓展新的航线。经济因素、季节因素等，都会被船公司考虑到其中。

3. 母港设置的考量因素

基于邮轮产业的本质及船舶资产的可移动性，邮轮航线的部署变化极为迅速。船公司出于逐利角度，只会选择客源充足的地区作为母港。区域性的专业港口代理服务、物资供应链、便捷的交通、优质的当地导游等都会成为母港设置的考量因素。

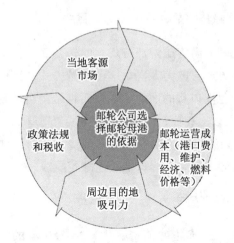

图 3-6　邮轮公司选择母港的依据

邮轮母港需要具备以下竞争力：港口地理位置优秀，周围有旅游景点，可以给游客带来各种体验，如文化、历史、探险、购物和美食等；拥有接待大批量乘客的运营能力，出入境游客吞吐量保持在一定水平，尤其需要提升港口通关速度；港口本身需要拥有干净、安全和有保护的设施设备，并且有着合理的收费架构，如关税、其他税费等。

4. 邮轮公司选择旅游目的地的依据

旅游目的地需要接近客源地，并尽量接近其他有吸引力的目的地，气候宜人，拥有丰富的游客活动和项目，具有市场吸引力，存在岸上游的收益潜力。此外，没有安全就没有旅游，邮轮公司还需要考量目的地国家的安全形势，确保邮轮的安全运营。同时，目的地的物流可实现度（空运能力和船供情况）港口费用等成本也是选择的重要考量因素。

由于邮轮的特殊性，在旅途中，目的地岸上游时间有限，设计优秀的目的地岸上游可以给游客带来旅行最好的体验，增加邮轮航行的价值，所以邮轮停靠地选择的都是该城市中最有标志性的、人们一说到这个城市就会想到的地方。

（二）邮轮市场需求特征

随着国民经济实力的不断提升和对外开放程度的不断加强，邮轮旅游为越来越多的人所熟知和接受，中国邮轮市场规模呈现逐年攀升的良好趋势。但邮轮旅游在中国毕竟还属于新鲜事物，我国邮轮游客的消费需求正呈现以下几个特征：

1. 母港航线短途化趋势明显，更关注邮轮目的地

邮轮旅游在中国是随着游客旅游消费观念的转变而慢慢发展起来的。乘坐邮轮旅游是一种休闲度假的生活方式，欧美人喜欢这种旅游方式，而中国人旅游的目的性更强一些，喜欢乘坐挂靠有特色港口目的地的航线，而且希望目的地越多越好。此外，和欧美人每年带薪假期为 20 天以上相比，中国人除去每年春节和十一黄金周有 7 天的休假，平均带薪假期只有 5~15 天的时间。在中国游客消费文化特征明显和带薪休假制度不够普及的双重作用下，我国游客较多选择母港短途邮轮航线。

2. 中老年人群是邮轮消费主力

据统计，在中国乘坐过邮轮的消费者中，36~50 岁的乘客占据所有乘客的 38%，19~35 岁和 51~70 岁的乘客分别为 22% 和 21%，这些数据表明中国邮轮市场最主要的消费者为中老年群体，他们拥有独立自主的经济能力，对生活的品质有着更高的追求，对新鲜事物采取谨慎的态度，是当下和将来整个社会群体的中坚力量。

3. 邮轮包船、定制化需求旺盛

近年来，邮轮市场包船比例高达 80%~90%。这些包船航次通常都有着特别定制的主题。目前，中国的邮轮市场还处于消费培育阶段，对于照搬国外邮轮公司原有的营销方式，我国游客并不能消化接受。因此，对邮轮产品的定制化成为培育中国邮轮客源市场的重要突破点。2011 年邮轮公司、旅行社、邮轮港口结合邮轮游客的需求打造了不同形式的主题邮轮产品。如舟山港开通了以"千岛情、宝岛缘"为主题的对台直航航线，北京青年旅行社通过包船开展"端午节邮轮日韩行"的主题活动，上海港国际邮轮旅行社开出两个航次开展"儿女争气，父母免费，高考成绩说了算"活动等。这表明近期内，邮轮主题化、定制化为邮轮市场的繁荣发展奠定了一定的基础。

表 3-3　天海邮轮主题邮轮活动不完全统计表

活动类型	活动主题	活动内容
邮轮+音乐	天海好声音挑"赞"赛	2016 年吸引了近 6000 人报名，超过 200 万观众和网友评选点赞；2017 年 3 月 3 日正式启动，历时 9 个月，覆盖 55 个航次，总决赛将于 2017 年 12 月举行，前三名将分享 10 万元现金大奖。
	天海演唱会	邀请郑钧、许巍、黄国伦、中国好声音学员等实力歌手登船献艺。
邮轮+文化	天海夜谭	全球首个"海上百家讲坛"，活动贯穿 2017 年全年，围绕着从生活到时尚，从曲艺到美妆，从品酒到养生等游客们普遍关注的话题，邀请行业专家登船助阵，用说学逗唱等多样形式，在邮轮上公开授课。

活动类型	活动主题	活动内容
邮轮+美食	G20国宴宴遇天海	2016年国庆期间，把广受瞩目的"G20餐桌"搬上了邮轮，在新世纪号上推出了"G20系列菜品"，让所有游客在船长晚宴上免费体验了"国宴的味道"。
邮轮+明星	登船明星	邓超、高晓松、朱亚文、宣萱、牛犇、王丽坤、寇乃馨等
	特色活动	"环球小姐主题航次""世界小姐主题航次"
邮轮+影视	取景、拍摄	电视剧《漂洋过海来看你》、电视节目《晓松奇谈》《世界多美丽》《首席旅行官》等
	邮轮剧	国内首部邮轮主题连续剧《面朝大海春暖花开》在天海"新世纪号"实景拍摄
邮轮+快乐	感恩父母	2016年3月，天海之间，全身心陪伴——感恩父母之旅
	关爱孩子	2016年8月，宝贝你最大——佐世保亲子之旅
	舞动青春	2016年6月，毕业季主题航次

据统计，2016年天海邮轮共运营了80个航次，其中约有20个航次推出了单次主题活动，42个航次安排了全年主题活动，主题航次占比接近60%，被誉为行业内主题活动航次最多的邮轮公司。主题邮轮航次逐渐受到重视，说明行业正在从增量到提质的转变，这对于提升游客的邮轮旅行体验，孕育中国自己的邮轮文化将起到积极的推进作用。

4. 邮轮客源地集中在三大沿海经济发达地区

邮轮经济是一种规模经济，对客源的要求高于一般的大众旅游市场。中国沿海经济发达地区拥有相当规模的高收入群体和较为成熟的旅游消费市场，加上这些发达城市居民思想观念开放，乐于体验新鲜事物，因此东部长江三角洲、南部珠江三角洲以及北部环渤海地区三大沿海经济发达区域成为目前中国邮轮客源市场的集结地，这正是中国邮轮市场发展的根基与潜力所在。

（三）中国市场航线设计现状

航线设计是对船公司设计、控舱和行销三大能力的考验，既要符合中国游客偏好，又要把握价格水平，还要能和旅行社等相关机构进行充分交流合作。从目前上海邮轮市场来看，如何设定满足中国游客需求的多元化航线，更好地发挥上海客源优势，挖掘更多潜在客源是上海邮轮母港产业发展过程中亟待解决的问题。

1. 停靠港口

多港挂靠政策为航线多样性奠定了基础。邮轮公司不断创新，结合不同特色的港口进行挂靠，将设计出更多更具吸引力的多元化航线。

从挂靠港口的情况来看，目前，日本、韩国港口可以停靠的数量并不是很多，日本的福冈、长崎、鹿儿岛，韩国的仁川和济州岛常作为受中国游客欢迎的邮轮目的地。

此外，由于目前口岸管理限制，东南亚邮轮港口基础设施与国内匹配程度较低，导致中国台湾、中国香港、东南亚等港口还没能在上海邮轮母港航线上普及，如果这些问题得以解决，中国台湾、中国香港、东南亚等港口日后必将受到中国游客的广泛关注。

随着邮轮市场的不断拓展，旅行方式的不断创新，日后通过邮轮与航空相结合，一周内游客可以到达更远的欧美地区，对地中海港口群、迈阿密等热门的国际邮轮港也将产生需求。

2. 航行时间

从航行时间来看，国际邮轮市场比较中意 7 晚的航线，3 晚、4 晚的航线较少，而中国邮轮消费者更倾向于平均时长为 4 晚的航线。在中国航行时长在一周之内（3~7晚）才更符合中国目前的国情（包括休假制度和旅游习惯等）。

随着邮轮旅游文化的宣传，中国邮轮市场的游客年龄结构也可能逐渐发生变化，以7、8 月份学生暑期出游为高峰，以时间充裕的老人为主的长线游，都将具有较大的发展空间。因此，未来上海在邮轮旅游航行时间设计上，无论是 2~4 天的短线，还是 7~10天的长线，都应不断开辟，提供更加多元化的航线构成。

3. 产品偏好

上海打造邮轮母港，开设邮轮航线，在航线特色方面，受旅游文化、旅游理念等影响；上海要扩大邮轮市场，挖掘邮轮旅游客源，必须设计符合中国邮轮游客偏好的特色航线。

偏好一：中国游客更加侧重目的地旅游，更加偏好以风景秀丽、文化底蕴深厚、特色突出的地区港口作为挂靠港，在充分享受邮轮上休闲时光的同时，能够更好地品味异域风情。

偏好二：邮轮上将配备更多中国游客喜欢的娱乐设施，如麻将、KTV 等，使其能够更好地度过游轮上的休闲时光。例如 2017 年 3 月交付的盛世公主号，就是嘉年华集团特地为中国游客量身定制的邮轮产品，带来了具有浓郁中国风的享乐。

偏好三：根据中国邮轮游客的年龄和出行结构特点在邮轮上提供更加舒适和便捷的生活设施，以满足中国邮轮游客的实际需求。诸如，增设人性化的老人房，满足老人出行需要；增加邮轮上的三人房，满足带孩子出行的一家三口需要。

偏好四：根据中国人的饮食习惯和结构，提供更加符合"中国胃"的中式餐饮和中式餐具等。

4. 区域合作

不同于传统的陆上旅游，邮轮旅游有着明显的多目的地性质，一个邮轮航线产品总是包含若干个邮轮港口城市及周边旅游区。航线设计和目的地的遴选需经过极为严格的考察和考核过程，港口设施、社会治安、旅游区吸引力和市场适应性都是重要的考核标准。且邮轮航线尤其是定班航线，一经设定就相对稳定下来，变动概率不高，这就使得一个区域内邮轮港口和目的地的发展有了"一荣俱荣，一损俱损"的特质。只有整个区域的邮轮旅游竞争力得到整体提升，该区域邮轮旅游的发展才具有了广阔的基础。在此背景之下，区域港口城市的邮轮合作不断得到增强，其中一个重要的表现就是各层次和范围的邮轮合作组织和邮轮合作计划的不断涌现。

地中海区域包括地中海及紧邻地中海岸的周边地区，涵盖了三大洲的近 20 个国家的全部或部分国土。地中海区域聚集了世界上最著名的港口旅游景点，是全球邮轮旅游最受欢迎的巡航目的地之一。田园般的岛屿、壮丽的海滩、雄伟的历史景观和醉人的特色文化是地中海的旅游标签。

1996 年地中海沿岸主要邮轮港口联合成立了行业的非营利性机构——地中海邮轮协会（Med Cruise），总部设在罗马。协会在地中海邮轮旅游目的地的推广、邮轮港口发展规划、邮轮港口效率的提高以及协议、政策或计划的推动以及与世界各地的邮轮港口及邮轮业建立良好的合作关系等方面做出了积极的贡献，有力推动了地中海区域邮轮旅游的发展。

四、邮轮旅游岸上游及其安排

对一家邮轮公司来说，除建造和运营豪华邮轮外，设计好的符合市场消费的邮轮线路及邮轮目的地岸上线路也是必不可少的。

岸上观光是邮轮旅行重要的组成部分，中国游客对岸上观光情有独钟。目前日韩航线上岸观光比例接近 100%，但观光线路以购物为主，饱受诟病，游客投诉率很高，岸上观光体验差。

大型邮轮公司甚至需要构建岸上观光自主接待体系：成立独立的旅行社或收购当地旅行社，组建旅游车队，培训优秀的导游服务团队，成立购物中心、餐饮和娱乐中心，专门接待邮轮船队和散客，实现岸上观光接待一条龙服务，实现邮轮旅游接待闭环，将构建全产业链发展模式作为未来发展的目标。

（一）岸上观光线路的分类

根据访问港旅游资源的差异，岸上产品可分为九大类，包括休闲观光、探险之旅、美食之旅、演出与娱乐、野生动植物探索、沙滩与水上活动、浮潜与潜水、飞行观光以及高尔夫。从国际邮轮岸上观光产品来看，休闲观光/城市旅游是邮轮旅游岸上活动的主导产品，再加上其他混合型活动，观光或城市旅游的占比可达 75% 以上。此外，沙滩与水上活动、演出与娱乐、探险之旅、野生动植物探索以及美食之旅也是重要的产品形式。从北美和欧洲的情况来看，具有休闲观光性质的产品 1521 个，达到了总产品数的 77%；具有沙滩与水上活动性质的产品 438 个，占所有产品的 22%；具有探险之旅性质的产品 335 个，占 17%，紧随其后的是占比 14% 的野生动植物探索类产品；带有演出娱乐、美食和潜水元素的产品各占约 6%，而高尔夫和飞行观光类产品的占比则极低。

岸上观光有很强的多样性，休闲观光、城市旅游、海滩与水上运动、探险与生态探索、节事与美食之旅是比较流行的岸上活动，其中观光或城市旅游占主导地位。因此，港口城市及港口腹地旅游资源的开发对邮轮航线布局具有重要影响。

1. 观光游览

许多邮轮港口附近拥有非常吸引人的旅游景点，且交通十分便捷，因此，游客可在港口附近进行岸上观光活动。例如，从斯洛格维坐火车穿过怀特通道和玉康窄轨铁路，乘坐大西洋潜艇去看巴巴多斯的珊瑚礁，乘坐水上飞机俯览新西兰的峡湾和冰川，步行游览新奥尔良福克区。

2. 餐饮购物

不同的社会经济条件成就了世界各地别样的美食。邮轮所到地区的岸上餐饮为喜爱美食的邮轮乘客提供了难得的美食享受。各地的小吃、手工艺品等也成为游客进行岸上游活动的选择原因之一。以意大利罗马为例，当地购物场所多，有世界顶级的奢侈品牌，吸引了不少游客前来购买。

3. 主题特色

有些港口城市得天独厚的旅游资源可同时满足游客多样化的岸上观光需求。各种类型的岸上游产品的"混搭"和定制，为邮轮旅客提供了更为丰富的旅游行程。比如阿拉斯加，游客可以尝试冰川徒步、直升机之旅。

（二）线路设计

从岸上观光活动的持续时间来看，岸上产品的平均持续时间为 4.73 小时，99.3% 的岸上产品持续时间在 14 小时之内。具体来看，66.5% 的产品时长在 3 小时到 8 小时之间，属于中长时产品；0.5~3 小时的短时产品占 25.1%，主要为乘坐直升机、马车、缆车、船等交通工具的短时游览；超过 8 小时的产品仅占 7.1%，其中仅有 7.0% 超过 24 小时的超长时产品，此类产品涉及邮轮游客在挂靠港及周边城市的过夜问题，往往会受到相关法律法规的限制而通常难以达成。

目前购物要素在日韩港口的观光线路中所占比例过高而广受诟病，因此在线路设计时需要适度控制购物的时间比例，优化购物环境，分散购物时间，避免拥挤，以提高游客的整体度假体验度。

针对不同游客的需求差异，设计差异化的岸上观光特色旅游线路，供游客选择。由于岸上观光时间短，岸上停留时间有限，时间紧，任务重，在 8 个小时左右的岸上活动中，要安排往返交通、购物、观光、用餐等活动，时间管理非常重要，各环节的衔接需要周密安排，统筹策划。

血拼购物之旅：购物作为主要内容，一般只安排一个或两个观光景点（多为免费景区）。针对购物需求强烈的消费群体，此类线路价格便宜，甚至免费。

亲子之旅：以家庭游客为主，安排参与性强的旅游项目，儿童乐园、博物馆、海洋世界等人造景区为主。

自然风光之旅：以山、河、湖、海、林等自然风光为主要游览对象，亲近自然，适度安排购物活动；

文化古迹之旅：以文物古迹为主要游览对象，包括各类博物馆，学生游客和老年游客为主体，购物一般；

纯玩休闲之旅：针对高端顾客，不专门安排购物，但客人仍有强烈的购物需求，可在景区、餐厅附近留下充足时间让客人购物。此线路报价最高。

据统计，国内母港出发的邮轮产品线路多样，但最常见的航程主要有以下几种（以上海为例）：

（1）4 天 3 晚：

上海—济州（过夜）—上海

上海—济州—海上巡游—上海

（2）5 天 4 晚：

上海—济州—釜山—上海

上海—济州—仁川（首尔）—上海

上海—济州—福冈—上海

上海—济州—长崎—上海

（3）6天5晚：

上海—济州—釜山（过夜）—上海

上海—济州—仁川（首尔）—海上巡游—上海

上海—济州—福冈—海上巡游—上海

上海—济州—长崎—海上巡游—上海

　　航线设计出来之后，旅行社会根据达到港口的时间和停留时间设计岸上观光线路。目前，中国出发的母港邮轮，大多停靠在韩国的济州、釜山、仁川，日本的长崎、福冈、鹿儿岛、冲绳等港口城市。岸上观光行程分为半天和一天两种。通过对各大旅行社的调查显示，一个港口城市的岸上观光主要由景点+免税店+指定购物点三大部分组成。但是，众所周知，邮轮岸上观光时间扣除上下船时间、码头至景点来回时间，免税商店提取时间后，所剩的游览时间非常有限，再加上邮轮岸上行程要考虑购物地点和购物时间，因此景点游览点和时间是不多的。

知识链接 🔍搜索

皇家加勒比 海洋量子号　5天4晚福冈

一、第1天港口：中国，上海启航时间：17：00

登船

请您前往港口，办理邮轮登船手续，登上邮轮，开始您浪漫精彩的邮轮之旅！

二、第2天港口：海上巡游

邮轮活动

　　今天迎来全天的邮轮海上巡游，让轻松舒适来开启您的邮轮之旅。您可以根据自己的喜好，享受船上的休闲娱乐设施及各式美食，体验丰富多彩的娱乐项目，参加特色的船上课程，邮轮每天都会让你惊喜不断；酒吧、咖啡馆、网络中心全天供您享用；还有来自全球各地的著名时尚品牌供您选购。一切服务只为让您和您的家人共同享受这无与伦比的邮轮假期！

　　三、第3天港口：日本，福冈游览地：福冈抵港时间：07：00启航时间：20：00

岸上游览

费用：【总价已含】

岸上餐食：不含餐食

【福冈塔（外观）】福冈塔坐落于海滨，高234米，是日本最高的海滨塔，也是福冈的标志建筑。【大濠公园】它是仿杭州西湖，围绕福冈城的护城河修建而成。园内又以一座桥连接4个绿意盎然的小岛屿。池畔种满迎风摇曳的垂柳、花容秀丽的杜鹃，为整个公园增添不少美丽的气息。

【海鹰城购物休闲中心】位于福冈市北部海岸边，是一处包罗时尚、杂货等一应俱全的大型购物中心。无论是年轻人还是全家出行，都能各得其乐，是福冈很具人气的观光景点之一。【ALEXANDER&SUN 免税店】自由活动。【博多运河城+LAOX】日本最成功的大型商业中心之一。位于贯穿南北的运河中心，周围有各式各样的楼群鳞次栉比。以上岸上观光行程安排可能因天气、路况等原因做顺序上的相应调整，请您谅解。

四、第 4 天港口：海上巡游

邮轮活动

今天迎来全天的邮轮海上巡游，让轻松舒适来开启您的邮轮之旅。您可以根据自己的喜好，享受船上的休闲娱乐设施及各式美食，体验丰富多彩的娱乐项目，参加特色的船上课程，邮轮每天都会让你惊喜不断；酒吧、咖啡馆、网络中心全天供您享用；还有来自全球各地的著名时尚品牌供您选购。一切服务只为让您和您的家人共同享受这无与伦比的邮轮假期！

五、第 5 天港口：中国，上海抵港时间：10：00

下船

迎着微微海风的吹拂，您将抵达终点港口。您可以凭海临风，看着邮轮缓缓驶入码头——结束这一难忘的假期。

（资料来源：携程旅游网）

五、长线邮轮旅游产品

对于长线邮轮（Fly Cruise）的定义，业界一般认为是乘客需要通过乘坐飞机来衔接长距离搭乘邮轮的旅行方式。根据目前中国邮轮旅游市场的特点，长线邮轮特指非中国母港出发的，航程时间在 5 晚以上的邮轮行程，一般选择长线邮轮产品的乘客都有着丰富的出境游经验。

（一）长线邮轮的细分市场特征

随着歌诗达邮轮和皇家加勒比邮轮母港业务的深入开展及公主邮轮和地中海邮轮的品牌拓展，长线邮轮市场已逐渐形成了一定的市场规模。与母港邮轮相比，长线邮轮在目的地、乘客特征和分销渠道上，均有较大程度的区别，以下将分别从这三方面进行分析。

1. 目的地

长线邮轮市场从目的地特征上来讲，属于亚洲区域外的出境游市场。目前世界上最成熟的两大邮轮区域加勒比海与地中海分别归属于美洲和欧洲出境游市场。根据上海市旅游局的相关统计资料，上海排名前五位的出境目的地均属于亚洲及大洋洲国家，因此，长线邮轮产品涉及的出境人数在整体出境旅游市场所占份额仍比较小。但是我们还应该看到，热门长线邮轮目的地如加勒比海地区、地中海区域对于这些目的地出境游市场的拉动潜力非常可观。前往美国、意大利、西班牙等发达邮轮母港所在国家的出境游机会可能会随着长线邮轮市场的发展获得快速的增长。

2. 乘客特征

长线邮轮的普通打包产品定价大多在人民币 2 万元至 3 万元，高端产品定价超过人民币 5 万元，再考虑到签证因素对消费者的资产和资质要求，实际上购买长线邮轮产品的消费者主要为高收入和有较高购买力的人群。目前，长线邮轮市场的乘客有以下几个特征：

（1）平均年龄较高。选择长线邮轮产品的乘客以 40 岁以上及退休后人群为主。其中前者多为家庭方式出行，而退休后有足够支付能力的人群和由子女出资的部分人群也占据了相当的比重。

（2）相对拥有较为丰富的出境游经验。绝大多数选择长线邮轮产品的乘客均有一定甚至丰富的出境旅游经验，这些乘客很大程度上对于目的地的选择并非行程的第一要素，而第一次出境就选择长线邮轮产品的乘客非常有限。

（3）高收入人群居多。目前长线邮轮产品在旅游市场的定位偏向于高端，单次旅游的人均花费一般在 2~3 万元，对于高收入人群而又有自由支配时间的人群有较大吸引力。

3. 分销渠道

长线邮轮产品对于分销渠道的资质和能力要求非常苛刻。市场中的长线邮轮产品一般以打包产品的形式销售，由于涉及对于机票、地接和领馆等资源的整合，使得经营长线邮轮对于组团社有非常高的资源和资质要求。目前只有成熟经营欧美出境业务的大型旅行社能够承担长线邮轮主分销商的能力，其他旅行社一般通过销售打包邮轮产品的方式来进入长线邮轮市场。

在语言、签证政策等多重条件制约下，长线邮轮产品在目前的市场中发展分销渠道通常情况下是非常艰难的。在北京、上海、广州、成都等几个主要口岸城市，当地是否能有旅行社或批发商打包长线邮轮产品并定期发团，会直接制约到当地长线邮轮市场的发展。散拼团的大部分客源来自同行，但如果无打包旅行社或者产品过少，大部分散拼客源将会轻易流失，也就进入了无定期团—无客源—无定期团的恶性循环。

（二）长线邮轮在中国的发展概况

长线邮轮作为中国邮轮市场的先行者，实际上早于母港邮轮开设之前就进入了中国市场。在 21 世纪初丽星邮轮（STAR CRUISE）就已经在中国大陆投放了飞往香港与新加坡搭乘邮轮的行程。同时也有部分旅行社已有组织飞往美国、北欧等其他地区搭乘邮轮的行程，但这类行程一般为陆上行程附加短期的邮轮行程（如波罗的海、加勒比海），同时，这类团组以商务出行的单团性质为主，并未形成针对大众消费市场的系列团和定期团。

随着歌诗达邮轮开设中国大陆始发的母港邮轮航线，中国邮轮经济迅速升温，伴随中国经济的瞩目增长，越来越多的国际邮轮公司开始关注中国市场作为其全球客源销售渠道的价值。公主邮轮、地中海邮轮与诺唯真游轮等邮轮公司开始进入中国市场，寻找其长线邮轮业务的机会。

截至目前，国内尚未有权威机构或组织对长线邮轮的市场进行客观的调查和统计，但根据对旅行社同行的调研，中国大陆的年长线邮轮乘客数从 2010 年的 5000 人左右发展到 2016 年的 13500 人，相对于出境游市场，这仍是一个规模非常小的市场，但是其市场的规模正在快速地扩大和发展。

（三）长线产品

目前，我国长线邮轮市场上所提供的选择较多，主要集中在地中海、加勒比海、阿拉斯加、北欧、极地等传统邮轮市场聚集地。

1. 地中海区域经典航线

从季节、海域状况和历史文化自然景观来看，地中海是最合适的邮轮目的地区域。地中海区域航线可以千变万化，但是最主流的航线还是热那亚、马赛、奇维塔韦基亚、巴勒莫等几个主要的目的地。主要分为典型西地中海和典型东地中海航线，短期航线以 7 天为主，长期航线则有 10~14 天的。

图 3-7　典型西地中海航线

图 3-8　典型东地中海航线

地中海邮轮是近十年来异军突起的一家邮轮公司，主要经营欧洲的邮轮航线，目前集团与地中海邮轮合资的地中海邮轮旅行社（上海）有限公司主要负责经营地中海邮轮的长线邮轮产品。地中海邮轮公司船队的船龄普遍较小，其现代化的风格较为符合中国消费者的消费习惯，以辉煌号为代表的西地中海航线产品目前在市场上已有旅行社定期常规发团，成为比较成熟的出境产品。

知识链接 🔍搜索

地中海辉煌号

第 1 天　尼斯（法国）

在南法蔚蓝海岸城市尼斯，漫步于有英国人散步大道之称的盎格鲁街，亲身体验蔚蓝海岸悠闲气氛。英国人散步大道由尼斯的英国殖民者于 1822 年修建，全场 5 公里，紧邻天使湾，连接尼斯机场和城堡丘陵。大道有棕榈树常年装点，两侧遍布奢侈名品店和豪华酒店。19 世纪大数目的英国人为躲避酷寒的冬季选择尼斯天使湾为最佳度假目的地。2015 年尼斯将其申报联合国教科文组织世界遗产。

第 2 天　摩纳哥

摩纳哥，只有 1.95 平方公里的袖珍王国，这是一个典型的微型国家，虽小却很美，依山傍海、景色宜人，犹如一个五彩缤纷的滨海公园。建于 13 世纪的摩纳哥亲王宫，位于峭壁边上，是摩纳哥政府所在地，仅限亲王外出时，才对外开放，而每到正午 11 点 55 分，就是皇宫广场正卫兵交接的时间，仅有短短的 5 分钟左右，却吸引不少观光客驻足观赏。皇宫卫兵的夏季制服是白色，到了冬天就更换为黑色或是蓝色。城市中最古老的建筑物是古城堡，古老的大炮架设在城垛之上，城堡各角落均设有瞭望台。现在的王宫就是在古城堡的基础上扩建而成的。

在邮轮上您可以充分享受各种娱乐设施和舒适服务：主餐厅、自助餐厅和海景餐厅里您可以享受来自世界各地的美食；集成了网球场、篮球场、壁球馆、游泳池和慢跑道的运动区为您提供了健身活动的场所；三层楼高、1600 个座位的剧院里上演着经典歌剧和音乐表演，户外影院也提供了各种影片；免税店，饰品店、糖果店、首饰店等购物商店内您可以选购精致的礼品；分布在船上大大小小的十余个酒吧为您提供了理想的社交场所，而夜总会和迪斯科将会通宵开放，当然您还可以在游乐城里一试运气！

第 3 天　奇维塔韦基亚 Civitavecchia/罗马 意大利

豪华邮轮停靠在意大利的奇维塔维基亚，它是罗马城的外港。罗马作为意大利的首都，第一大城市，罗马城有着辉煌的历史。早在公元前两千年，古罗马人就开始在此生活，从这里起源的古罗马文明传播到整个欧洲、北非和西亚，并最终使"罗马"成为一个帝国的名称。而现如今的罗马城，拥有了太多那段辉煌历史的印记，君士坦丁大帝于公元 312 年彻底统一全国而建的君士坦丁凯旋，古罗马集市废墟、专为野蛮的奴隶主和流氓们看角斗而造的罗马斗兽场，以及欧洲天主教的中心、教廷所在地、城中之国的梵蒂冈。

第 4 天　巴勒莫 Palermo 意大利

巴勒莫是位于西西里岛西北部的港市，濒临第勒尼安海的巴勒莫湾，是西西里岛的首府，也是西西里的第一大城，是个地形险要的天然良港。歌德曾经称这里是"世界上最优美的海岬"。历经腓尼基人、古罗马人、拜占庭帝国、阿拉伯帝国、诺曼人、神圣罗马帝国、西班牙王国、那不勒斯王国、西西里王国和意大利王国的统治，这座拥有 2800 年历史回忆的老城，教人悠然神往。

第 5 天　撒丁岛 Sardinia／卡利亚里 Cagliari 意大利

撒丁岛可说是文化的大汇集，岛上现在还使用着萨丁尼亚语——一种由拉丁语衍生出来的语言，但是在岛的北部，却是使用西班牙方言中的加泰罗尼亚语，到了岛的南部地区，使用的又是"利西亚"方言，因此即使是意大利本土人，也可能完全不懂其意思而无法沟通。远离喧嚣的岛上居民以淡泊的性格闻名欧洲，因此这里也成为欧洲皇室政要的度假必选之地，因为镁光灯追逐的那些公众人物到了岛上根本不会引起当地居民太多的关注。大概也正因为这份淡泊和传统的生活方式，岛上的居民大多长寿，撒丁岛也因此成为欧洲著名的长寿之乡。

第 6 天　马略卡岛 Mallorca／帕尔玛 西班牙

马略卡岛上到处是砂质的海滩、陡峭的悬崖、种植着橄榄或是杏树的田野等自然风光。每年 300 天以上的晴朗天气，被称为"地中海的乐园"。早在 19 世纪上半叶，马略卡岛就成为欧洲一些艺术家和文学家休闲疗养的好去处。踏访这座海岛，波兰作曲家肖邦和法国小说家乔治·桑的浪漫爱情故事在这里广为流传，许多新婚夫妇也慕名来此地做蜜月旅行，马略卡岛由此获"蜜月岛"之美称。

第 7 天　巴伦西亚 Valencia 西班牙

巴伦西亚四季如春，土地肥沃，是西班牙最大的粮仓，走在市区也能看见路边遍布橘子树。城里古迹众多，称为"百钟楼城"，最著名的米格莱特钟楼高 197 英尺，呈 8 边形，是巴伦西亚的象征；巴伦西亚大教堂是在清真寺的基础上修建而成，三个大门分别是罗马式、巴洛克式和哥特式风格，这也正体现了当地人对各种文化的包容。从 20 世纪 90 年代开始，巴伦西亚着手建造一座"雄心勃勃、现代、强大、勇于创新的"巴伦西亚新城，如今这座新城以巴伦西亚艺术科学城为核心拔地而起，与 15 世纪的老城和谐共生，相得益彰，使得如今的巴伦西亚成为欧洲最有活力的城市！

第 8 天　马赛 Marseille 法国

马赛的圣查理中央火车站建在可以俯瞰全城的高地上，从这里远眺地中海，可以看见大仲马的小说《基督山伯爵》里囚禁主人公的伊夫岛上的伊夫城堡，而眼前的是马赛旧港，纯粹的马赛风情只有在旧港才能体会。距离马赛 30 公里外的普罗旺斯的艾克斯，这座城镇充满了南法的优雅：一进入市区即可见到两排法国梧桐树联成的米拉波林荫大道。艾克斯早在 12 世纪时就建了许多喷泉，有千泉之都的美誉，各式各样的喷泉散布在艾克斯的每个广场、街角、甚至是私人的庭园之中。艾克斯也是印象派大师塞尚的故乡，被《山居岁月》作者彼德梅尔最为钟爱的城市。

第 9 天　热那亚-米兰-迪拜

邮轮抵达热那亚港，美妙的海上旅程告一段落。游客们下船后驱车前往时尚之都米兰。参观被誉为意大利最壮丽的哥特式建筑——米兰大教堂，数以百计的尖塔耸入云霄，白色大理石外墙上雕刻着数千座雕像。内部空间宽广，阳光透过窗上美丽的彩色玻璃镶嵌画射入，光线朦胧，充满庄严的宗教气氛。

第 10 天　迪拜-阿布扎比（飞机）

航班抵达后，驱车前往阿联酋首府阿布扎比。扎耶德清真寺是阿联酋第一大清真寺，世界十大清真寺之一，也是唯一一座允许女性从正门进入的清真寺。

阿布扎比酋长皇宫酒店位于阿拉伯联合酋长国首都阿布扎比，由凯宾斯基饭店集团管理经营，为全世界唯一一座八星级酒店，其由阿布扎比酋长国斥资约 30 亿美元建造，由著名的英国设计师约翰·艾利奥特设计而成。酒店外形看上去很像清真寺，与传说中的辛巴德或阿里巴巴时代的皇宫也略有相似，富有浓郁的阿拉伯民族风格。

阿联酋传统民俗村可以让你体验或了解阿布扎比在尚未发现石油前的居民传统生活面貌。由于内部展示生动活泼，让人倍感趣味，值得参观。

第 11 天　阿布扎比-迪拜

迪拜有许多美丽的海滩和海滩公园，提供各种休闲和娱乐设施。乘坐观光缆车上岛，欣赏棕榈岛上各种美轮美奂的住宅。在观光缆车上一览两侧一望无际的无敌海景。在终点远眺亚特兰蒂斯酒店，并与其合影留念。朱美拉海滩无疑是其中最著名的一处。白色沙滩和波斯湾的湛蓝海水使朱美拉公共海滩令人着迷。海滩紧邻帆船酒店和诸多迪拜热门景点，是观赏迪拜帆船酒店的绝佳去处。

（资料来源：携程旅游网）

2. 加勒比海区域经典航线

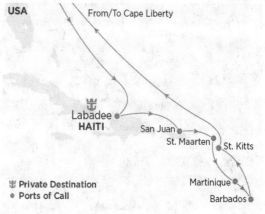

图 3-9　经典西加勒比海航线　　　　图 3-10　经典南加勒比海航线

随着皇家加勒比邮轮海洋绿洲号与海洋魅力号这两艘世界最大邮轮的相继下水，其新闻价值和世界最大邮轮的卖点吸引了相当一部分中国长线邮轮乘客前往加勒比海搭乘这两艘邮轮。这也从很大程度上促进了长线邮轮市场的发展。每年圣诞节到次年的 3 月是加勒比地区的旅游旺季，美国本土的邮轮公司，一般会全年无休地经营这个区域，而欧洲的歌诗达和地中海，也会在旺季派船来这里分一杯羹。

一般来说，加勒比区域的航线分为东、西、南三个区域，在每个区域中，又按照时间和停靠港口，分成不同的线路，其中最经典的航程为 7 晚 8 天，停靠三个港口。

典型示例 🔍 搜索

海洋和悦号 西加勒比海航线

第 1 天 上海-达拉斯（转机）-迈阿密

各位游客按照规定的集合时间，于上海浦东国际机场集合。搭乘美国航空的国际航班，经达拉斯转机，飞往美国的迈阿密。

第 2 天 迈阿密

航班抵达迈阿密，驱车前往大沼泽国家公园，乘坐受欢迎的汽动船探索大沼泽，近距离体验美洲野生鳄鱼近在咫尺的刺激！

午餐后前往森赖斯小镇，这里的索格拉斯中心（Sawgrass Mills ©）拥有 350 家商铺，30 多家餐饮和娱乐休闲场所。在这里，可以尽情购买各大品牌的打折商品。

第 3 天 迈阿密-皇家加勒比邮轮（罗德岱堡港）

早餐后，前往参观迈阿密的小哈瓦那，感受迈阿密的开朗奔放的拉丁风情，这里空气中随处流淌着西班牙语和拉丁音乐，是古巴、牙买加、秘鲁、墨西哥等中南美洲移民聚居中心。Calle Ocho 大街（西班牙语"第 8 大街"）两侧有众多特色商铺，小市场，休闲咖啡厅和餐厅，是品尝古巴美食和传统地道的拉丁美洲料理的天堂，比如尼加拉瓜、洪都拉斯和萨尔瓦多的菜肴。拉丁美洲移民生性乐观热情，能歌善舞，为迈阿密增添色彩浓烈的多元文化。

之后前往码头办理登船手续，邮轮上午餐，之后就可以开始享受皇家加勒比邮轮海洋和悦号（Harmony of the Seas）邮轮上丰富多彩的娱乐设施，开始轻松浪漫的西加勒比海海上浪漫之旅！

第 4 天 （海上巡游）

相信您已经迫不及待想要了解这条全球最大邮轮：海洋和悦号首先震撼您的一定是中央公园，和悦号革新性的将自然光线照耀下覆盖着绿色植被的自然公园搬到了您的面前，公园里有露天餐厅，有幽静的阅读角落，标本花园和隐秘的羊肠小道，在这里您可以找到远离喧嚣的快乐。皇家大道一直是皇家加勒比邮轮上最热闹的区域，而和悦号的皇家大道尝试了跃层平台的设计，更加开阔，分布在大道两边的餐馆、酒吧和商店让您感觉仿佛置身忙碌的都市，享受着便利的生活。而漂移吧让您可以在两个不同区域间穿行，前一分钟还在露天的中央公园里享受阳光，后一分钟您就会被皇家大道里熙熙攘攘的人流包围，这个特别的设计把酒吧的享受提升到了一个全新的高度。百达汇游乐城是和悦号的又一创意，绝无仅有的海上露天剧场、超大的旋转木马、孩子们喜爱的糖果屋和儿童娱乐城，让您和家人共享天伦，其乐融融。置身欢乐城，头顶上还不时有游人乘坐高空滑绳呼啸而过，您也可以体验这个惊悚刺激的项目，乘坐滑绳划过天际，在制高点鸟瞰和悦号的全貌。

第5天　皇家加勒比邮轮（海上巡游）

今天邮轮将全天航行在加勒比海上，您有充裕的时候体验这条全球最大邮轮的各项设施与娱乐活动：

海洋和悦号的大剧院里保留了纯正的百老汇歌舞表演供客人观赏，船尾的水幕剧院有精彩的演出，船中的真冰溜冰场也是皇家加勒比邮轮的特色，这里除了有精彩绝伦的冰舞演出，还定时开放给客人体验海上真冰溜冰的快乐，请随时关注送达您房间的报纸，上面有各种娱乐活动的时间表。当然你可以来到顶层甲板，这里有全尺寸的篮球场，两台模拟器的冲浪公园，两面攀岩壁，迷你高尔夫球道，儿童专属的独立泳池以及各式水上运动泳池，密布的太阳椅让您随时可以享受最热情的加勒比海阳光。玩累了，还可以在两层楼高的日光浴场稍事休息，享用食品和饮料。夜晚来临，狂欢的时刻到了，除了主剧场里的戏剧与歌剧，还有爵士情怀、脱口秀滑稽表演。欣赏演出之余，您还可以在露天特色餐厅、室内风情酒吧或是通宵开放的迪斯科舞池里享受浪漫的夜生活。当然在豪华的皇家游乐场里一试身手也是个不错的选择。

第6天　菲利普斯堡 Philipsburg 圣马丁

独特的加勒比岛屿圣马丁由两个主权国家共同治理，两者虽风格迥异，但却可以和谐共处。荷兰殖民地区的首府菲利普斯堡是购物天堂，在狭窄的鹅卵石小路两旁有不计其数的商店和精品店。大海湾沙滩和小海湾沙滩是最好的潜水去处。

第7天　圣胡安 San Juan 波多黎各

圣胡安是波多黎各的首府，经济、文化中心。它位于波多黎各岛东北岸，圣胡安湾内，是岛上最大的港口。为大西洋和加勒比海间重要的海上交通枢纽。这里多古老建筑，以圣何塞教堂（1532年）、莫罗城堡（1539年）、拉福尔塔莱萨宫（1533年）、圣胡安大教堂（1540年）最著名。

第8天　拉巴第 Labadee 海地

拉巴第是皇家加勒比邮轮公司的专属岛屿，只有乘坐皇家加勒比邮轮抵达的客人才可以登陆该岛，享受这里的原生态的海岸美景，生机勃勃的自然风光和丰富多样的水上活动。

第9天　（海上巡游）

今天邮轮继续海上之旅。您可以前往健身中心，和悦号的健身中心里有最新潮的健身器和专业课程可以选择，健康中心还提供了水疗和按摩服务，并有健康食品提供。记得前往皇家大道观光购物，为亲朋好友选购礼品，为自己的邮轮旅程挑选纪念品。逛累了，这里有来自世界各地的美食和饮料随时供您享用。

第10天　（罗德岱堡港）-罗德岱堡-310公里-基韦斯特-280公里-迈阿密

在邮轮上享用过丰盛的早餐后，挥手告别给您带来无限美好回忆的海上巨无霸，办理离船手续。

随后驱车前往基韦斯特。基韦斯特是美国本土的最南端，一个与世隔绝的安宁小岛。岛上流传着海明威、六趾猫与海盗们的故事与传说，这里距离古巴比距离美国本土还要近。我们将会顺着美国1号公路前行，公路两边是美丽的大海，沿途有42座桥梁把相隔很远的小岛串联在一起，会让人感觉到是在海中前进的感觉。跨越著名的七英里跨海大桥，施瓦辛格主演的《真实的谎言》在此取景。

第11天　迈阿密-达拉斯（转机）

第12天　达拉斯（转机）-上海

（资料来源：携程旅游网）

3. 阿拉斯加经典航线

阿拉斯加航线和加勒比航线并称为"邮轮界双璧"，足以看出阿拉斯加航线在邮轮航线中的重要地位。阿拉斯加位于北极圈附近，几乎被冰川、雪山和寒带雨林占据了全部空间。

整个阿拉斯加只有费尔班克斯有高速公路可以通往美国其他州，飞机也只能将游客从一个城市送到另一个城市。想要和冰川近距离接触、体验终年雪顶和水草丰茂景色的反差、乘坐一路看遍四季风景的火车和观看海陆空无死角的动物世界，只有选择邮轮。

而目前前往阿拉斯加地区乘坐邮轮只有两条线路，经典短航线可以在短时间内看遍阿拉斯加的经典精华，缺点是每个港口活动时间有限，很难体验真正阿拉斯加人的生活。深度游航线时间较长，但可以带领游客深入了解阿拉斯加的风土人情。

（1）经典短航线。

如图3-11所示航线是阿拉斯加的经典邮轮航线，除了麦金利山，阿拉斯加的精华经典都涵盖在内。游客可以在科奇坎吃到当地新鲜捕捞上来的鲑鱼和帝王蟹，在史凯威乘坐世界上最美的火车欣赏阿拉斯加的美景。

图3-11　西雅图/温哥华出发

航程：8天7晚 往返

科奇坎（鲑鱼之都）-朱诺（阿拉斯加首府）-
史凯威（最美铁路终点）

冰河湾巡游（部分邮轮公司）

（2）深度游航线。

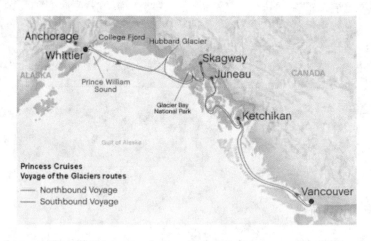

图 3-12　温哥华/安克雷奇出发

航程：15 天 14 晚（邮轮）单程（南下或北上）

InInside Passage 的全部行程+哈伯德冰川（阿拉斯加最大）+学院峡湾

阿拉斯加内陆深度游：德纳里国家公园（麦金利山）

图 3-12 所示航线是阿拉斯加内陆深度游的经典航线，游客可以跟随公主邮轮的专属全景火车前往只有夏季才开放的德纳里国家公园，眺望北美第一高山。

典型示例|　🔍 **搜索**

公主邮轮阿拉斯加及温哥华 14 天 13 晚行程

第 1 天　上海/温哥华

在上海浦东国际机场集合、办理手续后，我们将满怀着快乐与期待乘坐中国东方航空公司客机，飞往加拿大第三大城市温哥华。抵达后市区游览（不少于 90 分钟）：外观具有五帆标志的 BC 省会议中心——加拿大广场；游览世界最大的城市公园之一的斯坦利公园，观色彩神秘印第安图腾群柱；车览北美第二大的唐人街、温哥华发源地盖士镇及古色古香的蒸汽钟。

第 2 天　温哥华

早餐后，游览著名的卡佩兰奴吊桥公园（不少于 60 分钟）。园内的 400 余英尺的吊桥，在 100 多年前便 2 条粗麻绳及香板木悬挂在高 230 英尺的卡佩兰奴河河谷上，踏上吊桥，脚下是翻腾的浪花，两岸则是古木参天的原始森林，其情其景，使人不禁沉迷。之后前往位于温哥华市中心的太平洋购物中心 Pacific Centre 自由购物（不少于 120 分钟），这里有超过 200 家各式商店、餐厅、咖啡吧等，您可以轻易找到世界上最著名的名牌。随后前往四季皆美的伊丽莎白女皇公园，在美国前总统克林顿莅临过的 "Seasons in the park" 高级观景餐厅享用西式美食，餐后返回酒店休息。

第 3 天　温哥华–公主邮轮

酒店早餐后，送往温哥华游轮码头。12：00 开始办理登船手续，并在船上享用午餐，16：30 准时启航，开始令人振奋的阿拉斯加邮轮冰河之旅。

第 4 天　海上巡游

Crown Princess 航行于加拿大沿海，沿内湾航游，群岛罗列，在此豪华邮轮上您可尽情参与提供的各种娱乐，使您在饱览峡湾风光之余。享受海上举行的盛大宴会，从早晨到午夜连续不断供应的各式大菜，享尽口福，船上除了酒、烟要自费外，其他的食物、大餐、美食餐及非酒精饮料都免费供应，让您畅快过瘾。使您永远不会忘记阿拉斯加海上的精美膳食。今日全天邮轮将沿海湾巡游，沿途奇岩异树，鸟兽奔驰其间，风光无限。

第 5 天　凯契根

06：30 抵达凯契根，阿拉斯加的"第一城市"、第五大港口，在印第安语凯契根的原意是"展翅之鹰"，由于盛产鲑鱼，因此凯契根也被称为世界鲑鱼之都。在这里您可以体会地道的印第安文化，您将有机会在图腾柱公园了解图腾柱记录的古老传说；或者乘坐水上飞机，前往 220 万英亩的国家级迷雾峡湾，这里也是阿拉斯加特林吉印第安人的祖居；或者乘坐小船，沿着海岸线一路游览水上风光，别忘了尝一尝当地闻名遐迩的烟熏三文鱼，绝对正宗的阿拉斯加风味。

第 6 天　朱诺

上午 08：00 抵达阿拉斯加的首府——朱诺，因为长年累月的堆积，山顶上连接成为一大片的冰体；形成了朱诺冰原。搭乘飞机观赏整个冰原，是体会冰河震撼气势的绝佳方式。而不管是搭乘水上飞机、直升机、滑雪、或是缆车，都能为你捕捉到各具风味的冰河景致；天气好的时候，经过阳光的照射，冰原上展露出的光芒，闪烁动人，是你不可错过的选择。

第 7 天　史凯威

邮轮在清晨 07：00 抵达位于阿拉斯加东南方内湾航道最北端的史凯威，在 1898 年克朗岱克淘金潮期间，这里曾经是淘金潮的门户，当年盛况仍刻意保留，例如木制的人行道、马车、旧式的沙龙和高耸入云的山巅美景、壮丽的冰河、峡谷与飞泉瀑布。今日，走在史凯威的木制步道上还可感受到百年前的怀旧味道。

第 8 天　冰河湾国家公园巡航

今日豪华的游轮巡游于举世闻名的阿拉斯加"冰河湾"，阿拉斯加冰河湾是您造访阿拉斯加州时不可错过的"大自然最伟大的奇景"。整个冰河湾国家公园包含了 12 条冰河，整个冰河湾最北缘，即是所谓的大太平洋冰河（Grand Pacific Glacier），它曾经一度占据整个海湾，而今天的大太平洋冰河已从 1794 年温哥华船长所观察到的位置后退了 80 公里，一路退却到现在的位置。从大太平洋冰河到玛格丽冰河（Margerie Glacier），这一片无垠无际的冰河，即是博得自然学家约翰·缪尔感叹赞美的地方，当您以最近的距离目睹此伟大而且壮观的冰河景色，也会赞叹天地造物之奇。从近乎垂直的冰崖所崩裂下来的冰河，点缀在冰河湾上，天气好的时候每每受到阳光的照拂，成了海上晶莹而狰狞的冰雕。现在，它是阿拉斯加州东南方最生动、震撼人的自然景观。自然学家约翰·缪尔（John Muir）就曾对冰河湾国家公园做过这样的描述，他说："像一幅覆盖着无边无际的冰的画，画里面的冰，有股难以言喻的纯净和壮丽"！

第9天 学院冰河巡航

今日邮轮抵达威廉王子湾，这里是观赏冰河和野生动物最热门的地点，学院冰河峡湾是威廉王子湾内最佳景观之一，1898年美国铁路大王Harriman哈里曼家族邀请美国东部知名大学，包括耶鲁、哈佛等的科学家一起来此度假，并研究此地的冰河而因此命名。在豪华邮轮上您可以近距离观赏冰河奇观，沿途浮冰遍布海面，美不胜收，此地是联合国国际文教基金会所列保护冰河之一。亦是各种海洋生物的家乡，请准备好您的相机，随时按下快门，猎取难得的镜头。当邮轮航行在满布浮冰的海面，不时可以看见海鸟满天飞翔，而顽皮的海豹扭动身躯跃入海中嬉戏的情景。

第10天 安克雷奇（惠堤尔）-麦金利山

邮轮今日抵达公主邮轮专属港口惠堤尔Whittier，约在早上7：30下船。下船后专车前往安克拉治搭乘公主邮轮观景火车前往塔基纳（Talkeetna），延途欣赏大自然原始风光（约5个小时），抵达塔基纳后乘车前往麦金利（约1小时），麦金利山坐落于美国阿拉斯加州的丹奈利国家公园境内，海拔标高为6194米（20320英呎），为北美洲第一高峰，也是世界七大洲最高峰之一。又名为丹奈利峰Mount Denali，以当地的印第安语去做诠释，即为"最高者"之意。在天气良好的状况下，许多阿拉斯加的城镇都可以看见她矗立于远方。由于位处北纬63度的高纬度地区，故全年被冰雪覆盖、天寒地冻且气候变幻莫测，可说是不虚此行。

第11天 麦金利山-丹奈利

今日早餐后乘车前往丹奈利，可自由活动，也可选择公主邮轮的自费观光项目。下午展开丹奈利自然历史之旅（Denali Natrual History Tour）。丹奈利国家公园的地理位置靠近北极圈，漫漫长冬到处一片冰天雪地，整个国家公园占地将近600万亩，公园区也包括了副极地生物圈，成群野生动物中最常见的有棕熊、狼、狐狸、大角山、羊、美鹿、驯鹿等动物。在此您看到整个苔原由翠绿、黄绿转为橘红、褐色，大片大片地开着，漫山遍野！也是吸引最多野生动物出来觅食的时候，尤其是麋鹿和棕熊。此国家公园建立于1917年2月26日，原名为麦金利山国家公园，原本指定为野生区域，后于1980年纳入丹奈利国家保护区（1976年被指定为国际生物圈保留区），而后更名为丹奈利国家公园暨保护区。丹奈利Denali此名源于印第安人，其意为"最高者""伟大者"。公园内种类繁多的野生生物，及其原始壮观的自然美景：如阿拉斯加山脉、寒带草原、冰河、耐寒植被等，兼容并蓄的美景吸引许多世界各地喜爱大自然的游客，使其成为阿拉斯加客最多的国家公园。为保护保护园内的动物与自然景观，入园15英里后便禁止自用车进入，因此搭乘园方的游园巴士是参观此地最好的方式。车子缓缓地行驶在蜿蜒的山径上，两旁是宽阔的绿色草原，远处环绕着600英里长的阿拉斯加山脉，雪在线倏地拔起的麦肯利山终年雪白；运气好的时候，还能一窥全年中有70%时间被云雾环绕之麦肯利山的全貌，这壮丽的景观一定会让您除了此起彼落的赞叹声外，手指也不忘不停地按下快门。如此美不胜收的风景，加上搜寻、观看野生动物的乐趣，使得不论是为欣赏野生生态、登山，或作徒步旅行而来的旅客，皆能带着回忆满载而归。

（资料来源：上港邮轮旅行社）

4. 北欧与波罗的海航线

图 3-13　北欧区域邮轮目的地

　　由于纬度和气候的关系，每年北欧和波罗的海适合航行的时间只有 5~9 月，时间的限制凸显了航程的珍贵。该类型的航线基本串起了所有北欧知名的城市港口（如图 3-13 所示），包括丹麦首都哥本哈根、瑞典首都斯德哥尔摩、芬兰首都赫尔辛基、挪威首都奥斯陆和爱沙尼亚首都塔林。有些航线还包括俄罗斯、波兰等国家，甚至还能到访荷兰和拉脱维亚等国家。这条航线是一次性饱览北欧及俄罗斯风光的绝佳机会。

图 3-14　童话般的城市 & 神秘的俄罗斯航线

图 3-15　典型波罗的海航线

知识链接 🔍 搜索

北欧航线（斯德哥尔摩上船）歌诗达地中海号 8 天 7 晚

日期	国家/城市	抵达当地时间	启航当地时间
第 1 天（8 月 26 日）	瑞典，斯德哥尔摩		
第 2 天（8 月 27 日）	瑞典，斯德哥尔摩		10：00
第 3 天（8 月 28 日）	芬兰，赫尔辛基	08：00	18：00
第 4 天（8 月 29 日）	俄罗斯，圣彼得堡	07：00	
第 5 天（8 月 30 日）	俄罗斯，圣彼得堡		18：00
第 6 天（8 月 31 日）	爱沙尼亚，塔林	09：00	17：00
第 7 天（9 月 1 日）	瑞典，斯德哥尔摩	09：00	
第 8 天（9 月 2 日）	瑞典，斯德哥尔摩		

（资料来源：携程旅游网）

5. 极地航线

极地航线主要是指南极洲和北冰洋附近的航线，由于两极地区人迹罕至，是邮轮航线中较为特殊的一种，也是最具有挑战性的一种。

图 3-16　北冰洋航线

图 3-17　海达路德前进号 南极航线图

北冰洋系亚、欧、北美三大洲的顶点，有联系三大洲的最短大弧航线，但是气候严酷，洋面大部分常年冰冻，目前主要航线有从摩尔曼斯克到符拉迪沃斯托克（海参崴）的北冰洋航线和从摩尔曼斯克直达斯瓦尔巴群岛、雷克雅未克和伦敦的航线。

南极洲是地球上最后一块净土，也是地球上最寒冷干燥、纬度最高和最洁净的大陆。虽然几乎全部被冰雪覆盖，但是那里依旧生机勃勃。

知识链接　🔍搜索

南极航线 海达路德前进号 14 天 13 晚"企鹅王国航线"

第 1 天　布宜诺斯艾利斯，阿根廷

我们的旅程从阿根廷首都布宜诺斯艾利斯开始。下午，我们为您提供了城市观光可选短途游。晚上，您也可以自己去领略这座被誉为"南美巴黎"的城市。

第 2 天　布宜诺斯艾利斯/乌斯怀亚，阿根廷

航班将一早带您离开布宜诺斯艾利斯，是为了能给您留些时间，利用登船前的几小时游览被称为"世界最南端小镇"的乌斯怀亚。晚上，我们将穿越风景如画的比格尔海峡，驶向德雷克海峡和南极洲。

第 3 天　德雷克海峡

在穿越德雷克海峡的途中，我们不仅能发现漂泊信天翁和其他海鸟，还能听到我们有关南极历史、环境、野生动物的系列讲座。其中会详细介绍《南极条约》和国际南极旅游组织协会（IAATO）的南极探访须知。

第 4 天　德雷克海峡

这一天下午我们将穿过南纬 60 度并最终达到南极洲。空气更加寒冷，企鹅在海中游弋，您将第一次看到冰山，甚至还有永久被冰雪覆盖的陆地。这些神奇的鸟类聚集在巨大又拥挤的栖息地，有些群落甚至超过 180000 只，这样的场景不得不让所有人感到惊叹。

第 5-11 天　南极洲

南极洲之旅将会是您一生中最与众不同的经历！一旦我们穿过了南极辐合带，立刻会感觉到周围的空气变得更加干冷。您将看到海上有企鹅和冰山出没。南极洲没有永久的人类居民，但它却是无数企鹅的领地，也是成千上万鲸鱼的觅食之所。这里的企鹅对人类无所畏惧，而是像你对它们一样充满好奇。迪塞普申岛和半月岛因为是帽带企鹅的栖息地而充满亮点。迪塞普申岛和半月岛因为是帽带企鹅的栖息地而充满亮点。扬基港、库弗维尔岛、纳克港、天堂湾则是巴布亚企鹅的乐园。在彼得曼岛上，您会看到成千上万的阿德利企鹅。英国基地拉可罗港是南极最知名的地方之一，为您展现了 20 世纪 50 年代南极基地的生活状态。主要建筑周围都是巴布亚企鹅的巢，它们已经习惯了来来往往的游客。南极的巨大冰架是五十万阿德利企鹅，以及巴布亚企鹅、海豹、虎鲸的家园。在布朗峡湾观赏阿德利企鹅的最佳方法就是静静地坐下来，看大自然为我们上演好戏。在合适的时机，我们将放下皮划艇，在岸上支起帐篷，或是来一场永生难忘的徒步之旅，探索这座星球上最美丽的处女地。

第 12 天　德雷克海峡

从南极半岛到阿根廷南部乌斯怀亚的距离有 950 公里，在天气良好的情况下，航行时间约为 40 小时。

第 13 天　德雷克海峡

在返回文明世界的路上，我们将继续开展系列讲座，并回顾在南极的旅程。

第 14 天　乌斯怀亚/布宜诺斯艾利斯，阿根廷

我们将在早上回到乌斯怀亚，那里有自费短途游供您选择。乘机返回布宜诺斯艾利斯之后，您还可以参加老虎洲或伊瓜苏瀑布的游览来继续您的探险之旅。

（资料来源：携程旅游网）

（四）长线邮轮市场的发展趋势

1. 大众产品的低价化趋势

对于长线邮轮市场在未来的发展，我们认为其产品会朝两个方向演化。绝大多数常规邮轮范畴的产品，会逐渐成为一种大众化的出境游产品。随着参与长线邮轮产品销售的旅行社的增加和其他分销渠道的发展，邮轮产品与陆上产品的价格差距会逐渐减小，经营长线邮轮产品的利润将从高利润迅速回归到正常出境游的产品利润上来，主要经销商将会从追求单个产品利润转移到追求总量的提升和总利润的增加上来。这也是市场竞争导致产品成熟化的一个必然结果。

从另一个方面来看，随着出境自由行市场的逐渐发展，和中国公民 FIT 旅游政策的放宽，长线邮轮作为一种非常适合自由行和性价比很高的产品，将会受到更多旅游者的关注，也会成为长线邮轮在未来的另一个市场增长点。

2. 高端产品的细分和中国化趋势

对于长线邮轮的高端产品而言，在未来发展的趋势则是产品的细分化和中国化趋势。所谓产品的细分化是指随着邮轮概念的深入和消费者对于邮轮品牌的认知，部分长线邮轮产品会分化出来成为高端产品，而大多数邮轮产品会回归大众市场，用一句话来概括就是"不是所有的邮轮都是奢侈品"。

高端邮轮产品的中国化趋势则是邮轮行业高端品牌对新兴市场开拓和富人年轻化趋势共同作用的结果。奢侈邮轮产品不同于其他消费品，除了硬件之外还有很多的服务因素起到决定品质的主导作用，这部分邮轮产品要想打开中国市场则必须在服务上针对中国高端消费者进行必要的中国化改造。

第二节　邮轮旅游产品的运营和定价

一、邮轮产品运营相关术语

邮轮行业是靠数字驱动的，行业中一些术语被广泛运用，因此，了解以下术语的定义极为重要。

邮轮运营天数（Operating days）。一般指一年中邮轮载客的实际天数，需要扣除船舶干坞期、船舶闲置期、船舶重新定位期（如果不载客）、新船出厂或新投入旅游市场期等非实际运营的天数。按惯例通常邮轮一年运营 365 天，那么下一年则运营 355 天。

底层床位（Lower berth）。行业惯例是每个船舱按两个标准床位计算，为员工提供的船舱不计算在内（如演员、托儿所看护、技师以及管理人员）。

运力/载客能力（Available berth days）。对于一艘邮轮而言为运营天数×可销售床位；对于一个船队而言是所有船舶的加总。

满舱率（Load factor）。基于邮轮单航次计算为实际载客量/标准载客量。平均满舱率可以反映行业运营水平。通常情况下，邮轮满舱率会超过 100%，特别是在大众型邮轮上，因为有孩子和父母住在同一船舱，或者使用第三、第四床位，与其他成年人同住。盈亏平衡点的满载率是个很重要的财务指标。在邮轮业因为固定成本远大于变动成本，盈亏平衡点的满载率一般都很高，基本可以认为是 100%。

收费乘客（Revenue passengers）。一般包括全价、乘坐完整航次的乘客；互为母港航次（Interporting）的非全程乘客（乘客在中间港口上下船）；享受折扣价的乘客，如旅行社考察或培训、领队、邮轮公司员工。不应该包含免费乘客，如管理层或 VIP。

平均邮轮航程时长（Average Cruise Length）。一般指航季内航次时长（或者一年内）。航程时长是一个平均数。

平均每日票价（Average Per Diem）。主要分为两种：按宣传手册上价格计算的 APD，以及根据实际运营情况计算的实际 APD。实际 APD 是邮轮公司票价收益情况的指标之一，和宣传手册 APD 的差异来自于实际船票收入或满舱率。一般来讲，邮轮航线越长，平均票价 APD 越小。

佣金（Commission）。由邮轮公司支付给旅行社，通常行业佣金标准是 10%～15%。部分零售商（批发商）通过协商可以获得更高的佣金；船公司也会激励特定航线的销售采用公开或非公开的奖励佣金制度。

表 3-3　邮轮运营术语

中文术语	英文术语
运力/载客能力	Capacity
客舱能力	Available berth days
满载率	Load factor
乘客天数	Passenger days
平均邮轮航程	Average cruise length
乘客收入	Passage revenue
平均每人每晚收入	Average per diem
船上收入	Shipboard revenue

二、国际邮轮公司收入分析

表 3-4　2015 年两大邮轮公司年报数据对比

		嘉年华集团（纽交所上市）截至 2015 年 11 月底 运营 99 条船		皇家加勒比集团（纽交所上市）截至 2015 年 12 月底 运营 44 条船	
	单位：美元	2015 年	2014 年	2015 年	2014 年
邮轮营运收入	船票收入/ALBD	150	156	165	169
	+船上消费及其他/ALBD	50	50	61	63
	=总收入/ALBD（每床每晚总收入）	200	206	226	232
	−佣金、运输及其他	28	30	38	39
	−船上成本	7	7	15	17
	−其他	—		–	1
	=净收入/ALBD（每床每晚净收入）	166	169	173	175
邮轮营运成本	佣金、运输及其他	28	30	38	39
	+船上成本	7	7	15	17
	+船员工资及附加	24	26	24	24
	+燃油成本	16	27	22	27
	+食品成本	13	13	13	14

	单位：美元	嘉年华集团（纽交所上市）截至 2015 年 11 月底 运营 99 条船		皇家加勒比集团（纽交所上市）截至 2015 年 12 月底 运营 44 条船	
		2015 年	2014 年	2015 年	2014 年
邮轮营运成本	+ 其他成本	33	32	28	31
	邮轮营运成本	120	135	139	153
	+ 市场营销、行政费用	27	27	30	30
	= 总邮轮营运成本/ALBD	147	162	169	183
	− 佣金、运输及其他	28	30	38	39
	− 船上成本	7	7	15	17
	− 其他	0.2	0.3	−	2
	= 净邮轮营运成本/ALBD	112	125	115	124
利润	折旧摊销	21	22	21	22
	运营利润	33	23	24	27
	净利润/ALBD	23	16	18	22
销售实绩	乘客邮轮天数	81018075	79115950	38523060	36710966
	运力（舱位＊运营天数）ALBD	77307323	75999952	36646639	34773915
	满舱率	104.8%	104.1%	105.1%	105.6%
	净利润率	14%	9%	10%	11%

从国际邮轮公司的财务分析表中可以看出，邮轮公司收入来源主要包括船票收入和船上消费收入。船票包括了床位费用、三餐费用、表演费用等船上所有免费娱乐项目的费用；船上消费包括酒吧消费、收费餐厅消费、岸上旅游消费、免税店消费、照片点消费等船上的收费项目。国际邮轮公司的惯例是船票价格并不高，主要是靠船上收费项目增加收入来达到营利的目的。

（一）邮轮船票净收入

邮轮净收入（Net Pax Revenue）是指总载客能力乘以平均每日票价减去佣金。总载客能力是由两个因素组成的，邮轮载客能力以及满舱率。涉及的具体因素包括邮轮的不同舱位等级、每个舱位等级所包含的舱位数，按照每舱位两个床位来计算；运营天数按照每年 365 天减去邮轮于干船坞休船的天数。

影响邮轮船票净收入的因素很多，船舶大小、底层床位数量，运营时间，平均航程长度，包括船票不同舱位等级的定价都将影响船票的收入。当然，分销渠道的佣金比例也会直接影响邮轮船票净收入。

根据上述 2015 年两家邮轮集团财报，按照船票总收入分摊到每床及每个可运营日，计算得到嘉年华和皇家加勒比集团的每床每晚船票价格分别为 150 美元和 165 美元，折合人民币 1005 元和 1106 元（美元汇率 6.7）。两大邮轮集团全年满舱率均在 104% 左右。

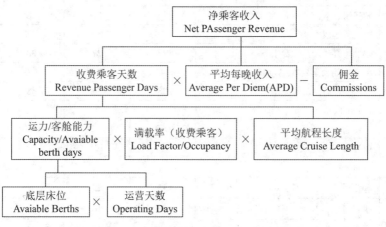

图 3-18　邮轮船票净收入影响因素

（二）船上收入

船上收入一般来源多样，主要包含酒吧和酒精饮料销售、船上商店、水疗、美发及摄影部、博彩、岸上游销售、收费餐厅、房间内的付费电视、通信费用（电话，网络）、潜水等收费项目。

根据 2015 年财报显示，嘉年华和皇家加勒比集团每床每晚的船上收入分别为 50 美元和 61 美元，折合人民币 335 元和 409 元，占每床每晚总收入的 25% 和 27%。

不同类型的邮轮船票收入与船上收入比例有所不同。在大众型邮轮市场，船上收入和乘客收入一样重要，船上收入占总收入的 20%~30%；在豪华邮轮市场，船上收入重要性略低，主要因为所有的元素都包含在票价里（例如饮料、岸上游），而且邮轮船票价格相对于大众型邮轮产品而言本身已经很高。

三、邮轮公司的成本分析

两大邮轮公司的财务分析显示，邮轮在运营过程中涉及的主要成本为邮轮运营成本和其他运营成本。邮轮运营成本包括佣金成本、船员工资成本、燃油成本、食品成本、港口使用费、维修保养费用等；其他运营成本包括市场营销费用和行政费用。

由上表看出，两大邮轮公司的佣金占船票收入的 20%～25%，这更说明了各类船票销售渠道的至关重要性。

船员工资、燃油成本及酒店运营成本为邮轮运营成本中三项最大的支出。

按照邮轮的运营成本，分摊到每床及每个可运营日，计算得到 2015 年嘉年华和皇家加勒比集团的每床每晚运营成本分别为 147 美元和 169 美元，折合人民币 985 元和 1132 元。

四、国际邮轮产品盈利模式——获取船上二次消费

随着邮轮船舶规模经济化特征越来越明显，船舶逐渐显现出大型化的趋势。船上的各类消费功能也在逐渐扩充，除了传统的餐厅、酒吧、免税商店、大型剧场、泳池等基本功能外，近期新下水的很多邮轮还配备各类体育活动设施，包括攀岩、篮球场、冲浪池，以及延伸出船体的升降观景舱等。丰富的娱乐设施为游客提供了多样的选择，其中岸上游、酒吧、赌场、免税商店是销售额较高的盈利项目，饮料和酒水的销售毛利率较高。通过给予游客在船上广阔的公共活动消费空间，提高产品吸引力，尽可能多的赚取船上收入是当前邮轮市场主要的船上盈利模式。

在市场竞争日益激烈和邮轮需求日趋多样化的环境下，主题化的船上盈利模式应运而生。主题化邮轮旅游形成了差异化的竞争优势，成为世界邮轮市场中热销的产品。利用主题化进行衍生产品销售，设计多样化、主题鲜明的活动，成为当前全球邮轮新兴的船上盈利模式。

船上收入作为邮轮公司的主要利润来源，占据船公司总收入的近 30%，因为船票几乎只能覆盖船公司的运营成本。在寡头垄断存在价格竞争的邮轮市场中，对于大众邮轮市场邮轮旅行的需求是高价格弹性的，而船上收费活动的需求则是低价格弹性的。受金融危机、运营成本高增长、大众邮轮市场船票价格战等多方面因素的影响下，当前船票的销售收入几乎只能与邮轮公司运营成本持平，有些情况下甚至低于运营成本总额。船上收入是提高净资产收益率的重要部分，在维持船票价格的同时，尽可能扩充船上消费项目并进行较高的定价，因而近几年船上收入的增长幅度是超过船票的销售收入的。总的来说，邮轮上由于其销售商品的独特性、唯一性，只要服务和质量能让消费者满意，消费者自然愿意购买，而且邮轮应提供给消费者更便捷的购买方式，尽可能减少现金交易，同时更多地要开拓交叉市场。

五、邮轮产品定价国际惯例

（一）邮轮产品定价原则

1. 制定市场能够承受的价格

邮轮公司一般根据邮轮产品成本来制定一次邮轮旅游的价格，在追求利益最大化的同时让购买者觉得物超所值。一般面对各个国家和地区时，以当地中产阶级人群为主要目标市场，也有以上层的富人为目标市场的少数豪华邮轮。这些邮轮公司制定的价格对于中产阶级来说是属于比较奢侈，但是又是值得一试的物超所值的价格。以上海母港为例，到韩国日本的一周内航线最低售价一般为三四千元，略高于航空旅游；相同情况下豪华邮轮最低售价为上万元。

例如，皇家加勒比邮轮在中国市场上部署的量子级邮轮为集团船队中最新的高科技船型，有众多吸引眼球的卖点，船上的餐饮和服务水平也相对较高，因此，船票价格水平一直维持在中国母港邮轮中的领先水平，即使在船票价格促销方面力度不大，也能获得稳定的客源及船票收入。

2. 制定收入最大化的定价体系

根据市场营销 4P 理论，对邮轮产品进行差异化的营销策略设计，制造卖点并传递品牌价值，以应对其他竞争对手的挑战。例如，合理考虑淡旺季价格差异，在旺季由于需求的稳定性以及缺乏弹性的特征可以采用撇脂的定价策略，获得高额利润；根据不同舱房等级排序制定不同的价格体系，提高套房、阳台房等少数房间的售价，提高利润水平；为附加的功能加收合理的溢价空间，例如船上收费餐厅、SPA 等相关服务收取费用，优化邮轮产品收入结构。

综上所述，邮轮票价定价的过程是一个博弈的过程，在消费者可以承受的范围内，制定最高可能票价。首先，对于本公司的邮轮舱位要有具体的了解，舱位的等级以及每个等级的舱位数。其次，根据本公司的定位、竞争对手的最低、最高及平均邮轮票价，确认本公司邮轮票价的基准价位。根据不同等级舱位的特点，例如阳台房，舱房在船舶的位置等确认每升舱一个等级需要增加的票价。最后，计算所有舱位票价的平均票价，和同行业竞争对手相比较，进行调整。

（二）邮轮产品定价的影响因素

一般来说，每家邮轮公司会提前一年制订下一年的销售计划，包括船期表和销售指导价格，在船书宣传册内详细列出每个航次的运营线路及明确价格，并说明哪些服务包括在内，哪些服务不包括在内。每航次的价格是基于双人房间锁定的单人价格。

从市场角度分析，影响邮轮产品定价的因素主要如下：

1. 竞争对手价格

如前文所述，不同的消费者在购买产品时消费理念、购买意愿及购买力都不相同。因此，每个邮轮品牌都根据不同的消费者需求确立清晰的市场定位。在同类别的邮轮品牌中，在客源类型、航线选择等方面有较高的相似性，互为竞争对手的产品具有较强的可替代性，因此竞争对手的产品定价直接影响了本品牌的定价区间。

2. 邮轮特性

邮轮产品价格取决于所预订客房"类别"在船上的位置。一般来说，客房所在的甲板层次越高，价格就越高；外侧客房（带窗户）一般比内侧客房（不带窗户）更贵些；在特定的邮轮上大客房通常比小客房贵些；外侧客房的实现如果被遮挡，价格往往会便宜一些。阳台房和套房提供的服务更多，因此价格更高一些。许多其他因素如提早预订、促销、季节性等，都会影响邮轮产品的价格。

旅行社销售的邮轮产品价格通常包括船票、船上食宿费、娱乐健身等费用，可能包括飞机票和机场费，一般不包括岸上服务费用、酒吧等个性化服务费用。

3. 航程时长

邮轮产品的市场定位决定了每床每晚船票价格的大致区间。然而，根据整个航程时长的不同，船票价格也有所差异。邮轮航程按时间长短分为长航线和短航线，一般7天以下的为短航线，7~14天的为长航线，14天以上为船舶变更区域的部署航线或者环球/半环球航线。航程越长，船票价格越高。

4. 经济因素

邮轮公司的固定运营成本包括燃油成本、财务费用及港务费等；可变成本包括船上食品供给、酒店消耗品供给、码头等相关费用。一般来说，各家邮轮旅游公司的直接运营成本差异不大，因此，邮轮公司在定价时会参考运营盈亏平衡点来制定产品价格。

（三）邮轮产品定价区间

根据上文所述，从市场定位的角度，邮轮产品可以囊括为四大类：平价邮轮、大众型邮轮、高端邮轮以及奢华邮轮。每个邮轮品牌的市场定位都十分清晰，分别注重价格、服务、旅游目的地和邮轮设施。

"每床每晚的船票价格"是反映邮轮产品定位的主要指标。每床每晚的船票价格将不同航线的票价按航线天数平均而得，反映的是乘客在邮轮上所享受服务种类的多寡和品质的优劣。大众市场每床每晚船票价格在 125 美元至 200 美元；高端市场每床每晚船票价格在 200 美元至 350 美元；豪华市场每床每晚船票价格在 350 美元以上。还有一类特殊细分市场产品，一般涉及的船舶较小，航线涉及小众的私人岛屿或南北极，人数一般不超过 150 人。

每床每晚船票价格在 200~350 美元以上的航线产品属于高端邮轮产品的范畴。相比大众型邮轮产品，高端邮轮的一个特色就是船票不仅包含船上的吃住，还包含岸上游、固定的酒精饮料以及邮轮旅游前后的机票住宿。以嘉年华集团为例，旗下的 10 个子品牌按区域划分为北美、英国、欧洲大陆以及亚太地区。公主邮轮和荷美邮轮为北美的高端邮轮品牌，分别在阿拉斯加和美国东、西海岸运营。世鹏邮轮为旗下奢华品牌。英国市场上，公主邮轮和冠达邮轮分别为高端品牌，前者 95% 的客源来自英国本土，后者 50% 为本土游客，50% 为国际游客。

此外，大众型邮轮的每床每晚平均票价低于 200 美元。纵观全球邮轮市场，由于大型邮轮载客人数多运力大，又属于大众型邮轮的范畴，因此大众型邮轮产品成为邮轮市场的主要供给，占据了 80% 左右的市场份额，为最受欢迎的邮轮产品。嘉年华集团旗下的嘉年华邮轮为大众型的品牌定位，相当于邮轮业中的"本田雅阁"。

（四）邮轮产品定价模式

在欧美等成熟的邮轮市场中，邮轮销售体系的特点为：销售市场价/指导价一般由船公司制定，提前至少 1 年公布航线和票价；销售代理商向船公司以买断切舱或者零散订舱的方式拿舱；船公司返回佣金给代理。在这种体系下，邮轮公司掌握了邮轮产品的定价权，在定价时一般采用如下模式：

1. 邮轮产品定价贴合邮轮运营成本

国际邮轮行业是典型的寡头垄断行业，根据几大龙头企业的上市公司年报，我们发现：国际邮轮公司的"总邮轮运营成本"基本在 160~180 美元（含佣金 30~40 美元，不含折旧）。邮轮业的行业惯例是，邮轮船票的定价是基本贴合着邮轮总运营成本的。因此一般情况下，邮轮公司只有实现满舱才能弥补运营成本。

2. 满舱率 100% 以上为定价的前提条件

事实上，所有邮轮船公司对平均票价的设定都是基于满舱率为 100%~110% 的目标值。

如果市场情况稳定且客源充足，在满足底层双人床位供给的情况下，家庭房还可以增加第三、第四人的床位，此时满舱率将超过100%，有时甚至能达到120%，船上消费收入也会相应增加；如果市场情况不好，那么邮轮公司就会降低票价以确保满舱，来平衡每航次的运营成本。而且，正如前文所述，船上消费收入是总收入的20%~30%，只有达到满舱的前提条件，才能产生足够的船上消费收入。

3. 邮轮产品打包定价策略

高端或奢华型邮轮公司在制定销售策略的时候，通常惯用的做法是采取打包定价的销售策略。打包定价的特色就是船票不仅包含船上的吃住，还包含岸上游、固定的酒精饮料以及邮轮旅游前后的机票住宿，在这种模式下，通过增加邮轮产品的附加价值，提升整体产品的利润率水平。值得提出的是岸上游及邮轮旅游"前后游"，这是邮轮产业的一个重要组成部分，也是主要的利润来源。邮轮服务运营商通过高科技手段，设计独特而有富有新意的岸上游服务产品，并与码头运营商紧密的合作，吸引邮轮旅客的眼球，从而提高邮轮产品的卖点，最终提高利润水平。

4. "早鸟"定价及销售模式

在欧美成熟邮轮市场，一般邮轮旅游产品提前两年开始规划不同的航线产品，提前一年采用"早鸟"模式进行售票，越早订票价格越便宜，越是临近航期，票价越贵。根据国外游客偏好提前预订的消费习惯，每航次提前半年左右基本可以售罄，结合"最后一分钟"的销售模式，达到100%以上的满舱率。但即便进行"最后一分钟"的售卖，邮轮公司通常为了维护价格体系，也不会大幅降价销售。

六、中国包船模式下的定价操作

（一）航次包船切舱在中国成为主流模式

在欧美邮轮市场，国际邮轮公司也存在包船的做法，但是相对而言比例不高，而且常规情况下，国际邮轮公司不会在没有明确客人的前提下包船给旅行社。包船的对象一般为公司企业 MICE 团队、行业协会、同学会、旅游运营商（已有明确客源需求）、富豪或者联合举办大型活动（如：世界杯，奥林匹克运动会等）。

中国市场情况截然相反。自 2006 年国际邮轮在中国开设母港运营至今，已超过 10个年头，中国邮轮产业已形成以国际邮轮品牌布局为主导，本土邮轮品牌跟随的产业格局。而邮轮销售体系迅速在中国本土化，逐渐演变成以旅行社包船和切舱为主，邮轮公司散卖为辅的模式，这是世界上绝无仅有的中国特色。应该说，在中国这个特殊的市场和政策环境下，旅行社包船在很大程度上促进了市场的活跃，造就了邮轮市场的销售火爆，也推动了船公司加快部署中国母港的步伐。包船是指某一旅游中间商从邮轮公司买断某一航次的独立经营权，成为一级批发商垄断某一航次的经营行为。切舱是几家旅游中间商联合进行的邮轮包船。包船和切舱销售模式是邮轮公司为迅速打开中国邮轮市场采用的渠道营销模式。这种模式鼓励旅游中间商销售邮轮产品的积极性，同时也使得原有的邮轮市场竞争主体由邮轮公司转变为旅游中间商之间的竞争。为迅速打开市场，价格成为中国邮轮市场的重要营销手段。

（二）旅行社航次包船的操作模式

1. 旅行社掌握自主定价权

包船模式下，旅行社与船公司进行协商和博弈，就 NPD 价格（标准载客量每床每晚价格）达成一致后，签订买断型的包船协议。包船后，虽然邮轮公司会提供产品指导价，但实际上旅行社掌握了邮轮产品的定价权，自行制定销售价格。不论销售情况如何，既然已经买断，包船方承担了全部销售风险，必须按合同约定的时间进度，全额支付包船费用。此时虽然市场营销和销售压力由包船方承担，但同时所有乘客收入都归包船方所有。包租时间可以是一个航次或整个航季，如果预先和邮轮公司谈好，包船方可以按需设计邮轮运营的航线。

2. 各大邮轮公司实行不同的价格政策

虽然旅行社买断舱位并掌握了邮轮产品的定价权，但是部分邮轮公司仍然会通过各种方式对旅行社的销售行为进行约束，维护本品牌的价格体系。例如，皇家加勒游轮公司比对于每个航次销售提供一个官方指导价，如果旅行社进行低价倾销，将会有罚金政策，而其他邮轮公司包船后对船票销售价格干预较少。此外，包船协议中，船公司都会约定一个满舱率指标，一般都在90%以上，如果最后销售达不到该指标，那么旅行社还必须按亏舱的人头支付一定罚金。例如，2014 年皇家加勒比的罚金政策为，当销售满舱率不满99%时，包船旅行社要按亏舱人头补齐损失的船票（按包船价格计算）；歌诗达大西洋号的罚金政策类似，当销售满舱率低于97%时，包船旅行社要按亏舱人头支付每人每晚 220 元，按 5 天 4 晚航次计算为 880 元；海娜号的满舱率指标虽然不高，仅为 76%，但是每航次罚金却高达 2000 元。与此同时，如果旅行社要自行经营岸上旅游，也要支付一定的罚金给邮轮公司。

可见，旅行社虽然以包船方式占有了一定的上游资源，但同时也承担了巨大的风险，如果不能满舱销售，势必会面临亏损。因此，满舱成了旅行社包船后的追求目标，为此可以不惜一切代价。

3. 贴合包船成本定价

国际邮轮行业船票定价的惯例贴合邮轮总运营成本，而包船方船票定价基本上是根据包船成本进行定价的。当然在实际定价过程中也具有一定的灵活性，舱房可能不再维持船公司原有等级进行销售，出现三人房、四人房按人头统一"均价"的方法进行定价。

4. 船票捆绑岸上游打包销售

国际上邮轮产品通常由邮轮船票、岸上游产品等构成。邮轮公司向乘客提供目的地推荐、航线选择、船票预订、费用收取以及购买后的交通衔接、酒店预订、登船服务、岸上观光等全程跟踪服务，游客可以自主自助选择组合式旅游产品。然而，由于证照及"团进团出"的限制，以及包船旅行社为了确保利润最大化，一般都是由包船旅行社将船票捆绑岸上游的产品形式，以统包价销售给顾客。国内当前的邮轮旅游产品本质上是包价旅游产品，是将邮轮船上休闲旅游和岸上目的地旅游结合在一起的旅游集合。

5. 临近出发前进行低价甩舱

在以旅行社包船为主的邮轮销售体系之下，不论是旅行社还是船公司，都面临着满舱销售的巨大压力和风险，尤其是淡季。在现有市场供给远大于需求的情况下，邮轮市场出现了一个怪象，航次临行前包船旅行社低价甩舱的成为常态，即订购越晚，价格越低。个别航次到最后出发前一个月，实际成交价不仅较市场指导价跌幅超过50%，甚至低于旅行社的包船成本，处于一种赔本赚吆喝的局面。

第四章

邮轮旅游产品服务流程与规范

第一节　邮轮公司服务流程与规范

一、登船服务

（一）办票

报到：旅游者按照约定报到的时间，到达邮轮码头的候船大厅。

护照：携带有效护照，一般是指护照有效期至少在结束本次出游日期之前 6 个月以上，且确保有三页以上的空白签证页，无污损无缺页。

签证：旅游者必须在出发前办妥所有签证，要联系目的地国家驻自身所在地的领事机构，查明并核对有关签证要求，否则将被拒绝登船，并缴纳取消旅行罚金。

未成年人：未成年子女跟随父母一同出行的，需携带有效出生证件、户口本。不随未成年子女出行的父母还必须提供授权委托书以及被委托人提供的承诺书等。

船票：邮轮船票必须与护照上的姓名一致，如果二者有任何不一致之处（包括别名和姓名缩写），都无法办理登船手续并出行。

办票：旅游者凭有效船票、护照、签证、健康申报表等所需证件，在办票大厅工作人员和标识的指引下依次排队，前往办票柜台办理签到登记以及船卡和信用卡关联（绑定）手续，获取船卡、行李标签、船上指南、服务告知等。

船卡：邮轮公司核发的船卡（邮轮卡）将成为旅游者登船，及下船后再登船时的身份证明。此外，也就是旅游者在邮轮上购买物品时的消费记账卡，船卡（邮轮卡）上标注记有旅游者姓名、舱房号码、旅游者用餐的餐厅及位置安排、安全演习的地点等。

保管护照：旅游者登船时，邮轮公司会向旅游者索取护照并全程代为保管，以便向不同港口机构出示，仅当乘客需要使用护照上岸时以及航程结束离船前，方可取回护照。

（二）行李托运

1. 行李托运流程

邮轮公司在码头设立行李托运集中区，邮轮公司的工作人员会在托运集中区迎接旅游者。旅游者将各自的舱房信息、游客姓名填写在行李标签上，然后将行李标签绑扎在行李上，送往码头设立行李托运集中区，交给邮轮行李托运工作人员，邮轮行李托运工作人员将行李经海关安检以后，直接运送到邮轮上，再根据行李标签上的舱房信息，送到每间舱房门口，邮轮行李托运工作人员和客房工作人员做好行李的交接。

2. 收取行李

旅游者完成安检、出关、登船等一系列程序后，可以按照舱房信息，自行到舱房门口收取行李。游客在开航后没有取到行李，可以到邮轮服务台进行咨询查找。一般情况下，由于行李托运有先有后，运送到每个房间需要一定时间，所以，一般在开航后两个小时都能拿到行李。也有一些行李在运送中行李标签脱落无法送达，旅游者遗漏填写舱房信息、姓名而无法送达，行李托运工作人员会将这些无法送达的行李送到服务台，等待旅游者的认领。

3. 送交托运行李的要求

旅行途中行李会多次运送，因此送交托运的行李应当是完整独立包装，建议适用结构坚固的行李箱或旅行袋，应带有牢固的个人识别行李标签，且行李标签在普通的卡车行李运送过程中不易损坏或丢失。

基础药物、旅行文件（船票等）、贵重物品以及易碎物品任何时候都应随身携带；看管好私人财产，邮轮公司不对金钱、珠宝、相机、双筒望远镜、文件或其他私人保管范围内的物品负责。

为了乘客和船员健康与安全，旅游者购买的生鲜食品、饮料、酒类、危险品、刀具等不允许带上邮轮，将由邮轮方妥善保管并在航行结束时归还游客。

4. 行李遗失与损坏

建议购买足够的旅游保险以弥补任何可能发生的物品损失。

特殊情况下会有行李遗失、损坏的情况，旅游者可以到客服中心办理报失、报损手续，邮轮公司根据相关规定（保险条款）进行赔偿、修复等处理。

（三）登船

依据相关规定，邮轮公司必须在全体旅游者完成登船以后，在启航前 60 分钟，呈交一份启航舱单，完成清关手续。因此，旅游者必须在预定启航时间的至少 2 小时前抵达码头以完成登船手续。请注意：所有乘客必须在启航前 90 分钟完成登船手续并登邮轮，否则您可能不被获准登上邮轮。

旅游者在登船码头有秩序地排队，通过安检和边防检查后登船（安检和边检的流程和要求与出境旅游相同）。

优先登船：伤残或乘坐轮椅旅游者、入住套房的 VIP 旅游者、持贵宾卡旅游者，可以从快速通道优先登船。邮轮工作人员将专门护送乘坐轮椅的旅游者安全登船。

（四）安检拍照

根据国际安保与邮轮公司的要求，所有旅游者托运的行李和随身携带的物品都必须进行安全检查。

根据国际安保与邮轮公司的要求，所有旅游者在登船时必须拍照（正面、脱帽、不戴眼镜）留档，在整个航程中作为邮轮公司安保识别旅游者身份的信息。

（五）安全演习

登船后启航前，根据《1974 年国际海上人命安全公约》，每个航次都将进行一次紧急救生演习。全体登船的旅游者包括儿童、老人都必须参加。船方通过反复广播和七短一长紧急报警信号，召集旅游者按照船卡上（客舱门后的安全提示上）标示的指定演习集合地点号码或字母前往紧急集合站，此时船上的一切服务设施将暂停使用。邮轮公司工作人员将向旅游者演示在紧急事件发生以后如何救生，包括救生衣的准确穿戴方法、救生衣上的救生灯、求救哨如何使用，在什么情况下弃船逃生及逃生方法、救生艇的登船规则等。

没有参加启航前紧急救生演习的旅游者，启航后的航程中，将收到船方通知，必须参加再次安排的紧急救生演习，直到所有旅游者全部参加为止。

二、海上巡游

（一）邮轮日报是了解船上活动信息的重要途径

航程中，旅游者可通过邮轮日报了解船上的各种信息。每天晚上，邮轮服务员都会将邮轮日报送到每个客舱房间内。国内母港邮轮航线都会提供中文版的，离岸邮轮一般是英文版的。船上的客服中心也将免费提供当天的邮轮日报。

邮轮日报包括以下内容及注意事项：①进餐时间及免费餐厅、收费餐厅、自助餐厅的位置及特色（欢迎宴会、船长晚宴）。②休息室及酒吧的特色和营业时间。③船内的演出以及各种娱乐活动的时间、地点。④各类服务设施的营业时间及内线号码（客服中心、洗浴水疗中心、健身中心、购物商店、医疗服务等）。⑤船上的安全注意事项。⑥着装规范。⑦当日的特色活动、特制鸡尾酒、特价免税品、体验参观活动等。⑧停靠港口的时间、上岸观光的集合地点、上岸观光时间、返港时间、离港起航时间等。

旅游者要充分重视邮轮日报上的各类信息，必须仔细阅读每一份邮轮日报，有利于旅游者在邮轮巡游期间，合理安排好每天丰富多彩的邮轮活动。同时，知悉邮轮各项安全通知，保证自己的邮轮生活安全、丰富、精彩。

（二）畅享饕餮美食

1. 餐厅

邮轮一般设置主餐厅、休闲自助餐厅、特色主题餐厅、贵宾专用餐厅等。餐厅分为免费和付费两种。一般主餐厅和自助餐厅为免费餐厅，特色主题餐厅为收费餐厅。

（1）主餐厅。邮轮主餐厅一般在正餐时间提供点餐服务，有的邮轮只有在晚餐时间提供点餐服务。旅游者按照预先安排好的餐卡席位，按时按桌号在服务员的引领下有序入座，或由餐厅服务员按照用餐旅游者的人数领座入席，或单独用餐或拼桌用餐。进入邮轮主餐厅用餐要求旅游者正装出席，不能随意挑选座位，非服务员引领不能随意进入餐厅。

主餐厅在正餐时间提供精美点餐单供旅游者选择，旅游者应安静地等待服务员上前提供点餐服务（旅游者之间不要大声喧哗，大声招呼服务员）。服务员留出一定时间让旅游者仔细阅看菜单，然后再根据点餐顺序，请每个席位的旅游者为自己点餐，如需要帮助同行者点餐，一般是一位一位地分别点餐。正餐厅的正餐为西餐模式，也会有一些中西合璧的中西式菜肴。分为前菜（冷菜）、汤类、主菜、主食、甜点等。按照顺序分别上菜。主餐厅用餐集中，每道菜都需要由服务人员从后厨送到餐厅，要花费一定的时间，所以旅游者在主餐厅用餐需要耐心等待。一般用餐时间需要一个小时左右才能完成。

（2）自助餐厅。自助餐厅基本上全天候开放，一般有早餐、上午茶、午餐、下午茶点、晚餐、夜间特色小食等。自助餐厅提供丰富美味的餐食，旅游者根据自己的喜好按需取食。旅游者需按照自助餐厅工作人员的引导，排队有序取食。如果需要的餐食被取完没能及时补上，取餐者不要停留等待，以免影响后面排队的取餐者。可以先食用其他餐食，然后再次去取。

（3）休闲小食。邮轮会在一些休闲娱乐场所、中庭广场旁边设置一些点心吧、水果吧、冰激凌吧，全天候提供各种甜点、三明治、比萨、浓缩咖啡、鲜榨果汁、水果奶昔以及各种混合饮料。部分收费，部分免费。

（4）特色收费餐厅。邮轮的特色收费餐厅使旅游者体验新的滋味、景观和氛围，一般会提供精美的全球经典菜肴和特色美食，餐厅会打造各种主题，如海洋量子号的格蓝迪餐厅以"诚邀阁下重温不朽的经典"为主题，丝绸之路餐厅以邂逅辛辣与新岸盐巴为主题，蓝宝石公主号上的萨巴蒂尼意大利餐厅以营造托斯卡纳庄园般的怀旧氛围为主题等。有的收费餐厅收取一定的定位费用，旅游者可尽情无限量享用饕餮美食，有的收费餐厅是根据菜单点菜付费。特色收费餐厅的服务和餐食质量标准比较高，用餐环境比较好，所以，在邮轮上的特色收费餐厅用餐具有较高的享用价值，如蓝宝石公主号上的海景火锅餐、史德林（Sterling）牛排、龙虾烧烤吧餐、极致海景阳台用餐、米其林餐等。

2. 送餐服务

邮轮一般都有送餐服务，送餐餐单会送到每个客舱，旅游者可以任意点餐和约定送餐时间，然后在规定的时间里将餐单挂在门外把手上，届时餐厅服务员会送餐上门，有的邮轮提供的是免费送餐服务，有的邮轮会提示旅游者支付送餐员一定数量的小费，旅游者签单确认后，在船卡内结算支付。

（三）舒享服务设施

1. 宽敞舒适的舱房及客舱便利服务

邮轮基本舱房类型有内舱房、海景房、阳台房、套房等，同类房型中还有不同的标准，如标准、豪华、遮挡、无遮挡、全景房、家庭房、多人房、残疾人房等。

客房一般都由两张单人床组成，可拼合成一张大床，也可单独使用，以满足旅游者双床或大床的要求。多人房或家庭房一般配下拉床成为上下铺，或者配沙发可以铺成沙发床。旅游者进入舱房后可以根据自己的需求，请服务员帮助设置为双床或大床。

内舱房为无窗、海景房为有窗（不能开启）、阳台房、套房有阳台的配置。有的邮轮在内舱房内用落地高清屏幕做成虚拟阳台，为旅游者呈现即时海景和目的地实景。

客舱的基本标配是电热水壶、茶叶包、茶杯、个人卫浴用品，有的邮轮还配有拖鞋、免费瓶装水、旅行套装、浴袍，有的邮轮对套房以上标准的客舱还有水果、插花、小点心、巧克力、气泡酒、香槟酒赠送。

客舱还配备了电视、电吹风、保险箱、冰箱，配有 110 伏、60 赫兹的交流电插座（欧标、美标）。

航行中，热情周到的舱房服务人员会提供至少一天两次的客房服务。

2. 精致的客舱特色服务

航行中，舱房服务员会铺好夜床，将浴巾折叠成小动物给旅游者一个惊喜；在枕边放上两颗甜巧克力，提供精致的晚安服务；船上有收费的洗衣服务，旅游者支付一定的洗衣费用，将需要清洗的衣服放置在洗衣袋内，客房服务员会送去洗衣房清洗，一般在 48 小时内送回。有的邮轮会设置公共洗衣房，设置洗衣机、烘干机及洗衣液量贩机，旅游者在洗衣房用船卡购买代币，然后可以自助付费洗衣。

3. 海上网络

（1）海上邮轮局域网。邮轮上有海上社交"微信"，创建指尖上的邮轮新体验。旅游者可以在登船前下载邮轮 APP，登船后链接船上无线网络，登录成功以后，航程中可以方便地在网上浏览船上的各种信息，看到邮轮日报所有内容，还可以拨打舱房电话、拨打好友手机、查看活动信息、收到船方的精彩活动提醒、与好友网上聊天等。

（2）海上互联网。邮轮上有 24 小时开放的船上网吧，客舱和公共区域也有无线网络覆盖，Wi-Fi 以分钟计费，收费一般以美元计算，用船卡结算。旅游者可以在登录邮轮网页时购买船上网络套餐，实现在海上利用互联网上网，浏览世界新闻、网上办公、查看股票信息、和没有上船的家人聊天等。

（3）海上移动设备。船上的蜂窝网络可支持您使用个人移动通信设备接听或拨打电话，移动通信设备服务可在邮轮位于国际水域时使用，所有相关费用由移动通信设备供应商直接向旅游者收取。移动电话供应商必须与海上无线服务（WMS）签有漫游协议，才能保证旅游者手机正常使用。并不是所有预付费设备都支持此项服务，旅游者必须先确认移动设备支持国际漫游。

（四）纵享特色休闲

（1）海上影像服务：有的邮轮上有专业的摄影师驻场，为旅游者捕捉每一个精彩瞬间。旅游者可以选择船上的漂亮家具和装饰为背景、以海上风光为背景、以船上特制的背景墙为背景进行拍摄，留下欢乐家庭、甜蜜新婚夫妇、幸福老人的别有风情的照片。旅游者可以购买照片、底片，邮轮上提供拷贝冲印服务。船上还可以为旅游者制作邮轮纪念版的 DVD，可以制作光碟留作纪念。

（2）水疗 SPA：一般邮轮上都有来自世界各地的各种水疗配方和专业的按摩师提供按摩服务，加上一系列的个性服务项目，如舒缓身心的体膜护理、身体磨砂、美容美发、健身课程、牙齿美白等，让旅游者能在邮轮上获得精心奢华的体验。

（3）酒吧咖吧茶吧：邮轮上有各种风格的酒吧、酒廊、咖啡吧、茶室。如歌诗达大西洋号，将意大利威尼斯建于 1720 年的最古老最著名最昂贵的弗洛里安咖啡馆复制到船上，一样的家具装饰、一样的咖啡茶具、一样的咖啡，为旅游者带来最传统的意大利威尼斯风味。三五知己，谈古论今，轻松愉悦，流连忘返。

（五）爽享购物乐趣

邮轮上各类名品店、免税店、土特产店琳琅满目，各种顶级品牌集聚一堂，有众多备受推崇的化妆品、香水、名牌服饰、精美礼品、珠宝首饰、名牌箱包，也有邮轮特色的纪念品礼品。每天各种商品的打折优惠活动轮番登场，带给旅游者购物的美好体验，在海上购物天堂购物到爽。

（六）乐享娱乐活动

（1）影院：邮轮上设有影院，每天播放电影，会提前一天在邮轮日报上预报播放电影的名称。有的邮轮将影院将设在甲板上，设置了超大屏幕一流音响设备，旅游者可以躺在甲板的躺椅上，头枕着波涛，在满天星空下，喝着咖啡饮料，和家人朋友一起观看电影，体验不一般的享受。

（2）运动健身活动：邮轮上都设有一些健身休闲设施，主要有游泳池、温水按摩池、健身房、海上高尔夫练习场、篮球场、乒乓球、网球场、台球、海上太极操课程、溜冰场、甲板冲浪、攀岩、甲板跳伞、海上水滑梯、海上北极星太空舱、海上瑜伽等。

（3）高歌派对：邮轮上设有卡拉 OK 厅、迪斯科舞厅，海上拉丁舞和广场舞场地，旅游者可以尽情高歌劲舞。

（4）舞台秀：邮轮都有一个豪华的大剧场，每天晚上将轮番上演世界一流的视觉和听觉盛宴，有各种风情的舞台剧、音乐剧、模仿秀、杂技、魔术表演，为旅游者呈现极具感染力的表演。有的邮轮每晚都有灯光秀，超大的观景落地窗变换成辉煌的电子全屏幕。映衬引人入胜的艺术家空中表演和灯光秀，精彩绝伦。有的邮轮有溜冰场，到了晚上激情上演冰上舞蹈表演，旅游者可以欣赏到高超的冰上技巧和舞蹈。

（5）互动游戏：每天各个时段各个场所，邮轮的专业娱乐团队，带领旅游者进行各种风趣、幽默、快乐、新颖的互动游戏，邮轮娱乐团队和旅游者一起互动，邮轮上充满了欢声笑语。

（6）棋牌室：邮轮上设有各种棋牌设施、幸运俱乐部。

（7）亲子活动：邮轮上有亲子活动区，设有各种适合孩子玩乐的娱乐设施，有的邮轮设有亲子俱乐部，各种年龄段的孩子，在青少年活动管理员的引导下，开展各种亲子课程。有的邮轮还有开设 3 岁到 12 岁儿童的集体托管服务等。

（七）医疗服务

邮轮上一般设有医疗中心，主要为可能出现的疾病和事故提供紧急救助。一般配备全科医生和护士，为乘客及船上的船组人员提供海上医疗护理；为病危或病情不稳定的病人采取适当的稳定病情、诊断和治疗的措施；为病人安排及时的后续治疗以及必要且可能时联系直升机海上紧急救援。

邮轮上的医疗中心没有配备帮助孕妇分娩的医疗设施，因此，邮轮不接受已经怀孕 24 周的孕妇登船。一般邮轮都不接受未满 6 个月的婴儿登船，有的航次不接受未满 12 个月的婴儿登船。

医疗服务费用会被记在旅游者的船卡账户下，医疗中心会提供详细的项目清单，收费一般以美元计算。

三、靠岸服务

按照航程安排，邮轮会选择一些港口靠岸并停留若干小时。

（一）靠岸前

邮轮公司会在旅游服务中心，提供邮轮靠岸后上岸观光旅游的相关信息及预约服务。申请参加停靠地观光旅游的旅游者，选择好旅游行程后，在旅游服务中心填写预约单，在规定的预约报名时间前，把预约单递交给观光服务台的工作人员。工作人员编排好团号，在靠岸前一天晚上，将预约票发放给旅游者或送至客舱。上岸观光的集合地点和时间以及邮轮离港时间、旅游者最迟上船时间，都将在邮轮日报上公布，费用将计入船卡中，在下船的时候统一结算。

（二）靠岸时

旅游者带上预约单，根据预约单上的编号，按照邮轮日报上发布的上岸观光的集合地点和时间，提前到达准时报到。邮轮旅游服务的工作人员将手持团号牌召集旅游者集合。集合完毕以后，等待船方工作人员指挥安排，依次有序地跟随邮轮旅游服务人员下船。

不参加邮轮组织的旅游服务上岸自由行的旅游者，邮轮公司在靠岸前一天晚上，会将自由行客人的上岸顺序的编号送到客舱，自由行客人的上岸集合地点和时间以及邮轮离港时间、旅游者最迟上船时间将在邮轮日报上公布。邮轮靠岸后，自由行旅游者按照邮轮日报上发布的自由行上岸集合地点和时间，提前到达等候。邮轮工作人员将手持编号牌召集自由行旅游者。集合完毕以后，等待船方工作人员指挥安排，依次有序地跟随邮轮工作人员下船。

旅游者上岸观光，必须携带个人的护照或护照复印件、船卡、预约单，带好个人上岸旅游需要的生活用品和个人贵重物品。按照海关出入境的相关规定，不得携带禁止入境的危险品、水果等下船。

旅游者下船时，必须出示个人的船卡，经邮轮安保部门逐个刷卡检验以后方可下船。旅游者下船后，必须携带个人有效护照或护照复印件、签证（落地签除外）经过靠泊地所在国的海关、卫生防疫、边检的检验检查，方可入境观光旅游。

有的目的地国家，会要求不下船观光旅游的旅游者下船，办理入境和出境的手续，然后再返回登上邮轮。

（三）离岸

上岸观光的旅游者和自由行的旅游者，都必须在邮轮公司公布的旅游者最迟上船时间前上船。邮轮在全体旅游者上船之后，按照相关规定办理离港手续，然后在规定的离港时间离港。邮轮港口停靠的停留时间不得变更，邮轮按时启航是航程安全的保证之一。

旅游者上船前，必须携带个人有效护照或护照复印件、签证（落地签除外）、船卡和个人物品，经过靠泊地所在国的海关、卫生防疫、边检的安全检验检查，方可进入码头登船。

旅游者登船时，必须出示个人的船卡，经邮轮安保部门逐个刷卡检验以后方可登船。

四、离船服务

即将结束航程，邮轮在到达返程目的地港口前，邮轮服务人员将为旅游者开展一系列的欢送活动，如下船日前一天的晚餐，会有餐厅工作人员举行欢乐的送别联欢，娱乐团队将举行欢送派对，剧场会作告别演出等。除此之外，为了保证数千旅游者安全有序快乐地结束航程顺利离船，邮轮还将进行一系列的离船服务。

（一）下船欢送仪式

有的邮轮会在下船日前一天下午，在剧场举办下船说明会之前，邀请全船客人参加。说明会上，主持人和全船客人共同回顾了整个航程的欢快时光，主持人还会请船长等船上各岗位的高级官员和各服务岗位的主管同大家见面，船方感谢旅游者的光顾和配合，期待下一次的重逢，旅游者用热烈的掌声和欢呼声，感谢船长和各岗位工作人员的辛勤工作和付出，共同祝贺一个安全、完美的航程的结束。

（二）问卷调查

航程结束前，邮轮方会通过发放问卷的方法，对全船客人进行服务质量的问卷调查。同时，通过船上局域网，对联网的客人进行服务质量的问卷调查。

（三）下船流程的说明和告知

下船日前一天下午，有的邮轮方会在剧场举办下船说明会，船方工作人员详细对客人讲解下船时办理必要手续的流程和方法。

下船日前一天的邮轮日报和邮轮局域网上，详细刊登下船前和下船时旅游者办理必要手续的流程和方法。

（四）下船前和下船时的流程

1. 取护照原件

下船前，全船客人都要取回本人的护照原件。具体发放方法因船而异。有的邮轮是由工作人员送的到客舱交给客人，如果客人不在客舱错过交接护照，事后可到邮轮客户服务中心凭船卡领取。有的邮轮是由旅行社领队分团队顺序到船方领取后，发放到游客手中，有的邮轮是公布护照发放地点，在规定的时间内由全船客人凭船卡自己去领取。

2. 托运行李服务

下船前一天，船方会向全船客人发放下船托运行李的行李标签，行李标签分不同颜色或各种编号，分别代表不同的下船等候集合地点和下船等候时间。

行李标签的发放因船而异。有的邮轮是由工作人员送到客舱发放给客人；有的邮轮是由旅行社领队分团到船方领取后，发放到游客手中；如果旅游者的行李较多，行李标签不够使用，可自行到邮轮客户服务中心领取。

邮轮对套房、贵宾卡的客人会发放优先下船的行李牌。行李少的客人也可自行携带行李下船，不办理行李托运手续。

所有需要托运的行李，必须绑上船方发放的行李标签，在离船日前一天晚上十点以前，放在舱房门口。届时，邮轮行李托运的工作人员会来收取放在舱房门外的要托运的行李，统一运入行李房，在邮轮靠岸时，船方行李托运的工作人员将行李运送到码头的离船大厅，按照颜色（编号）按序摆放，等待下船游客认领。

3. 结算

离船日的凌晨一点为船卡消费的截止时间。船方将在下船当日的早上（或下船日前一天晚上）将个人消费明细账单送到舱房信箱内。个人消费明细包括旅游者按照约定应当交付的邮轮服务小费以及旅游者在船上的各种个人消费。拿到账单以后要仔细核对消费数额是否相符，如果发现明细账单中的金额有误，请在下船前自行前往邮轮服务台咨询核对并修改。邮轮不接受任何下船后发现金额有误的投诉和退款要求。

旅游者缴费方式：

（1）信用卡关联与支付。旅游者在登船前去候船大厅办票时，办理船卡关联（绑定）信用卡手续，或上船后的 48 小时内，去邮轮客服中心办理船卡和信用卡关联（绑定）手续。有的邮轮上设有信用卡关联专用机器，该机器 24 小时运作，旅游者可以在任意时间自助办理。用于关联（绑定）的信用卡持有者必须是上船的旅游者。可关联信用卡因船而异，一般可美元消费的信用卡和银联卡都可以关联。

关联信用卡的旅游者只需要认真还对账单，只要消费费用的数额无误即可。账单费用由邮轮和关联信用卡公司直接划转，关联的信用卡公司随后还会发送账单。

（2）美元现金预存支付。为了方便用船卡在邮轮上顺利消费，旅游者上船后可以到客服中心预存一定数额的美元，一般为每位 200 美元，如旅游者在船上消费超过预存金额，船方将要求旅游者继续预存。

航程结束时，旅游者需要去客户中心根据消费账单结算费用，多退少补。

（3）银联卡购汇支付。有的邮轮不接受银联卡关联，但可以使用银联卡刷卡购汇，旅游者上船后可以到客服中心刷卡购得一定数额的美元，一般为每位 200 美元进行预存。如旅游者在船上消费超过预存金额，船方将要求旅游者继续购汇预存。

航程结束时，旅游者需要去客户中心根据消费账单结算费用，多退少补。

（4）美元现金结算。旅游者船上没有消费，航程结束时，旅游者需要去客户中心根据消费账单（船上服务小费）结算费用。

没有完成结算的旅游者将无法刷船卡下船。

（四）退房

旅游者根据邮轮日报上（或邮轮广播）公布的离开舱房时间离开舱房。方便服务人员打扫房间迎接下个航次的客人。

旅游者有自行看管私人物品的责任，离开前必须再次确认没有东西遗忘在舱房和保险箱内。任何遗留在舱房内或公共区域的物品，一般会被认为是遗弃的物品被收集处理。个别物品（如大件行李）会登记备案并送交相关部门。旅游者如需认领，需联系邮轮公司的办事处客户服务中心，物品确认属实后，旅游者须承担相应运费。对于遗留物品，一般邮轮公司代为保管三个月，过期无人认领将予以销毁。

（五）按规定去指定离船集合地点

下船日前一天的邮轮日报和邮轮局域网上，会详细刊登不同行李标签颜色或编号所对应的下船等候集合地点和下船等候时间。离开舱房后，旅游者可以自行根据行李标牌的颜色或编号按照该指示的地点和时间等候离船。

（六）离船

离船日，船方的广播会引导旅游者去集合点等候。开始下船时，船方工作人员会指引各集合点的旅游者依次下船。

旅游者必须携带船卡，下船时必须刷卡确认后才能离船。在船上的出口处领取由船方暂时保管的物品（食品、刀具、酒类等）。然后离开邮轮上岸。

旅游者进入邮轮码头的候船大厅，手持有效护照经边防检验后入境。然后来到行李大厅，按照行李牌的颜色或编号，凭行李标签的存根领取行李。经海关检验检查后离开港口，结束邮轮出境旅游全部行程。

旅游者发现行李遗失（破损），请及时联系船方服务人员或码头工作人员，填写遗失（破损）行李申明，并提供详细的遗失行李描述。邮轮方会联系有关部门查找（修复）行李，并按照相关条例做好善后工作。

知识链接　🔍搜索

皇家加勒比登船须知——注意事项

1. 大部分行程乘客办理登船手续时间约是中午 12 时开始，但所有乘客必须在邮轮正式启航前三小时办理登船手续，请所有乘客准时登船，逾时不候，亦不退费。

2. 您托运的大件行李将会在您登船 1 小时后送达您的船舱。

3. 登船手续办理完毕后。邮轮公司可能会将您的护照收起代为保管，请记得向邮轮公司索取收条，并妥善保管，以便在邮轮行程结束后，凭收条领取护照办理入境手续。

4. 办理登船手续完成后，每位乘客将会拿到船卡一张（SeaPass）（邮轮登船卡上会显示您所搭乘的邮轮名称、邮轮出发日期、乘客英文姓名、用膳餐厅名称、用膳梯次、餐桌号码、船舱号码及乘客记账卡号），这张船卡是您的乘客识别证，您不仅在登船、下船时需要它，还将在邮轮上当成钥匙和信用卡使用，因此它将伴随您游览全程，请您务必随身携带此卡。如有遗失，请立刻向邮轮上服务柜台申办遗失，重办新的邮轮登船卡。

5. 登船当日将有一次紧急救生演习，请穿上紧急救生衣（放在衣橱底层或床底）至指定救生集合区集合。（以上演习内容是根据国际海洋公约相关规定，希望您积极配合。）

6. 海上假期应准备两种服装：便装、晚礼服。邮轮航行期间，邮轮上将举行各种精彩的娱乐节目及高级豪华社交活动，所有乘客皆需穿着正式晚礼服参加，我们建议您至少准备一套正式晚礼服。您所参加的是豪华邮轮旅游系列之一，因此邮轮进餐时亦有服装规定，早餐与午餐您可穿着休闲服装，短裤与 T 恤皆可（但请勿着泳装、赤足或打赤膊入餐厅）。除了特定的豪华晚宴须穿着正式晚礼服外，晚餐时请着便服（请勿穿着短裤、拖鞋与 T 恤等）。

7. 船上每日的活动节目表及每日新闻（Compass），将会自动配发到每个船舱。自费岸上旅游请参阅有关资料或接洽岸上旅游服务台。

8. 船上各项娱乐及运动设施欢迎充分利用。

9. 邮轮上使用电压为 110/220 伏特插座。

10. 船上设有保险箱、自动制冰块机及晕船药等均为免费。您如有贵重物品或金钱，为了避免遗失，请将其放入保险箱内保管。

11. 个人临时改变行程或私人原因，及其他不可抗拒的因素而中途离船脱队，一切费用需如数付清，恕不退款（如早、午、晚餐中任何一餐未曾享用，亦不得要求退费）。

12. 邮轮上配备医务室及医务人员，乘客如果在搭乘邮轮期间因病需要医治，本公司将酌收合理医药费。

13. 小孩（含婴儿）的费用与大人价格相同。但如果与两个成人同住一间船舱，则小孩的费用视同第三或第四人计价。但并非任何等级皆有三人和四人船舱，因此须视订购船位时是否有船舱而定，但无法接受如加床之类的要求。

14. 在搭乘邮轮期间，乘客发生行李损坏或遗失时，须立即向邮轮的乘客服务柜台报备并索取相关文件之副本，一切法律责任将依船公司之规定及有关保险条例办理。

15. 每位乘客所携带的行李重量不得超过 200 磅（约 90 公斤），行李超出规定的重量将依船公司的条例另行收费（另请注意航空公司对托运行李的数量、重量、尺寸及内容的规定）。

16. 乘客如果损坏公众物品，需依法给予合理赔偿。

17. 除全包式团体外，邮轮费用并不含邮轮岸上观光行程，岸上观光行程须由乘客选择性自行购买。岸上观光是由独立承揽的旅行业者负责，若因此造成游客有任何损害、伤亡者，邮轮公司恕不负责。所有下船后的旅游交通活动将由乘客自己承担风险。

资料来源：皇家加勒比全球手册

第二节　旅行社包价邮轮产品服务流程

一、包价邮轮产品含义

指旅游代理商和供应商，将邮轮船票资源和各类其他附加服务同时采购，并制作成适合消费者需要、并符合本国出境旅游特点的邮轮打包产品。

旅游代理商和供应商，针对邮轮线路制作包价产品，通常会涉及如下附加服务：

（一）交通

指洲际间或者城际间的航空、火车等；城际间的大巴或专车等；在母港邮轮方面一般指往返于港口城市和居住地之间的大交通，以及港口城市的火车站，机场等到登船码头的小交通；在海外邮轮方面，则绝大多数类同于母港邮轮的交通要素，仅是其大交通一般涉及国际或洲际间的往返。

（二）住宿

指港口所在地的酒店住宿；在母港邮轮方面，较少涉及住宿，一般母港游客从居住地到邮轮码头的往返行程都可在当天完成，少数内陆地区的或另有计划的游客除外；而海外邮轮产品中，通常为了增加包价产品的饱满度和差异性，产品经理往往会设计在登船之前或者下船之后增加若干天的行程，其中便会涉及住宿环节。

（三）观光

邮轮包价产品中的观光环节分两种类别：

一种是抵达港口后，在港口城市和地区所进行的观光游览。通常来说，游客可以在登船后，通过邮轮上观光服务柜台付费选购各种港口游览线路，这类方式目前多见于海外航线；当然，游客也可以在选择邮轮包价产品时，订购代理商旅行社提供的港口游览线路。目前，母港航线基本采取代理社提供岸上观光产品的方式；而海外邮轮包价产品，则会有部分资深旅行社负责为客人订制境外港口的岸上观光产品，这类产品配备有旅游巴士、中文导游以及安排符合中国游客习惯的景点和餐饮，较之游客登船后选择邮轮上的岸上观光产品，其性价比更高，感受度更好。

另一种则是包价邮轮产品中，基于产品设计的考虑，在登船之前或者下船之后所增加的行程，此类的行程安排类同于一般的国内游和境外飞机班的旅游。这一类的观光安排是整个包价邮轮产品的补充，其目的是丰满包价产品的内涵，提升邮轮游客的满意度。

（四）签证或入境许可

无论是母港邮轮还是海外邮轮，对于中国游客而言，搭乘国际邮轮均属于出国（境）游范畴，均涉及游客前往目的地国的准入许可（一般国际邮轮进驻我国港口，并以此为起止港进行常态化运营，均须安排国（境）外的港口停靠；仅以国内港口为目的地的邮轮，则不属于国际邮轮范畴之内）。

在中国，旅行社代理商通常承担了帮助游客办理邮轮出国（境）签证或者入境许可的责任，尤其是邮轮包价产品，一般以团队形式进行出游，均需要由具备相关特许资质的旅行社向国外领馆或移民机构提交游客审核文件进行签证申请。

目前中国母港的日韩邮轮，经过十多年的高速发展已经成为不容小觑的邮轮市场，目前在日本和韩国的大部分港口口岸，均实现了对于中国游客的简化入境流程，即登陆许可制度（Landing Permit），大部分母港邮轮的团队游客则不必递送护照原件至日韩领馆办理签证，仅需通过旅行社进行真实材料登记，并由旅行社根据相关流程直接向境外移民机构进行申报和办理，获批后即可搭乘邮轮进入日韩两国进行短期观光。无论是对于作为办理签证事项代理方的旅行社而言，还是对于个人出国签证须预备材料的邮轮游客而言，无疑都在手续和流程上得到了最大程度上的简化，中国母港邮轮也因此走进了一个高效便利的发展时代。

（五）其他特色服务

中国邮轮包价产品本质上还是出境游产品的一部分，因此旅行社通常在邮轮包价产品中提供领队服务。领队服务是中国出境游特许经营和发展的产物，中国邮轮包价产品也受国外的入境许可、行政管理、经营法规以及旅行社自身运营模式等因素影响，一般都配备有领队服务。领队既起到团体游客召集人和服务者的作用，也承担了组团旅行社与各个接待供应商沟通共事的代表人，对于邮轮这种大规模客量的旅游模式来说还将长期存在着。当然，越来越多的中国游客在条件许可的情况下，选择尝试邮轮产品的"自由行"（这种形式在西方成熟的邮轮市场中是占绝大多数比例的）。对于这一部分的游客而言，旅行社的大包大揽并不足以满足他们的个性需求，旅行社对于他们而言只是一个简单船票代销商，其余的各种附加服务均由这部分游客自行采购和安排。随着邮轮产业的发展，邮轮"自由行"人群将随着政策的继续放开和旅游经验的不断累积变得越来越多。

此外，中国母港的邮轮包价产品中还会涉及其他一些特色服务，比如游客可以通过旅行社代为购买到部分保险公司针对邮轮游所特别设计的旅行意外保险，这一类险种是随着近年来邮轮市场迅猛发展，原有的针对普通飞机班出境游产品的旅游意外险，已经不能适应邮轮产品的特性，从而应运而生的特色险种。它保留了基础出境游保险中，游客在境外目的地等游览过程中的人身财产等保障，也特别设计了关乎邮轮特性的保障条款。这些条款涉及邮轮靠港/出发延误及延误导致的后续行程的损失、邮轮港口取消停靠或者更改停靠、海事海上援救等方面。

其他特色服务还包括：部分码头 VIP 贵宾服务设施已经和邮轮产业紧密地联系在一起，类似于机场航空公司提供的贵宾休息厅和绿色登船通道等服务资源，也已经成为诸多旅行社进行邮轮包价产品设计的选择。此外，还有包括境外移动网络终端租借服务等，都是邮轮包价产品最频繁被使用的服务元素。

二、包价邮轮产品的特点

（一）整体上以团队游形式为主体

包价邮轮产品通常以团队游形式为主体，这也是因为我国出境游管理法规所规定，并且符合我国旅行社出境游运营模式；以团队形式出游也是邮轮目的地国家和地区对于中国入境游客准入规则的要求所决定的。

（二）游客出行和安排省心，度假实现便捷化

包价邮轮产品的设计主体是旅行社或拥有资质的代理商，整体上包价产品实现了大部分的基础需要，较之游客自行寻找和采购附加旅游资源而言，无疑是省心省力的选择。包价邮轮产品因其运作和实施的便捷性，占据了邮轮市场产品体系的最主要的部分。

（三）旅行社集中采购，使得各项服务成本呈现最优化

包价邮轮产品由于是旅行社或代理商进行批量采购，因此无论是船票本身抑或是附加服务项目等，一般都具有成本优势。这一点也是游客单体自行采购服务项目所不具备的条件。

（四）便于旅行社发挥资源端优势，体现综合的服务品质

由于旅行社附加服务的集中采购，使其在发挥各自的资源端优势的时候更加得心应手。旅行社在产品组合方面会动足脑筋，利用自身的独家资源或者优势资源，提升包价产品的吸引力和性价比，在客户端期望获得高满意度，品牌知名度和美誉度也由此得到加分。

（五）满足常规共性需求，但难以体现个性需求

由于邮轮包价产品针对的客户是十分广泛的消费人群，邮轮本身就是旅游行业所有出游模式中，游客同一时间同一空间聚集规模最大的一种，其产品的设计和制作几乎都是面对大众的，满足大多数的共性需求，但对于个性化、特色化、差异化的产品需求，邮轮包价产品可以发挥的空间并不大。

（六）旅行社或面临更多更繁杂的经营风险

一方面，在制作和设计邮轮包价产品时，采购越多服务资源意味着各类服务中的不确定性叠加，即意味着旅行社端对于整合多资源的邮轮产品会承担越多风险；另一方面，我国出境旅游市场虽然发展迅速，但整体上仍处于初级阶段——行业的法律法规还需完善补全、游客旅游心理真正步入成熟理性亦尚需时日、因此旅行社作为行业中链接上下游的重要纽带也面临着这一类的宏观风险。

三、包价邮轮产品服务流程

（一）采购端

收集优势资源，围绕组合产品的需要，为产品设计端做好最充分的资源储备，博采众长，为我所用。采购端的运作有如下方面需要强调：

（1）遴选符合企业要求，且自身合法经营，资质优秀的服务供应商提供服务，诚信从业，合法经营。

（2）商业合同的签订及商业保险的配备，是采购端进行采购的关键要素，特别是旅游行业中的采购，更应时刻牢记风险管控。

（3）邮轮船票的采购则需要从邮轮公司的品牌美誉度、游客满意度、采购政策有吸引力、成本合理，风险可控且利润可期等角度慎重挑选。

（4）所有资源的采购，都需要围绕包价邮轮产品具有吸引力且为企业创造利润为宗旨。

（二）产品端

充分了解市场，从而满足市场，继而引导市场；实现成本和体验的最佳组合，既要叫好又要叫座；为产品销售端制造最有利的"武器"。产品端的运作有如下方面需要强调：

（1）消费者永远喜欢"物美价廉"，邮轮消费者也不例外，产品设计就是要优化服务组合，找到成本和服务的平衡。

（2）产品设计需要考虑到大多数消费者的需求，一般意义上的邮轮包价产品应该是被大众接受而不是曲高和寡。

（3）邮轮包价产品，从产品设计角度出发是"由简至繁"，即从代理单一船票到增加部分的附加服务使之变得更具有价值和吸引力。从游客体验角度是"化繁为简"，即原先游客需要多点采购，通过旅行社的运营，简化为一站式采购。

（4）运用合理的定价策略，分清楚旅行社自身对邮轮包价产品的诉求到底是什么。追求高渗透率，快速占领市场份额，则应当重视定价的市场切入标准。追求可观的收益，分享市场红利，则应当把握市场走向，争取跨入行业蓝海进行深耕。

（5）无论其目的如何，产品设计必须具备全面分析市场，了解行业动向，评估竞争环境，预判发展走势等综合能力，切不可闭门造车。

（三）销售端

扬产品所长，避产品所短；掌握市场规律，了解消费心理，明确短期目标和长期目标并尽力达成，承担市场培养和引导消费的责任。销售端的运作有如下方面需要强调：

（1）邮轮包价产品既具有邮轮标准服务的共性，也具备多样产品自身的差异特性，优秀的销售必须清晰地了解自家产品的特点，扬长避短，直击客群痛点。

（2）销售端必须掌握市场动向，具备"眼观六路、耳听八方"的敏锐嗅觉，做到知己知彼，百战不殆，敢于竞争，学会竞争。

（3）邮轮作为一个在我国发展历史并不久远但发展趋势呈现井喷的旅游板块，其游客渗透率仍处于较低的水平，消费者诸多消费理念和习惯尚需假以时日方可与欧洲美洲等成熟市场相提并论，因此目前的邮轮销售端还承担着普及邮轮理念，引导理性消费的责任。

（4）销售端本身应具备相当的专业知识，对邮轮产品也应有着正确的理解和认知，"现代邮轮并不仅仅只是交通工具，邮轮本身即是旅游目的地的一部分"，相信这一观点将成为众多成熟邮轮游客的共同认知。

（四）执行端

前端服务（全程领队+当地导游）和后台服务（控舱操作）各自专业化承担各自工作的职责，前后台是对邮轮包价产品品质最具象化的实施者和贯彻者，承担着实现包价邮轮产品愿景的重要责任。执行端的运作有如下方面需要强调：

（1）前端：领队和导游人员，是所有邮轮包价产品设计理念在客端具体实施、并且实施到令游客满意程度的第一要素。优秀的领队和导游不但能够完整执行邮轮包价产品的服务标准，甚至在包价产品出现瑕疵和问题之时，能依靠自身服务技能尽力补足产品的缺陷。应该说，一线的导服人员是服务类商品的核心角色。

（2）后台：控舱人员在处理舱位数量、等级、房型等分配上，必须具有专业的知识和技能，控舱人员必须掌握每个不同邮轮公司的票务系统和操作流程，并且还需要在双方财务流程、境外地接把控、出境名单保险事项、团队分车分团操作、邮轮上对接事项、会务奖励团组安排对接，航空公司对接等，都须具备较为专业的技能。

（3）配合和沟通：在邮轮包价产品的运营过程中，前端与后台应该是相互配合，积极沟通的关系。后台负责制定"作战策略"，完善"后勤保障"；前端负责领取"作战任务"，执行"作战计划"；前后两方步调一致，精诚合作，方能确保任务完美执行。

（4）应急方案：邮轮包价产品跟其他出境游产品一样，都会不可避免地遭遇各种突发事件；后台应该提供切实有效的完整的应急方案，包括高效快速的层级汇报制度、现场应急处理操作手册、邮轮意外保险政策等。而前端服务人员则必须具备足够的安全意识，履行好各类提示的义务，并且拥有处变不惊、沉着冷静的"大心脏"，将突发事件的概率降到最小，一切以出行游客的安全继而满意为所有服务的出发点。

（五）售后端

做好客诉处理，收集客户体验度调查，重视"大数据"分析，为售前售中环节的提升提供数字化依据。售后端的运作有如下方面需要强调：

（1）对于客诉处理，要有专门的部门和人员进行跟进，及时不拖沓。客诉处理要秉持：合法、合情、合理，要"设身处地"，要"换位思考"。

（2）游客满意度的调查，应当受到旅行社的重视；通过抽样调查或全团调查，能非常客观地了解到行程前中后各个环节的服务质量和体验，以便旅行社及邮轮公司发现问题，改善服务。

（3）售后端提供各种大数据分析，越来越成为当前行业领先旅行社十分重视的环节，这些大数据将涉及客户结构、价格体系、市场动向、消费习惯等各方面，为未来的产品改进和销售战略部署提供科学支持。

（4）售后端也承担着重要的"黏着客户"的功能。客户拥有体验过后，售后端应该适时介入，用售后关怀的方式再度加深客户的美好体验；或者通过帮助客人加入会员俱乐部等形式，逐步扩大品牌忠诚客户的群体。

旅行社包船项目工作流程简述

PART. 1 出发前

A. 销售完成后的初期

销售端：1. 按要求收齐签证或登录许可证的材料

2. 完整游客信息须录入系统

3. 应收款项的收取

4. 代理分销合同、游客旅游合同的签订

操作端：1. 收集和保管好有效证件

2. 做好分团分车工作，做好地接任务的下达工作

3. 持证领队的派遣工作

4. 成立包船工作组，分工明确，协同作战

B. 销售完成后的后期

操作端：1. 按邮轮公司的规定时间和格式录入船票，确保正确

2. 制作出团通知书，召开游客说明会

3. 地接准备情况的再确认，与地接书面落实本次接待的注意事项

4. 按时按规定制作并上传中国出境边防名单及境外登陆证名单等

工作组：1. 确认码头和船上等各环节开放时间和码头动线

2. 确定码头集当天领队的办理团队游客船票的流程以及散客办票流程

3. 领队人员出团前的培训交接

4. 工作组任务分工（客户接待组/码头现场组/船方联络组/领队组/应急组）

＊建议制作《包船工作手册》和《游客指南》

PART. 2 登船日

A. 码头分工

1. 安排全体领队处理办票工作，并处理好单独办票游客，要求快速准确

2. 码头组人员承担协助疏导游客工作

3. 总控负责监控游客的流量，确保按时完成登船手续

4. 时刻待命接受各种查询，处理各类应急事件

B. 先行小组首批登船

1. 先行小组通过安检海关边防，并有留守人员在各关口监控流量和处理突发事件

2. 专门人员首批登船，指定位置搭设服务台

3. 先行的邮轮布置工作（如悬挂旗帜、树立易拉宝、张贴提示等工作）

4. 与船方应接人进行对接，时刻与公司总指挥保持流量的汇报

C. 领队召集客人

1. 船票办理完毕后，召集等待客人；安置好早到客人，关注因故晚到客人

2. 客人到来后以最短时间交接证件和物料，并提示安全事项，提醒排队登船

3. 有任何紧急情况（丢失财物、证件错误、临时取消等）须第一时间报备工作组

D. 包船服务台功能

1. 搭建服务台，设立好告示板和备忘录，将每天的重点注意事项清楚展示

2. 领队及工作组负责值班，确保客户的问询有人解答或者接待

3. 服务台需要解决问题，承担上下左右的沟通，还有信息传递驿站的功能

E. 码头留守组

1. 留守组最后登船，全程监控登船进程

2. 负责应急处理，帮助领队进行迟到游客的应接和未到客人船票的处理

3. 负责其他不登船的物料处理

F. 总部留守人员

1. 机动待命，帮助现场的工作组查询信息，帮助拾遗补阙

PART. 3 启航后

A. 与船方代表的工作会议

1. 了解登船人数、航程确认、熟悉船方对应管理层人员

2. 了解船上活动、靠港时间、集合地点等细节

3. 确认双方的对接人代表

4. 确认日报、广播、提示等信息

5. 双方提出相关的要求、原则、和特殊情况的处理方案

B. 领队与游客见面（必要）

1. 领队人员自行与团员约定，开一次碰头会

2. 自我介绍，熟悉情况，告知联系方式及房号

3. 领队有义务再次提醒游客相关的安全事项

4. 如有必要，领队可带领游客进行 ship tour（船体游览）

5. 上门查房或电话查房，解决游客的问题

C. 服务台工作

1. 值班制度，轮流换岗，统一着装、确保服务

2. 协助船方进行通知、告知及其他辅助服务

3. 能马上解决的问题，力求快速解决；不能马上解决的问题，记录在案、约定时间给出解决方案

4. 领队工作布置的指挥中心

5. 体现公司精神面貌、服务意识

6. 有专人处理投诉和意见

D. 领队及工作人员 例会

1. 确保每天一会，指定地点指定时间

2. 沟通全天的工作，反馈各种问题

3. 布置次日的工作，提出要求和注意事项

4. 统一行动，团队意识的提高

5. 一次团队"再学习"的机会

PART. 4　靠港日

A. 确认好团队集合的批次、时间、地点

1. 必须与船方紧密配合，熟练的工作自己操作，不熟练的由船方主导

2. 上下船的"游客流动性"是第一要件

3. 领队明确自己的点位、时间，统领好游客，听从现场指挥

4. 指挥组与地面保持实时沟通，了解流量，避免阻塞

5. 同一场地的不同团组要有序，不同场地的团组要协调

B. 通关、移民、海关等流程的控制

1. 准备好抽查（个人签证、永居、绿卡、其他备注人员）

2. 做好各种违禁物品和注意事项的提示工作

3. 清晰告知游客过移民局的流程（留指纹、照片、登陆许可）

4. 如有放弃岸上观光或者当地离船的游客，做好书面的变更确认并签字

C. 地面接待（地接社）的配合

1. 码头车辆的高效运转方案

2. 专业导游和司机的配备

3. 岸上观光行程，确保完整、不轻易变更、减少（如有变更，须征得全车每一位游客的书面确认，不然涉嫌违法）

4. 严格执行回船时间，切忌迟到

5. 配备当地游览的应急机制（组团社和地接社都要有应急处理人员和方案）

6. 出发和返回，码头必须有工作组人员就位待命

PART. 5 离船日

A. 抵港时间的确认

1. 做好应急预案，应对延误（再度开放活动、用餐、舱房等）

2. 关心当天需要搭乘火车、飞机、汽车离开码头的游客

3. 如发生不可抗力的情况，切记保险条款的充分利用

B. 离船方案

1. 以团队为单位、分批分次集合，并听从指挥，按团下船

2. 预防下船口的拥堵、抢道

3. 领队坚守岗位，分散在集合点，确保离船的有序

C. 先行小组第一批下船

1. 下船后，监控 gangway、边防、海关等环节，随时汇报

2. 行李提取处，建议安排 1-2 名工作人员

D. 服务台及工作组 留守待命

1. 站好最后一班岗

2. 最常见的问题的处理：遗漏物品在船上、证件遗失、账单未清

3. 清理包船物资，材料等，带回公司

知识链接 | 🔍 搜索

邮轮领队、地接导游与岸上观光服务

邮轮领队主要是负责协助游客出发港口的登船手续，船上的活动安排推荐和告知，停靠港口的岸上观光，船上的安全注意事项等主要工作。地接导游主要是带领游客在当地游览，介绍景点，安排岸上行程活动等主要工作。在岸上观光行程过程中，邮轮领队要和地接导游共同配合，才能顺利地完成一天的岸上旅游工作。

通常情况下，邮轮领队带领客人下船后，与地接导游进行交接，核对行程与人数，签字确认，安排客人上大巴进行观光。在整个一天的观光过程中，主要由地接导游与司机、当地景点和购物商场进行联系。由于一条船下来的客人太多，地接社会根据情况将各个大巴分散开来，错峰错时进行当地景点游览和观光。在进行游览过程中，邮轮领队要配合地接导游进行人数清点，行进队伍的整合和疏散，协调处理突发事件，并在当天游览结束后在车上告知客人第二天的安排和注意事项。邮轮领队要积极配合地接导游的工作，在不违反国家法律法规和出境旅游相关规定的前提下，不得与地接导游争吵、谩骂甚至拳脚相加，也不得跟着客人一起对地接社或地接导游进行人身攻击或起哄。

在中国运营的母港邮轮，岸上旅游基本上全部由包船旅行社包揽了，原来船上的旅游部主要起配合作用。通常情况下，船方都会提前一日通过广播或者每天的日志通知客人第二天下船观光的集合时间和集合地点。包船旅行社会每天晚上召开领队会议，由总领队通知第二天的工作流程和注意事项。会议结束后，各个领队会在睡觉前通知自己的客人第二天的集合时间和地点，领队也会在第二天提前十五分钟达到集合点等候客人。

由于一条船上有几千名客人，下船最多只有两个通道开放，因此船方会将客人分散为不同时间不同地点集合。待船方与日韩移民官交接完手续后，每个团队会根据指令由领队带领下船通关。但是，由于最近偷渡客人较多，日本韩国为了加大查询力度，会时不时安排船上面签（手持护照原件进行面试）。当客人下船后，地接社安排的对应的导游会手持团队号码等候在码头，与领队进行行程和客人信息对接后，带领客人上车进行岸上行程游览。在整个半天或一天的岸上观光行程中，地接导游都会跟领队一起配合完满地完成任务。

岸上旅游行程结束后，地接导游会将客人和领队送回至码头，在依次排队上船。在岸上旅游过程中，游客购买免税商品都须出示护照复印件，而在整个上下船的过程中，客人都必须出示船卡，所以客人有义务保证船卡不遗失，一旦丢失，要赶紧通知船方进行补办。

第三节　旅行社包价邮轮产品服务规范

从旅行社和经销商角度考虑，包价邮轮产品服务，从其产品的设计到销售，从其服务的配置到执行，通常可以遵循如下 5 个方面的规范：

一、市场规范

包价邮轮产品的设计和服务，原则上必须紧紧贴合市场瞬息万变的发展。作为服务提供商，所有的包价邮轮产品必须以市场需求为导向，一切以邮轮游客的满意度和体验度为出发点和目的。

举例来说：中国母港的邮轮包价产品，近些年来随着旅行社和邮轮公司的分销渠道不断深入和扩张，越来越多的内陆省市的游客也逐渐热衷于前往沿海城市搭乘邮轮。针对这一市场发展的大趋势，一些旅行社和邮轮公司在原来的基础打包产品上（已含签证/入境登陆许可，含岸上观光，含领队等），又更新推出了诸如包含城际间大交通；包含过夜一晚酒店住宿；包含码头所在城市的一日游/半日游，包含出发当日从住宿酒店、机场、火车站等至码头之间小交通等升级版的打包产品，其目的就是使得更多的非码头城市的游客，能更便利更无后顾之忧地消费邮轮产品。

二、成本规范

作为邮轮产品经营者或者运营商，从企业经营的角度出发，做好成本管理是重要的经营准则之一。包价产品的服务范围不是无限的，包价产品的服务内容也并非都是无偿的，如何发挥各自的采购优势，组成最具有实用效果同时又兼顾成本的产品，是一项十分考验企业资源优势和产品经理组合产品能力的重要工作。

以大众化旅游消费为主体的邮轮包价产品，本质上还是要满足大部分普通邮轮消费者的购买能力、消费习惯和商品认知。因此，成本的优势直接关系着销售价格，也直接关系着销售进度。游客的心理往往期待"多快好省"，经营企业当然也需要"投其所好"。花费最少的经济成本，提供最多的实质服务，这不仅是邮轮包价产品，也是所有旅游行业产品服务的颠扑不破的经营原则。

三、法理规范

所有邮轮包价产品及服务的设计和销售，尤其是在刚刚蓬勃发展的中国邮轮行业的大环境中，经营者和运营商在提供产品和服务的过程中，一定要时刻保有合法经营的概念。

对内而言，中国的出境游尚处于发展阶段，出境游业务亦属于国家部分开放的特许经营范围之列，包括现有的出境游名单报备制度、领队/导游持证人员等管理法规条例、旅行社经营管理条例、我国边防、海关、检验检疫等相关法律等，都属于我国出境旅游从业企业必须遵守的法律法规，邮轮业也不例外。

对外而言，境外港口所在国家/地区的邮轮游客签证办理或入境许可制度、目的地入境机构（边防/海关/移民局等）的检查法规、甚至包括境外国家和地区的治安法条等，也是旅游服务提供商需要重视和遵守的。

以上海母港邮轮为例：截止到 2017 年上半年之规定，凡涉及韩国济州港航线及纯日本港航线，旅行社无须向上海旅游局提交规定格式的中国边防名单表，仅须向日本或韩国的移民机构提供全体邮轮游客的信息总表来制作邮轮登陆许可；然而涉及韩国仁川港或釜山港的航线，旅行社则须制作规定格式的边防名单总表，并按时提交至旅游局审核，同时须向日韩的移民机构提供该名单的影印件并制作邮轮登陆许可。

海外航线里则以北美航线为例：以美国境内港口为起止港，以加勒比海地区岛屿国家为目的地的经典航线产品（东加勒比航线，西加勒比航线，南加勒比航线等）中，包括中国在内的国际邮轮游客，绝大多数仅需要具备个人的有效美国多次往返旅游/商务签证，即可免签登陆上述岛屿国家，无须另外办理港口国家的签证；然而美洲另一条经典航线——阿拉斯加航线，航线中涉及美国和加拿大的港口，虽然两国在北美是毗邻接壤的友邦，两国的国民也互免签证，但是中国游客也必须同时具备美国和加拿大的有效签证，方可以顺利完成该航线，缺一不可。

四、创新规范

旅游行业身处全面竞争环境中，游客不断变化的需求促使旅游服务供应商必须拥有敏锐的洞察力和创新精神。

单邮轮产品的最大特色是服务标准化，每个邮轮品牌对其麾下船只上的餐饮、娱乐、客房、购物等都执行各自的统一标准，且这些服务标准不会因为分销商、代理商的不同而发生变化，因此邮轮包价产品的服务创新，更多地体现在附加服务和产品组合理念上。以上海母港邮轮为例，不少品牌旅行社在提供邮轮包价产品的创新上确实动足脑筋。

"主题航次"是最五彩斑斓和最具有中国特色的邮轮包价产品创新，近年来旅行社大多会通过各自的异业渠道进行资源置换或者资源采购，把"教育学习、养生保健、体育竞技、婚恋交友、艺术养成、家庭亲子、商务论坛、名人网红"等主题元素融入到包价邮轮产品中。这样的主题产品，一方面可以通过优质资源的介入促进产品的销售，另一方面也很大程度上丰富了中国邮轮游客的体验度，形成对旅游企业的良好口碑。

此外，"半定制"小包团形式的邮轮包价产品也开始出现在市场中。例如，众信旅游推出的邮轮产品"MINI-6 尊享服务系列"，其基本内容包括——满足 6 人同时报名邮轮并选择入住两间指定套房家庭房，则可享受①"专属套房礼遇"，即贵宾 vip 通道，优先登船，管家式客房服务，全程免费熨烫洗衣，提供免费 MINI 吧使用一次，早餐专属餐厅用餐；②专车市区接送：免费提供上海市区内环内指定地点专车送至码头，以及返回后送回市区；③专人办理船卡：出发当日抵达码头后，贵宾可直接进入候船大厅由专人办理船票；④抵港优先下船：抵达境外港口后，确保全船首批优先通道下船，无须前往团队场地集合；⑤境外观光包车：日本/韩国两港，6 人专享包车配优秀中文司机服务，单独行程随你定，不跟随普通团队，不指定商店，带您真正感受目的地港口的魅力，观光，美食，购物，真正随心而行；⑥免费 Wi-Fi 赠送：赠送日本、韩国两站地面 Wi-Fi；⑦专享美食礼遇：赠送每位 MINI6 贵宾盛世公主号付费牛排馆用餐一次。此类的小包团形式满足了一部分日渐成熟的中国邮轮客人的需要，它也成为邮轮包价产品的一种个性化补充。

随着上海迪斯尼乐园的开幕，有一些旅行社代理商也开始将迪士尼等主题乐园的项目加入到邮轮包价产品中，当然，包括上海周边的水乡古镇和长三角各旅游资源（大华东、小华东线路）也被适时嫁接到了包价产品中，使得中国更广阔的内陆地区邮轮游客享受到了沿海地区邮轮经济发展的红利，邮轮市场也呈现出更多样化的发展景象。

相关案例　🔍搜索

携程旅行网预订某邮轮产品页面中可选附加服务内容页面

可选附加服务

【船上支付】史德林牛排馆牛扒晚餐预约服务（第二天18：00，免费预约）	+¥0/份	查看详情
【船上支付】史德林牛排馆牛扒晚餐预约服务（第五天18：00，免费预约）	+¥0/份	查看详情
【船上支付】史德林牛排馆牛扒晚餐预约服务（第六天18：00，免费预约）	+¥0/份	查看详情
【船上支付】萨巴蒂尼意式晚餐预约服务（第一天18：00，免费预约）	+¥0/份	查看详情
【船上支付】萨巴蒂尼意式晚餐预约服务（第二天18：00，免费预约）	+¥0/份	查看详情
【船上支付】萨巴蒂尼意式晚餐预约服务（第三天18：00，免费预约）	+¥0/份	查看详情
【船上支付】萨巴蒂尼意式晚餐预约服务（第四天18：00，免费预约）	+¥0/份	查看详情
【船上支付】萨巴蒂尼意式晚餐预约服务（第五天18：00，免费预约）	+¥0/份	查看详情
【船上支付】萨巴蒂尼意式晚餐预约服务（第六天18：00，免费预约）	+¥0/份	查看详情
【船上支付】萨巴蒂尼意式午餐预约服务（第二天12：00，免费预约）	+¥0/份	查看详情
【船上支付】萨巴蒂尼意式午餐预约服务（第六天12：00，免费预约）	+¥0/份	查看详情
9元购邮轮环保袋	+¥9/份	查看详情
岸上wifi（7天6晚单日本）	+¥60/份	查看详情
到码头就累了，我要先歇歇	+¥259/份	查看详情
码头酒店住宿+短接驳（大床）	+¥289/份	查看详情

码头酒店住宿+短接驳（双床）	+¥289/份	查看详情
捷足先登，上船就要这么爽	+¥299/份	查看详情
精品酒店住宿（双床）+码头贵宾厅（DOOR TO DOOR）	+¥780/份	查看详情
精品酒店住宿（大床）+码头贵宾厅（DOOR TO DOOR）	+¥780/份	查看详情
邮轮情侣/闺蜜写真B套餐（三组成团）	+¥4800/份	查看详情
邮轮浪漫婚纱摄影B套餐（三组成团）	+¥5800/份	查看详情

五、安全规范

任何包价邮轮产品的服务，归根到底的最基本要求是安全。旅游需要是人类满足了基本生存和安全需要后产生的更高一级的需求，如果安全得不到保证，那么旅游需求将不复存在。

旅行社在采购附加产品和服务的时候，必须时刻保持最基本的采购原则，即供应商是守法、安全、负责并且有承担能力的合作伙伴，其中包括车辆意外保险，企业商业保险，持证的职业人员，食品安全的餐厅，良好的财务状况等，都需要在采购的时候进行严格遴选，并且签订对等条件的供应商协议，确保在法律保障之下建立商业关系。

此外，邮轮消费者在出游过程中具备相关的意外保险，对游客和旅行社双方而言，均是非常必要的保障。近年来邮轮行业的不断发展，目前在上海地区的保险供应商，针对邮轮游客已制作出了匹配度较高的邮轮旅游意外保险险种，为众多邮轮游客提供了多一份贴合的保障计划。旅行社也通过常年来不断地对游客进行保险意识的灌输和影响，使得邮轮保险覆盖面大幅度提升，从而在面对诸多意外情况或突发状况时（诸如台风迷雾潮汐等天气情况导致的靠港延误、靠港取消、靠港变更；游客在邮轮上或者靠岸后观光时的突发疾病、事故、财物损失等），通过第三方担保的方式，降低了企业可能承担的不必要的风险。

知识链接 🔍搜索

"船票+"模式

一、"船票+"模式的含义

"船票+"是"邮轮船票+旅行附加服务"，"船票+"模式即旅行社除了售卖船票以外，同时提供及售卖其他附加服务产品的经营模式。游客在出行前后及行程中会有各式各样附带的或个性化的需求，例如外地游客往返港口城市及当地接驳的交通、住宿需求，游览国家的通信需求，邮轮上收费餐厅及活动的提前预订等。

若旅行社能充分利用整合资源，制作成符合游客需求的产品，那么不仅能提升游客对整个旅行体验的满意度，同时也能够创造出新的利润增长点。

二、OTA 附加服务产品的展示

客户的需求各不相同，从而附加服务产品的品类也是纷繁复杂。传统旅行社在口口相传的销售过程中，需捕捉和分析客户需求时，难免会相对被动及有所缺漏。互联网旅游企业的优势便是可以通过大数据分析游客的关注点，置前洞察及提炼游客的需求，从而将产品直观有序地展示在网站上。这样不仅能够引导和挖掘游客自己的细分需求，同时配合销售人员的推荐和解释，从而达到高效及精准的服务效果。

（一）船上硬件设施的展示

游客在选择哪一条邮轮时，需要事先了解每条船上娱乐场所的活动内容、餐厅的菜单及菜品照片。特别是在选择自己所住的舱房时，大到房间和阳台的面积、房间的格局，小到房间内是否有热水壶、牙膏牙刷、一次性拖鞋都需要了解。套房有怎样的特别礼遇，管家是否提供 24 小时服务等。

如携程旅行社，为每一艘邮轮制作了 POI（"Point of Interest" 的缩写）网页。内容除了舱房介绍、甲板导航，常见问题答疑等，甚至展示了以往乘坐过该邮轮游客所写的游记。

过去，游客只能通过海报、单页来了解产品，而现在互联网实现了存储和展示大量的照片、视频。随着 VR 技术的不断进步，今后游客可以戴上眼镜，360°全方位地看遍整个船。

（二）自选房号

通过互联网和手机，买电影票可以选最佳观影席，买机票可以选座位号。同样，邮轮也是可以选择自己心仪的楼层、房间号，行动不变的游客可以选择无障碍房，甚至多间房的相邻及两间房的门对门。

（三）岸上游览

1. 升级岸上游览的展示和售卖

相对邮轮本身而言，中国游客同样甚至更加注重旅游目的地。根据大数据显示，单个的目的（如首尔一地 5 天）不如多个目的（如济州+首尔 5 天）热卖；单国多目的地（如济州+釜山 5 天）不如多国多目的地（济州+长崎）受欢迎。

近年来，由于较多旅行社出于利润最大化的考虑，不断使得"低劣"（××店+××景点外观）岸上游览的同质化日益严重。2016 年一季度，皇家邮轮的一项游客满意度调查显示，尽管对邮轮旅游本身的满意度超过 95%，但岸上游满意度仅为 70.3%。

目的地中最具代表性的景点在邮轮岸上游览行程中渐渐消失，如济州岛的城山日出峰，福冈的天神商业区，长崎的哥拉巴园等。同时，原来全天的行程中为客人提供一顿具有当地特色的午餐也除去了。

用一套行程应对每班三四千人的需求显然是不可能满足的。美食探索、历史人文、亲子娱乐、"血拼"纯购等，不同年龄层次、文化层次、收入层次客人的需求都具有极大差异。根据携程邮轮

2016 年包船、切舱航次的数据表明，旺季有 61.09% 的游客加钱购买了升级的岸上游览，即使在非旺季也有 42.07% 的游客选择了升级岸上游览。

2. 小团及包车产品

除了常规 40 多人的团队以外，有特别需求的游客可以通过网站选择三两个家庭组成 10 多人的精致小团。单个家庭独立出行也可以选择 5 座的轿车、7~12 座的商务车等，车上司机都会中文讲解，费用根据用车的时长计算。

3. 自由行产品

2016 年 4 月，携程邮轮宣布与日本当地政府、港口、商业团体、岸上地接社等合作，以日本福冈为试点推出邮轮自由行，同年其又推出了济州、首尔的自由行产品。最大程度上满足了有能力且渴望在当地自由行的客户群体。

4. 旅行服务

（1）往返邮轮港的交通、住宿及休息服务。随着邮轮产业的高速发展，邮轮港口的配套服务也不断丰富和完善。以上海吴淞国际邮轮码头为例，每天有往返市内大交通枢纽（机场、火车站）、周边城市的大巴服务；同时在码头附近也提供了精选酒店、贵宾厅休息及优先登船快速通道的产品服务。这些大量的咨询都能够通过互联网直观、准确地传递给游客。

（2）岸上 Wi-Fi 设备的租赁

智能手机及数码产品的普及，使得游客时刻需要互联网通信设备分享旅行中的体验。游客可以在网站预订船票的同时预订 Wi-Fi 设备，出行当天在港口出发大厅交接。

在产品的展示中需要告知客人设备的交接地点、使用及性能说明、押金情况，还有取消将如何收取损失费。

（四）保险服务

销售旅游产品时旅行社需强烈建议游客购买旅游意外保险。特别是邮轮产品极易受到天气的影响，最终导致延误、更改、取消港口。携程旅行网根据不同的理赔金额标准，制定了普通型 105 元起、经典型 130 元起和尊贵型 195 元起三种邮轮保险，而购买比例是普通型 33.92%，经典型 63.03%，尊贵型 3.05%，进一步说明了大多数的游客并不满足于单一的标准化产品。

（五）海外购物需求

购物是旅游活动中必不可少的环节，而邮轮停靠的时间有限使得游客观光和购物很难兼得。倘若在出发前通过网站选购商品，到了目的地尽情游览，商品在回到港口时便可由供应商打包送往。

第四节　旅行社长线邮轮打包产品服务流程和规范

长线邮轮打包产品较之于母港邮轮打包产品，最显著的区别有如下三点：

一、目的地远程化

游客通常须前往远离本地或本国的港口登船。这其中不仅会涉及洲际段、国际段和内陆段的大交通（航空、轮渡、铁路或者巴士等），还涉及前往邮轮起始港国家的签证以及邮轮停靠港口所在国的签证或入境许可。

二、产品构成综合化

在登船前或者下船后，旅行社产品经理考虑到产品的丰富度，会增添适当的目的地国家和地区的陆地观光，以便游客在有限的时间内，不负千里迢迢的路途，更多地饱览异国异地的风景。而这一点，也恰是长线邮轮打包产品的特色——"一次远行，海陆空全体验"。

三、服务高标准化

购买长线邮轮打包产品的游客，在体验邮轮部分的行程中通常会处在国际化语言环境中。目前尚有许多海外邮轮在服务中未配备中文人员或中文提示等。因此，目前在长线邮轮打包产品中，非常倚重的角色是随团领队，该人员尤其在邮轮体验部分，会承担起团队游客组织活动、讲解翻译、答疑解难等工作，解决沟通问题并同时做好服务工作。

长线邮轮打包产品的服务流程在邮轮部分，与母港邮轮基本类同，包括登船办票、行李托运、救生演习、邮轮上的食住游购娱、下岸观光、离船手续和消费结算等环节，流程和规则等大同小异，都属于国际化标准的运作范畴。长线邮轮打包产品在其服务流程和规范上，着重需要注意以下几点：

（一）出发前

1. 签证/入境许可

长线邮轮打包产品相对综合化的构成，决定了产品本身对于游客具备的签证要求较高。举例来说：常规的欧洲地中海邮轮打包产品，对于游客申根签证的要求必须是二次或多次往返的类型，传统飞机班适用的单次申根签证无法登船；加勒比海的常规航线，游客只需要具备美国多次往返签证即可进入诸多加勒比岛国落地游览；英国+欧洲的航线除了申根国家签证之外，英国签证（英国非申根协议国家）也是必需的；阿拉斯加航线通常必须具备美国、加拿大双签证；新马泰越菲等东南亚航线的部分港口，通常可以在抵达港口时，通过码头的移民柜台现场办理简便的落地签证；另外在部分涉及非洲国家或中东地区等航线上，除了进入港口国家的有效签证以外，还有一部分国家要求国际游客在入境时提供《国际预防接种证书》（俗称检疫黄皮书）。[①]

2. 国际机票/境外内陆段机票的采购

在长线邮轮打包产品的设计上，跟船票一样重要的是国际机票；首先，国际机票尤其是团队机票，有较为严苛的开票率要求（通常在80%~95%间）和定金风险，这一点就与采购团队船票的开票率和定金风险构成了长线邮轮打包产品"双定风险"。正因为这一点，目前市场上自主采购、设计和营销长线打包产品的旅行社都是较具实力的大社，他们通常具备足够的经验和市场判断力来精心选择紧贴市场的资源，同样也具备一定的"家底"来应对"双定风险"。其次，国际机票和境外内陆段机票必须与邮轮行程做合理的衔接，正如在母港邮轮产品解析中说的那样，旅行社往往会安排游客在登船日的前一天就抵达港口城市，尽量避免当天进行长途旅程，尽可能降低因突发状况（如航班延误取消、车辆抛锚等）而导致的误船情况发生。最后需要提醒的是，目前我国的出境旅游操作运营中，国际国内段的团队机票，通常是以团队形式开具的往返程联票，因此游客如果因某种原因，临时放弃了其中的一段机票行程，那么他名下后续的所有机票行程（一程或多程）会一并自动取消，视作no show（未按约定出现）。

（二）行程中

1. 领队服务

如前所述，长线邮轮打包产品对领队人员的工作技能和服务水平要求较高，因为在此类产品中，领队承担着"领"兼"导"的双重责任。在陆地游的部分（包含上船前和下船后的陆地观光以及邮轮停靠港口的观光接待），领队需要按照要求积极配合和监督当地地陪导游和司机的工作，共同确保行程的顺利和服务的到位；在邮轮游的部分，领队本身独自带团，在海外邮轮上尽力使大多数游客没有距离感的进行游玩，帮助他们做好任何需要沟通和协调的事项，并做好提示和告知等服务工作，随时应急处理紧急事件等。举例而言，在我国海外邮轮业务发展较早的台湾地区，有不少出色的海外邮轮领队除了具备过硬的语言能力和带团经验以外，早些年出团，他们甚至会将打印机、电饭

---

① 黄皮书是指世界卫生组织为了保障入出国（边）境人员的人身健康，防止危害严重的传染病，通过入出国（边）境的人员、交通工具、货物等传染和扩散而要求提供的一项预防接种证明。英文名：International Certificate of Vaccination

锅、急救包等物件随团携带。其中，携带打印机是领队为了帮助客人更好地参与船上活动，将每天的英语邮轮日报翻译成中文并打印成册发放给客人。而为了满足客人中式餐食的需要，领队们将电饭锅携带上船，烹煮一些中式餐点供贵宾享用，一解饕餮之思。当然，随着中国乃至亚洲的邮轮客人越来越多地出现在全世界各个邮轮上，现在许多邮轮公司也都纷纷考量了来自东方游客的需求，中文的文本资料和应接，中式的餐饮和活动安排等都陆续完善起来。

2. 岸上观光

长线邮轮打包产品的邮轮靠岸观光一般有三种运营方式：①游客自行购买邮轮提供的岸上观光，这类岸上观光一般由船方安排和组织，采用邮轮上预订付费并且散拼成团的方式，其内容较为符合西方游客的游览习惯，较多的是远足健步、访古寻踪、亲近自然等。这种岸上观光方式，一方面是内容形式的西式化，另一方面讲解导览基本都是外语主导。少部分中国游客适用此类岸上游形式。②游客出发前，选择由中国组团社设计安排的自组岸上游观光套餐，此类套餐一般是中国旅行社利用其当地的中文接待资源，定制一套符合中国游客特色和游览习惯的岸上观光，全程中文导览或者中文翻译导览。选择这样的套餐，需要在出发前将此选项费用与团费一并支付，到达各个港口后由随船领队和地面导游共同组织安排游览。这类行程的优势在于最大程度地满足中国游客对邮轮抵达港口的人文、历史、地理、风俗的求知欲，并且将交通、观光、餐食等元素考虑在内，游客本人则不用再操心各种要件的安排，包价旅游的特色一览无遗。③游客既不选择邮轮上的付费观光，也不预订组团社的定制观光，到达港口目的地后进行纯粹的"自由行"，这通常在以海岛或小镇为目的地港口的航线中比较多见，游客更多的是带着一种度假休闲的闲逸心情来进行邮轮旅游。

（三）行程后

1. 离船和离境手续

长线邮轮的离船手续和母港邮轮类似，均需要结算邮轮上的消费，游客可以使用信用卡或以指定货币现金的方式结算。需要注意的是，在邮轮上购买的商品通常是免税品性质的，因此理论上不存在退税环节。而长线邮轮产品在最后离境的口岸，特别要注意退税环节，尤其在欧洲地区，游客可以选择在最终一站的离境口岸退取现金（支付一定比例的手续费后直接领取），或者选择国际信用卡退款结算（手续费率较低但到账周期较长）；但在北美地区，基本没有国际游客购物退税的政策，因此不存在这一环节。当然，也有类似母港邮轮停靠日本港口，日本本地商场和购物中心依照本国税务和海关的优待政策，可以直接在购物场所退取税金，无须在离境口岸的机场或码头进行该环节，这也是随着邮轮产业快速发展后才产生的特别政策，相信以后会有更多的国家和地区参考实施该政策，以刺激邮轮游客在本国本地的消费。

2. 消签环节

长线邮轮打包产品和常规的境外飞机团一样，涉及部分国家的团队签证需要整团返回后消签的环节。目前，涉及欧洲申根国家团队旅游签证的产品需要在返回后将护照原件和返程登机牌原件收集并交由签证签发领馆进行备案消签的手续，这也是中国出境游发展中较为特殊的工作流程。其余地区的签证，包括美国、加拿大、东南亚、澳洲等，均没有消签环节的设置。长线邮轮打包产品的游客和组团旅行社，需要对消签政策有明确的了解和重视，否则很有可能影响游客个人将来的签证申请。

综上，长线邮轮打包产品总体上是结合了邮轮产品和长线常规旅游产品的特点，对目前以团队游为主的中国旅游市场中而言，是一种较为考验旅行社产品采购设计能力和综合服务能力的打包产品。当然随着中国邮轮市场的蓬勃发展，长线邮轮打包产品将随着家门口的母港邮轮产业迅猛发展而得到一个广泛的邮轮群众基础，其发展前景值得拭目以待。

第五章

邮轮旅游产品的营销及渠道分销

邮轮旅游产品的营销和渠道分销相辅相成，是邮轮旅游产品销售的关键。无论是营销推广还是分销渠道的建立，目的都是为增加邮轮产品的吸引力，最终提高销量，即邮轮的满舱率。邮轮旅游产品营销方式主要分为：广告投放、公关传播、数字营销和线下活动等。

分销渠道是商品和服务从生产者向消费者转移的过程。旅游产品销售渠道是连接旅游产品提供者与目标顾客的桥梁，它指旅游产品从旅游生产企业向旅游者转移所经过的路径。旅游企业通过建立销售网络系统开拓旅游市场，现代化的销售网络系统需要满足高效、畅通、经济、合理等要点，是旅游企业达成产品销售、实现企业盈利的重要途径。旅游产品分销渠道按照销售环节可以分为直接销售渠道和间接销售渠道。

直接销售渠道，是指旅游产品不通过中间商，旅游产品生产者直接把旅游产品销售给旅游者的销售渠道，两者之间不存在任何中间环节，又称为零层次渠道。直接销售渠道是一种产销结合的销售方式，其优点主要表现在简便、及时、灵活、附加值高和利润较高等方面；不足主要是覆盖面窄，只适合在本地或其他主要客源地使用，影响力相对较小。

间接分销渠道，是指旅游产品生产者借助中间商将其产品最终转移到消费者手中的途径。间接分销渠道在实际运用中主要包括两种形式：通过旅游零售商或代理商向游客销售产品和通过旅游批发商或经营商向旅客销售产品。间接分销渠道的优势表现为针对性强、覆盖面广和销售量大等，不足主要是销售成本高。按中间环节的多少，间接分销渠道又可分为一级渠道、二级渠道、三级渠道等类型，其中，有两个或两个以上中间商的营销渠道统称为多级营销渠道。

旅游产品分销渠道按照销售方式可以分为线下销售和线上销售：①线下销售，是对应于线上销售而言的概念，即通过传统渠道进行的销售。主要的推广销售方式包括旅行社门店销售、社区售卖、路演、电话销售、直接邮递宣传册等资料，纸媒、电台、电视等传统媒体广告，站台广告、大牌广告等。②线上销售，是伴随着互联网发展而诞生的新概念，是借助互联网各渠道进行的销售。主要的推广销售方式包括：网站营销，微博、微信、APP 等新媒体营销，在谷歌、百度等上购买关键字的搜索排名，发 E-mail 等。

第一节　邮轮旅游产品市场推广

1960 年，美国市场营销专家麦卡锡（E. J. McCarthy）教授在人们营销实践的基础上，提出了著名的 4PS 营销策略组合理论。科特勒在 1967 年出版的《营销管理：分析、规划和控制》（第 1 版）中，确认了 4PS 营销组合要素模型。4PS 营销组合理论得到广泛的传播和引用，成为几乎所有营销课程的理论基础。

产品（Product）：注重开发功能，要求产品有独特的卖点，把产品的功能诉求放在第一位。

价格（Price）：根据不同的市场定位，制定不同的价格策略，产品的定价依据是企业的品牌战略，注重品牌的含金量。

促销（Promotion）：企业注重利用销售行为的改变来刺激消费者，以短期的行为（如让利、买一送一、营销现场气氛等）促成消费的增长，吸引其他品牌的消费者或促使消费者提前消费来促进销售的增长。

分销（Place）：企业并不直接面对消费者，而是注重经销商的培育和销售网络的建立，企业与消费者的联系是通过分销商来进行的。

4PS 营销理论提出以来，对市场营销理论和实践产生了深刻的影响，被营销经理们奉为营销理论中的经典。如何实现最佳营销组合，也是公司市场营销的基本运营原则。市场推广的关键板块可以分为：广告投放，公关传播，数字营销，线下活动和渠道支持。

一、邮轮公司的推广

邮轮公司在开始市场推广以前，首先要了解自己品牌的定位。以"诺唯真"为例，"喜悦"号进入中国市场以前经过分析和讨论，将品牌定位为"海上头等舱"，突出了品牌与产品在定位上的差异化，锁定市场推广的目标为：一是支持合作伙伴的销售，二是打造"诺唯真"品牌的影响力。

（一）广告投放

邮轮公司明确了自身的品牌定位后，需要基于其品牌定位策划制作宣传广告，同一时期的广告推广通常是根据市场情况围绕一定的宣传主题而开展的，广告投放是邮轮公司向消费者传达品牌理念、介绍邮轮产品的重要手段。邮轮公司广告的主要目的是扩大品牌知名度，树立品牌形象，部分注重直销的邮轮公司也会通过广告针对具体航次产品进行营销。

邮轮公司在进行广告投放前会设计制作多种多样的广告宣传品以应用于不同的广告媒介上的投放，主要有平面广告、广告宣传片、动态页面广告等。根据传播性质、传播媒介的不同，广告投放的方式有以下几种：①通过纸媒等印刷媒介投放广告，即通过报纸、杂志、海报、宣传单实现广告投放；②通过电子媒介投放广告，即通过广播电台、电视（网络电视）、电影等传播载体进行广告投放；③通过户外媒介投放广告。指的是利用路牌，大厦外墙，小区、写字楼的电梯 LED 屏，出租车、公交、地铁等交通工具，码头、机场、火车站及公交、地铁站台等投放广告；④通过通讯媒介投放广告。以邮寄宣传册、电话、电子邮件、短信等方式将广告直接投放给特定的组织或个人；⑤销售现场投放广告，在旅行社门店、展销会、社区售卖点等销售现场通过易拉宝、横幅、展板、产品手册等进行广告投放；⑥通过互联网等数字媒介投放广告，随着科技发展，广告可投放的媒介越来越多，在互联网环境下，只要有流量，各类网站、自媒体账号、社交平台、直播平台、APP 应用等均可成为广告投放的途径。

在品牌知名度较低的市场推广初期，邮轮公司较多选择使用传统的电视广告，网络电视广告，广播及平面媒体广告打知名度。配合有针对性的户外广告推广，可以增加代理旅行社的信心。在知名度声量变大以后，邮轮公司可以考虑将更多资源投放在线上渠道，比如社交媒体的资源投放和内容维护。为保证广告投放效果，邮轮公司往往还会利用搜索引擎实现广告的引流。总体而言，广告投放并不是在单一渠道进行的，也不是品牌推广的唯一方式，广告投放是多渠道进行品牌整体营销的一部分。

一大波诺唯真喜悦号广告投放袭来！

继诺唯真喜悦号王力宏平面广告和电视广告曝光后，诺唯真喜悦号游轮将于本月正式启动第一轮广告投放计划。

此轮广告旨在面向广大消费者，推广诺唯真喜悦号的"海上头等舱"体验。广告投放地域涵盖上海、北京、天津、杭州、南京、无锡、武汉等城市，投放平台包括电视、视频网站广告，楼宇液晶、机场媒体，平面媒体，电影院映前广告以及电台等，投放周期为两个月。

本次广告投放内容主要有三种形式，分别是：

1. 诺唯真喜悦号"游轮教父"王力宏主视觉平面广告

2. 诺唯真喜悦号"游轮教父"王力宏电台广告
3. 诺唯真喜悦号"游轮教父"王力宏主电视广告宣传片

具体广告投放安排

①电视广告：上海电视台4大频道（12月至次年1月广告投放）

②视频网站：优酷、土豆、PPS、爱奇艺、腾讯视频（12月至次年1月广告投放）

③楼宇液晶：（12月至次年1月广告投放）

④机场媒体：（12月至次年1月广告投放）

⑤平面媒体：周末画报（12月至次年1月广告投放）

⑥电影院：（12月至次年1月广告投放）

⑦电台：（12月至次年1月广告投放）

⑧数字营销

除上述外，在社交媒体方面，我们还陆续推出王力宏主题和新年主题的H5推广活动，并在微信公众号、朋友圈、微博投放广告，同时邀请各行业和地区的社交媒体意见领袖中撰写文章，推广诺唯真游轮和喜悦号。

（案例来源：诺唯真邮轮旅业资讯 http://mp.weixin.qq.com/s/sTyaoa87fQqzLdyQYIk-pw）

（二）公关传播

公关传播在市场推广的所有板块中属于比较软性的类型。从媒体渠道而言，传统的纸质媒体比重逐渐下降，取而代之是各类线上媒体资源以及门户网站等，流量非常可观。邮轮公司在选择媒体合作时，需要多方面考虑媒体的类型。覆盖的媒体可以包括旅游媒体、生活方式媒体、时尚与潮流媒体、财经媒体、航空媒体等。

1. 新闻稿

与媒体的良性互动需要长期的接触和培养。最简单的就是及时更新并提供公关新闻稿，让媒体对品牌形成长期稳固的认知与了解，有利于今后长篇报道或采访时的基本素材积累。

2. 媒体体验

除了常规的新闻通稿，邮轮行业区别于其他行业的一项非常有利的条件就是可以为媒体提供切身感受的媒体体验之旅。以诺唯真邮轮公司为例，在喜悦号到来中国以前，就组织了数次境外媒体体验团，登上诺唯真集团海外的邮轮，让媒体真实感受到诺唯真的产品，从餐饮、服务、娱乐等多方面，详细报道邮轮行的体验。从消费者的角度，综合考量产品的亮点和优势。在旅行社开始售卖以前，就为消费者市场打开了声量，助力代理商的分销，进一步强化品牌的推广力度。

3. 餐会及发布会

媒体餐会及新闻发布会，是让品牌高层与媒体编辑面对面接触的最好的形式。通过一起商务午餐或问答的环节，让媒体深入了解品牌管理层面的想法与公司的发展历史和未来展望。一般情况，可以借此机会邀约一些影响力较大的媒体进行高层专访，产出更深刻的报道，从广泛的软文中脱颖而出。需要注意的是，品牌的公关部门需要把握采访的大方向及产出文章的论调，以免造成品牌形象塑造上的偏差。

（三）数字营销

以前的邮轮市场推广，在数字营销方面只要对网站进行管理和维护就大功告成。但随着社交媒体的蓬勃发展，数字营销的范围扩展到微博、微信、知乎、豆瓣等社交和内容平台。哪里有流量，哪里就是市场推广的阵地。数字营销的重心已经早早迁移到了以社交媒体为主的内容维护和流量采买上。

1. 建立邮轮官方网站

整个世界因为互联网拉近了彼此竞争的距离，IT 行业的品牌价值能量毋庸置疑。如今企业以自身品牌吸引顾客，网站作为品牌形象的重要载体已经越来越得到重视。用设计满足顾客期待，是稳固品牌的核心竞争力的主要手段之一。

图 5-1　公主邮轮中国官网电脑端首页

资料来源：http：//www.princesschina.com/

图 5-2　歌诗达邮轮中国官网
中文网站移动端首页

资料来源：http：//www.costachina.com

邮轮官方网站是邮轮公司进行线上品牌宣传的重要平台，承载了品牌形象和销售导流或预订的功能，其主页是邮轮公司展示邮轮产品的窗口，也是进行广告宣传的最佳途径。同业伙伴需要在网站上搜索下载邮轮品牌的相关素材，比如最新的图片、视频、广告片、新闻稿等，用在分销渠道的市场宣传上。普通游客会通过网站了解到品牌资讯、规划未来假期，以及基本的邮轮出行的常见问题等。通常，邮轮公司为了扩大品牌宣传的声量，会通过 SEM 等付费的搜索引擎优化竞价购买关键词，将流量源源不断地引导到官网。网站再通过内容、设计、促销等信息，让流量尽可能久地停留在网站上，做到市场推广的效果。如果邮轮公司已经开放直销模式，网站就是直销的主要渠道。直销功能对网站的要求更高更复杂。后台需要与收益操作系统对接，实时调取库存及价格信息。还需要接入线上的支付模块，如银联、支付宝等。前端更是需要明了的价格政策宣传，结合美观的设计，吸引客人在平台直接下单。网站需要适应电脑版和移动版的自适应切换，或干脆建立两个版本，因为有数据显示，如今的线上流量80%通过移动端实现，移动网站不容小视。

2. 微信营销

微信是一种非常强大的客户关系管理工具，通过微信可以在营销过程中将沟通、互动、服务融为一体，随着微信支付功能的开发，其市场营销价值越发提高。在微信营销中，邮轮企业可以利用微信平台实现与客户的点对点营销，并吸引用户使用分享功能在朋友圈中传播推广信息，由于微信朋友圈具有个人社会网络同质性的特点，朋友圈分享的信息能有效传递入目标细分市场。

账号类型	订阅号		服务号	
业务介绍	为媒体和个人提供一种新的信息传播方式，构建与读者之间更好的沟通与管理模式		给企业和组织提供更强大的服务与用户管理能力，帮助企业搭建全新的公众号服务平台。	
适用人群	适用于个人和组织		不适用于个人	
功能权限	普通订阅号	微信认证订阅号	普通订阅号	微信认证订阅号
消息直接显示在好友对话列表中			✓	✓
消息显示在"订阅号"文件夹中	✓	✓		
每天可以群发1条消息	✓	✓		
每天可以群发4条消息			✓	✓
无限制群发				
保密消息禁止转发				
关注时验证身份				
基本的消息接收/回复接口	✓	✓	✓	✓
聊天界面底部，自定义菜单	✓	✓	✓	✓
定制应用				
高级接口能力		部分支持		✓
微信支付——商户功能		部分支持		✓

图 5-3　订阅号与服务号的区别

资料来源：腾讯客服 https://kf.qq.com/faq/120911VrYVrA130805byM32u.html

微信于2011年面世之后，用户数量不断攀升，据比达网统计，微信2017年2月的月活跃用户数量超过7亿。面对如此庞大的用户群体，邮轮公司均积极利用微信开展品牌及产品的宣传推广活动。以歌诗达邮轮公司为例，2013年1月，歌诗达邮轮企业微信开始运营，平均2~3天发布一次公司的新闻及促销信息，如2013年3月15日，歌诗达邮轮公司通过微信平台发布了由著名演员高圆圆担任歌诗达邮轮公司在中国大陆地区的品牌形象大使的新闻。

微信营销往往是基于公众号开展，微信的公众号分为三类：订阅号、服务号、企业号，除了企业号是面向账号企业内部人员的移动办公管理系统以外，其余订阅号和服务号均可被邮轮企业使用以开展营销。邮轮企业在设立公众号时需要根据自身需求结合公众号特点进行开设。

如图 5-3 所示，订阅号与服务号的直观区别是订阅号推送的消息将归入"订阅号"文件夹显示，在用户订阅较多账号时，订阅号的消息很可能淹没于订阅号文件夹中，而服务号的推送的消息直接显示在好友对话列表中，更容易被关注者发现。然而订阅号在群发消息上有着更大的优势，每天即推送一次消息，对于有时效性的消息能够做到及时推送，而服务号则每月仅能推送四次消息，用户需要对推送的消息更注重品质优化。另一个隐性的区别在于服务号相较订阅号而言有着更大的开发空间，服务号可以通过高级接口链接其他第三方功能应用，为用户提供各种服务，而订阅号则在接口上有所限制。本质上来看，订阅号更具有媒体属性，而服务号侧重于提供交互服务。

在实际操作中，邮轮公司通常根据不同的营销目的开设多个公众号。如公主邮轮公司开设了两个官方服务号——"公主邮轮旅行大师"和"公主邮轮看世界"，前者用于介绍中国母港航线并提供咨询预订等服务，而后者的定位则是公主邮轮海外航线咨询平台。此外公主邮轮还开设了一个订阅号"公主邮轮资讯速递"用于实时发布公主邮轮的新闻，属于新闻发布平台，可以看出这三个公众号分工明确、各有侧重，帮助公主邮轮全方位地通过微信平台开展推广营销。随着微信平台对订阅号接口的部分支持，一些邮轮企业在开设公众号时更青睐订阅号，如诺唯真游轮公司开设了两个订阅号："诺唯真邮轮旅业资讯"侧重新闻发布及同业支持，主要应用于 B2B 的宣传；而"诺唯真游轮"则侧重产品介绍及促销资讯，主要应用于 B2C 的宣传，订阅号的实时性可满足新进市场的诺唯真游轮开展密集宣传的需求。皇家加勒比游轮公司则通过一个官方服务号"皇家加勒比游轮"及两个官方订阅号"皇家加勒比游轮旅业快讯""皇家加勒比游轮惠"全面开展营销服务。

3. 微博营销

微博营销是利用微博平台实现推广信息的传播的一种营销方式，与微信朋友圈的熟人社交网络不同，微博平台上的用户关系更加开放，不论相识与否用户都可以选择关注任何感兴趣的博主，微博消息也是全平台开放阅读的，这使得微博在营销中更偏向于媒体平台性质，同时微博开放的评论转发功能亦使得粉丝更乐于参与互动及促成二次宣传，这是其他媒体所难以达到的。

邮轮公司以微博作为平台推广邮轮产品，先是要确定以邮轮产品定位为基础的微博，根据邮轮产品的目标市场，设定专属的微博头像，一般为邮轮公司 LOGO，保持头像色调和邮轮公司色调的一致性。设置微博名称与邮轮品牌相符。同时设置邮轮产品最新的优惠，邮轮公司官方网站的网址等。在设置好邮轮官方微博之后就是发展粉丝数量，只有一定量的粉丝数才是进行微博营销的前提。

邮轮公司在微博营销初期可以将热门话题作为切入点进行推广，这样可以在微博用户搜索感兴趣的话题吸引其关注，继而使其成为粉丝，随着粉丝数增长，邮轮公司可以根据粉丝的兴趣自行策划话题，如介绍旅游目的地、各个国家独特风土人情、邮轮旅游趣事等，或是组织抽奖鼓励粉丝转发评论吸引更多的粉丝。此外，话题中如能结合营销计划，吸引拥有海量粉丝的微博大 V 们的推介，则带来的粉丝效应将更为显著。

我们可以发现目前几大邮轮公司均很看重官方微博的经营，截至 2017 年 4 月，公主邮轮微博有近 27 万粉丝，皇家加勒比游轮微博有近 24 万粉丝，歌诗达邮轮微博有超过 16 万粉丝，2017 年强势进入中国市场的诺唯真邮轮其官方微博也已有了超过 6 万粉丝。

图 5-4　公主邮轮微博主页

资料来源：http：//weibo. com/princesscruises？ refer_ flag＝1001030101_ &is_ hot＝1

如图 5-4 为公主邮轮微博主页，我们可以看到公主邮轮微博通过相册、视频全方位地进行公主邮轮的宣传展示，同时微博营销上利用其庞大的明星顾问团的粉丝影响力进行推广，仅 2017 年 4 月 4 日田亮发布的一条女儿在盛世公主上玩耍的照片，微博就收获了 17 万多的点赞及 5000 多的评论，所起到的宣传作用不可谓不强大。

4. 企业 APP 营销

APP 营销是通过特制手机、社区、SNS 等平台上运行的应用程序来开展营销活动。APP 是英文 Application 的简称，由于 iPhone 等智能手机的流行，APP 一般指智能手机的第三方应用程序。比较著名的 APP 商店有 Apple 的 iTunes 商店，Android 的 Android Market，诺基亚的 Ovi store，还有 Blackberry 用户的 BlackBerry App World，以及微软的应用商城。

随着无线网络的发展，智能手机和 iPad 等移动终端设备得等到了极大地普及，人们越来越习惯于使用移动终端设备随时随地上网，各类 APP 客户端由于其便利性也受到人们青睐。目前已有邮轮公司推出了自己的 APP 客户端，如歌诗达邮轮公司分别于 2013年 1 月 18 日和 3 月 31 日先后在安卓平台和 IOS 平台推出了 iCosta 应用，该应用以更新航线和 EDM 促销为主，同时包含邮轮游记和第三方活动信息。

图 5-5　歌诗达邮轮公司的 iCosta 应用界面

企业 APP 的开展具有成本低，用户使用持续性好，信息展示全面，服务及时，精准营销，空间限制小，以及互动性强等优点。

（四）线下活动

邮轮市场的线下活动主要分为 B2B 和 B2C 两个方向。

B2B 的线下活动：主要是邮轮公司针对代理旅行社之间定期举办的全国性路演活动/培训会等，着重在旅业间进行品牌推广/产品介绍/市场计划的公布等内容的宣传，扩大邮轮公司在旅业的知名度及影响力。在邮轮公司进入中国市场初期，B2B 的路演形式被广泛运用并收到很好的效果。随着公司品牌及产品在市场上的认可度的提高，B2B的线下活动会逐渐转向产品及销售技巧的培训会，进一步加深同业对邮轮产品的认知，帮助代理旅行社售卖。

B2C 的线下活动：邮轮产品在经过代理旅行社的分销渠道后，最终需要抵达终端消费者，因此邮轮公司会结合代理旅行社，举办直面终端客户的线下活动。通常这样的落地活动会在大型商场或者高端商务楼、社区等地点展开。邮轮公司以自己的产品亮点作为现场布置，用自己的品牌及产品特色吸引人流，代理旅行社负责与参与活动的直客沟通具体的邮轮线路、促销价格、后续跟进联系的方式等。邮轮公司与代理旅行社相结合的 B2C 线下活动，既能有效在直客中推广邮轮公司的品牌，又能推动代理旅行社接触更多客源，增加成单的可能性。

（五）渠道支持

邮轮公司一般会在以下两方面给予旅行社以支持。

1. 多层次的人员培训

高质量的服务是邮轮旅游的内在要求，邮轮旅游相较之普通团队旅游其复杂程度也非常高。旅行社员工对邮轮产品的熟悉程度，对客户消费能力的判断以及对邮轮旅行的经验，精确推荐客户需要的产品，是做到优质服务的基本条件。

基于此，邮轮公司在新船投放时，会针对旅行社不同层次的人员给予针对性的培训：①针对旅行社高层，邮轮公司将会组织邮轮参观、新船下水活动和 FAM Trip 等考察活动；②针对产品设计和调配，邮轮公司将会根据时间和航线计划，安排组织旅行社内部员工特价考察、产品培训和线上培训等；③针对门店、一线销售人员，邮轮公司也会有针对性地组织旅行社内部员工特价考察、销售培训和现场培训。

2. 共建良性生态

邮轮公司已经与旅行社建立起良好的合作模式，形成良好的行业生态闭环。邮轮公司在行业链中，负责产品和资源、品牌推广、远程服务、产品和操作培训，旅行社则主攻渠道和客户、产品推广、一线服务和售前服务、终端和销售培训。双方将在消费者展会、广告投放和线下推介会等方面展开良好的合作。

二、旅行社的推广

不同于邮轮公司在推广活动中更侧重于品牌形象的建立，旅行社在开展推广宣传时的目的更偏重于带来销售，即吸引消费者关注促使其完成最终订购。旅行社通常都有着成熟的营销推广渠道，对于邮轮产品的推广往往配合促销活动一起开展，在推广活动中也更侧重分众营销，在推广中所树立的品牌形象也是专业服务，如上港邮轮旅行社推广的服务品牌为"您身边的邮轮旅行专家"，其最终目的也是为了吸引消费者前来咨询预订。

旅行社在开展推广时要考虑的是如何制定推广策略，即如何运用现有资源及市场经费最大限度地将宣传信息传递给目标消费者以达到期望销售。对此，需要结合最终销售目标，甄选出主要邮轮旅游产品作为推广营销的重点，并围绕航次销售计划开展设计推广活动。总体而言，旅行社的推广方式与邮轮公司一样有着广告投放、公关传播、数字营销、线下活动这四种方式。

（一）旅行社的广告投放及公关传播

旅行社的广告投放及公关传播在渠道上与邮轮公司并无太大差异，只是由于推广目的的差异在宣传内容上有所不同。虽然邮轮公司在宣传品上通常都会给予旅行社支持，但在具体推广中，旅行社更注重的是宣传具体航次产品的核心卖点及自身所提供的销售服务的专业性与可靠性。在广告投放的渠道上也会比邮轮公司推广更加多的使用电子邮件、短信等通信媒介将广告直接投放给消费者，实现点对点营销。

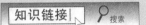

电子邮件营销的七大技巧

（1）突出产品特色。游客没有那么多时间去阅读非常繁杂的东西，所以发送给游客的邮件要突出产品的特色，包括航线的挂靠、岸上观光时间和线路的安排、价格优惠等。值得注意的是，邮件传递给游客的特色信息不能纷繁复杂，要做到一封邮件只包含一个主题，否则会影响游客判断。

（2）突显产品价格。相对于面对面报价，通过 E-mail 报价相当被动，发出的邮件无法改变，又无法探听到竞争者的价格状况，你更不可能看顾客的反应灵活报价。如今互联网非常开放，游客很容易在网上搜寻到同类产品的供应信息，从而对比各家的价格，如果报价偏高，是很难争取到客户的。所以，为顾客提供最优质的产品、最低廉的价格才是取得销售成功的唯一法宝。

（3）合理利用节假日促销。针对游客节假日的强烈出行愿望，邮轮公司经常推出诱人的促销活动，此时运用 EDM 推广节假日的邮轮促销产品是比较理想的时机。这里要提醒的是，要根据游客的类型合理地推荐节假日产品。如果您的客户大多是男性，而今天又不是情人节、母亲节或其他法定假期，那么客户不会对您所谓的节日或庆典感兴趣。

（4）尽量使用小的图片而不是大的。如果必须使用图片，尽量选择使用尺寸小的图片，大的图片会导致很长下载时间，而且会将重要信息掩盖掉。如果您觉得大图片是必要的，可以在邮件后面链接一个网址。

（5）发送之前先进行发送测试。即使这个邮件在您的电脑上看起来非常棒，您测试发送一下，看您的格式是否在其他电脑上一样，这样避免发送格式变了的邮件。

（6）在邮件中要包含一个电话号码和网站。邮件中留下电话号码和网站信息主要是鼓励游客发现问题及时打电话咨询或关注网站信息，这样能给人您的办公室大门永远敞开的印象。

（7）将自己定义为邮轮销售专家。这是营销中很重要的一点，游客都希望专业的销售人员为自己提供邮轮旅游产品咨询，所以尽量找几个途径让游客意识到您具有很强的邮轮销售资质。

（二）旅行社的数字营销

如果说邮轮公司的数字营销更多的在于产品推广，那么旅行社的数字营销则更加体现出推广、销售一体化的特点，这一点已在 OTA 的蓬勃发展中完美体现。由于网络的便利性、实时性，消费者在看到广告的第一时间起就可以马上通过互联网完成产品的咨询订购，旅行社在开展数字营销的时候更重视互动性与服务性。

1. 旅行社网站

不论是 OTA 网站还是传统旅行社网站，在建立网站时对其的定位目标即是实现销售，因此旅行社网站必然与强大的后台管理系统相关联，功能性的要求比邮轮公司网站更高。而在开展营销方面，旅行社通过主页广告吸引消费者点击了解产品，并能在网站上对相关航线产品、邮轮品牌、促销信息进行全面展示，同时旅行社网站也会开立游记攻略板块，鼓励顾客分享旅游体验，吸引他人订购。

2. 微信公众号平台维护

移动端是目前最方便快捷的渠道，微信作为几亿用户的交流工具是必不可少的推广平台，所以维系微信公众号是旅行社转化、吸收该平台客户的重要途径。

旅行社通过开发微信公众平台，将公司品牌形象融入微信公众号中，让消费者对邮轮公司品牌和旅行社活动的认识更加生动深刻。日常微信公众号发布量至少保证每周2～3篇，诸如软文、特价信息、业内新闻、微信活动等丰富多彩的发布内容，让微信公众号更具备信服力，同时配合线下活动（邮轮博览会扫码、旅游推介会等）有效地提升粉丝量，吸引越来越多的粉丝关注微信公众号，有了第一批粉丝后需要策划活动提高用户黏度，发展成口碑营销，逐步扩大粉丝数和受众，推广企业品牌和产品服务。

3. 微网站维护

微网站是直接面向客户的查询平台，客户可以手机登录微网站查询航线信息和价格、邮轮介绍、游玩攻略等信息并给出购买联系方式，本质上来讲微网站是电脑端网站主页的移动端化。在实际营销中，微网站的建立普遍服务于微信营销，旅行社的微信公众号通常会通过接口关联至微网站，通过微网站实现更全面的产品展示并引导消费者进入购买流程。微网站网页版式的设计、模块的增减和数据信息的更新给游客带来出行便利；微网站线上的抽奖活动，也会吸引粉丝的积极参与，对公司品牌宣传起到一定的作用。上港邮轮旅行的微网站即是如此，微信订阅号"上港邮轮邮游通"的关注者在收到推送消息广告后可以通过点击航次查询跳转至邮游通官网微网站，邮游通官网上可以查询到相关产品的全面信息，有助引导消费者进行最终消费购买。

图 5-6　上港邮轮微信订阅号及微网站界面

（三）旅行社的线下活动

1. 通过社区宣传、展销会等开展推广

社区宣传是旅行社走近目标消费者群体进行面对面宣传推广的方式，通过社区宣传可以有效地对目标群体开展营销。展销会也是旅行社推广邮轮旅游产品的一大渠道，前

往展销会的消费者通常对于旅游有着较大兴趣，甚至有一些对于邮轮旅游已有了一定了解，这使得他们选择邮轮产品的可能性更高，然而对于专业性的要求同样也更高，因此旅行社在选择展销会推广时候更加需要注重产品特色和服务的专业性。

2. 结合线下合作商以及集团公司平台进行推广

旅行社可以与线下合作商进行互推合作，在合作商平台上推广邮轮旅游产品；还可以结合本集团公司里面的平台进行推广，例如：集团旗下的推广平台中，可以植入旅行社邮轮产品内容广告；在酒店客房里，可以放置旅行社的邮轮产品宣传册。

3. 举办线下推广活动

旅行社可以开展蜜月游、亲子游、孝心游等体验活动，或者邮轮旅游主题摄影展、亲子邮轮课堂、体验中心参观等邮轮主题活动，甚至也可以将茶文化、瓷器鉴赏等与邮轮结合起来开展各色主题活动，在活动中对邮轮品牌和邮轮产品进行传播和推广。

第二节　邮轮旅游产品销售体系

一、邮轮旅游产品价值链

邮轮产品价值链不同于邮轮产业链。邮轮产业链是以邮轮为核心，以旅游为具体内容，上下游及周边产业涉及船舶制造、交通运输、港口服务、船舶供应、游览观光、餐饮、酒店、银行保险、房地产等众多高就业、高附加值、低能耗的行业。而狭义上的邮轮产品价值链是指邮轮产品从邮轮公司销售到客户过程中的资金走向。通过邮轮旅游产品价值链可以清楚地看出国内与国际邮轮市场的不同营销模式的本质。

（一）价值链构成

邮轮旅游产品的价值链中，涉及如下主体：分别是邮轮公司、邮轮/旅游运营商、旅行社和最终消费客户。

邮轮公司，是邮轮产品的最终提供者、船舶营运人。国外邮轮产品定价标准由邮轮公司决定。邮轮/旅游运营商，类似于国内的"组团社"，提供打包旅游产品；或者是批发商，通过买断等方式采购大量邮轮舱位，再在市场上分销。

价值链中所提及的旅行社不同于国内"旅行社"的概念，主要是船票销售代理。核

心是"代理"，不承担主要法律责任。邮轮旅游产品价值链基于国际和国内两种不同的
销售模式，有以下两种现金流方式：

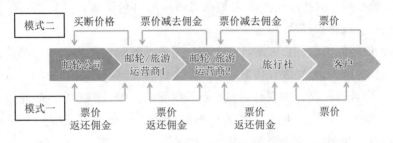

图 5-7　邮轮旅游产品价值链的现金流方式

在国际常规销售模式下（如图 5-7 模式一），邮轮公司是邮轮产品的提供者和价格
的制定者，无论对于邮轮/旅游运营商还是旅行社来说，船票价格是稳定的，并且票款
最终是给到邮轮公司的，而邮轮/旅游运营商和旅行社赚取的仅是邮轮公司的返佣，旅
行社只是作为邮轮产品的代理，如果发生任何争议，旅行社并不承担责任。

在中国特色销售模式下（如图 5-7 模式二），包船/切舱模式使得我国邮轮营销渠道
变异，邮轮/旅游运营商性质产生变化，他们拥有产品的所有权，拥有产品包装改造的
权利，和根据市场需求对邮轮产品进行动态定价的权利。包船/切舱模式改变了邮轮产
品的销售模式，邮轮/旅游运营商在营销渠道中的地位提升，由以前的船票代理商上升
为邮轮旅游产品的设计者和包装者。在此种模式下，旅游客户购买的邮轮产品价格不再
是邮轮公司制定的，而是邮轮/旅游运营商制定的，邮轮/旅游运营商从邮轮公司手中包
船/切舱后，再为自己制定的含岸上游的打包产品重新定价，分销给同行旅行社，旅行
社收到游客船票款后，将扣除自己的佣金部分的余款支付给邮轮/旅游运营商。

（二）各方义务与责任

邮轮公司是邮轮产品的最终提供者、船舶营运人，负责船员管理、邮轮上的住宿、
餐饮和娱乐项目。船舶运营，通常情况下还包括航线制定、船票价格制定、岸上游组织
等。对于邮轮公司来说，为保证邮轮定期满载出航，他们必须要争取旅行社的支持，不
断地提高定舱及舱位管理系统，提供旅行社培训及资格证书项目，同时不主动开展直接
销售业务。邮轮公司还需要设计销售增长的奖励机制，同时保证佣金水平。最后提供超
过游客预期的产品。

邮轮/旅游运营商负责打包邮轮产品，除销售邮轮船票外，还需要负责游客离港前
和离港后的旅游、邮轮岸上游、以及办理签证等业务。对于邮轮/旅游运营商来说，签

订包船、切舱合同需要承担一次性或者季节性销售存量的风险，但是风险也与收益共存。同时，他们需要为特殊顾客群体、协会、俱乐部等制订计划，为公司制订奖励计划。邮轮/旅游运营商通常会将邮轮产品与其他旅游产品打包销售，可以通过旅行社开拓市场，也可以通过自己的零售网络进行分销。

旅行社作为价值链的末端，负责游客的招徕，需要了解邮轮产品，参与邮轮公司及行业内的培训，通过打电话、发放宣传册等方式，为游客提供与邮轮相关的全方面咨询服务，以向游客提供合理建议，为有兴趣的客户保留舱位，向包船方或者邮轮公司预订船舱，为游客购买旅游保险等。航程后做好客户信息反馈，将信息提交邮轮公司。

在邮轮产品销售过程中，主要牵涉三对重要的法律关系：邮轮公司与游客之间存在合同关系，旅行社与邮轮公司之间就船票销售存在委托代理合同关系，旅行社还就自身提供的旅游服务同游客之间存在旅游合同关系。根据我国《旅行社条例》的规定："外商投资旅行社不得经营中国内地居民出境旅游业务"的规定，则在国内的邮轮销售业务必须有旅行社的参与，使得理清三者之间的关系显得更为重要。

1. 船票直销方式下的关系

相比与包船、切舱的销售方式，船票直销下的三方关系较为明晰。邮轮公司向游客直接销售邮轮产品，并通过提供船票确定法律关系。当遇到不可抗力、变更航线、取消航线、擅自变更舱位等问题时，游客可以直接凭船票向邮轮公司追究法律责任。

2. 包船、切舱方式下的关系

（1）旅行社与游客之间的旅游合同关系。在中国的邮轮市场中，游客如果想购买邮轮产品，一般是从旅行社或者其他线上代理商（如携程网、芒果网、驴妈妈等）处购买。而作为承销方的各旅行社必须按照要求同游客签订旅游合同，具体版本以《上海市出境旅游合同示范文本》为准，另辅以出团通知书、行程说明、安全须知等。旅行社与游客之间成立独立的旅游合同，旅行社应根据由上述多份文件构成的合同中所约定的内容，向游客提供相应的旅游服务。

（2）邮轮公司与旅行社的委托代理合同关系。按照国际惯例，根据邮轮公司提供的其与旅行社之间的协议范本，该协议名称为《邮轮船票销售协议》或《旅行社代理协议》，一般均约定由旅行社代理邮轮公司向游客销售船票，邮轮公司根据旅行社的销售情况向其支付佣金。从上述合同的主要权利义务上看，邮轮公司与旅行社之间存在销售委托代理关系。

（3）邮轮公司与游客的合同关系。游客虽然是通过旅行社签订了旅游合同，但是邮轮公司最终是通过邮轮船票与游客确立关系，该合同关系自邮轮公司向游客交付船票起成立，船票的形式可以是电子的也可以是纸质的，船票为邮轮公司与游客之间合同关系成立的凭证。除邮轮船票以外，各邮轮公司还均通过登轮手册或网站告知等形式，发布详细的船票合同以明确承运人与游客之间的权利义务关系，如歌诗达邮轮、丽星邮轮等邮轮公司即在其官方网站上发布船票合同。

二、邮轮旅游产品分销渠道

邮轮船票销售主要分为直销和承销两种方式。在实践中，这两种销售方式又存在进一步细分，如下图所示，承销又包括代销和包销两种形式。其中，船票直销是在国外邮轮市场上普遍采用的销售方式。而在中国邮轮市场中，船票销售主要采取承销的形式。在中国邮轮市场的发展初期，邮轮公司曾采取过代销的方式销售船票，这也是国际常规的销售模式，在这种模式下，旅行社根据邮轮公司给予的舱位数量，按照邮轮公司制定的价格进行船票代理销售，完成船票销售后，旅行社收取一定的佣金。对于没有售完的船票，旅行社可以在约定时间内交回船公司，不同船公司允许退还的船票比例不一（一般为20%左右）。

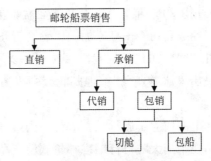

图 5-8　邮轮船票销售方式

在中国邮轮市场的发展中，邮轮船票的销售形成了中国特色的包销方式，随着包销模式的日趋成熟，逐渐取代了船票代销。包销在国内外船票销售市场中都占有比较大的比重，2004年数据显示，95%的客舱均委托旅行社代为出售；2011~2012年，邮轮行业对旅行社的依赖程度更高，根据CLIA的调查，北美邮轮企业所销售的船票中有80%以上是通过旅行社销售的，而且近年来这一比例基本稳定。实务中，包销又可以进一步细分为切舱和包船两种方式。

（一）邮轮公司直销

邮轮公司直销是邮轮公司作为邮轮产品的提供者直接向旅客进行销售。可以为邮轮公司节约佣金，但同时增加员工成本，但是邮轮公司需自己承担保证满舱率的风险，这也可能会影响与旅行代理商之间的关系，无论从国际惯例，还是从国内实操情况来看，邮轮公司直销在邮轮产品销售中的占比都非常小，在10%~20%。

1. 经营资质

目前，我国邮轮旅游受交通部门与旅游部门的双重管理，不同的邮轮公司根据在我国所处的经营地位不同，其销售资质也有所不同。从法律规定上，邮轮公司在华的设立可以有以下几种方式：第一种情况是设立外资邮轮公司（包括独资或合资）；第二种情况是设立分公司；第三种情况是设立船务公司；第四种情况是设立代表处。在设立外资邮轮公司情况下，自然也允许设立邮轮船务公司。目前，国外邮轮公司在我国的经营机构主要是船务公司和代表处。代表处本身没有业务经营资质，只允许产品推广、市场调研、技术交流等业务，尤其不具备销售船票的资质。经批准的独资船务公司可为其母公司拥有或经营的船舶提供揽客、出具客票、结算运费和签订服务合同等服务，即可以向游客销售邮轮产品。

2011年11月，歌诗达邮轮在上海设立歌诗达邮轮船务（上海）有限公司，这是我国首家外商独资邮轮船务公司。2013年5月，经交通运输部同意，皇家加勒比游轮有限公司获准在沪设立外商独资船务公司——皇家加勒比游轮船务（中国）有限公司。这两者都属于第三种情况。除此以外，虽然根据我国《旅行社条例》的规定："外商投资旅行社不得经营中国内地居民出境旅游业务"，但邮轮公司也通过特批或者成立合资旅行社的方式进入中国，丽星邮轮（现云顶香港）早在2004年7月，经国家商务部特批，获得国家旅游局许可证，在上海成立了旅行社，成为中国第三家外商独资旅行社。这可以说是拉开了国外邮轮公司在中国大陆自行销售邮轮旅游产品的序幕。地中海邮轮也于2009年与上港集团合资，成立了地中海邮轮旅行社，具有出境游资质，以销售其长线邮轮产品。

2. 直销方式

从全球邮轮行业来看，直销在整个邮轮产品销售占比都较低，特别是在新兴市场，由于游客对邮轮产品的接受程度较低，会更加依赖于旅行社，进行较为全面的咨询。直销的销售方式主要有：

（1）人员推销。它是指邮轮公司通过委派销售人员，直接上门向团体组织推销邮轮产品。这是一种比较传统的直接销售方式，比如接洽MICE团。

（2）直接邮寄。邮轮公司通过直接向团体组织或个人寄送产品目录或宣传品推销产品。

（3）电话营销。它包括向内和向外两种方式。向内电话营销，是指邮轮公司通过公布 400 等免费电话，吸引邮轮旅游者使用电话查询或预订产品；向外营销，是指邮轮公司销售人员通过电话劝说团体组织购买其产品。

（4）现场销售。邮轮公司通过参加展会、组织路演等形式，进行宣传推广，增强其购买的欲望，促成交易。

通过国际成熟邮轮市场的发展历史可以发现，邮轮销售模式会随着邮轮市场规模的发展而日趋多元化。这一规律也适用于中国邮轮市场，近年来包船模式在中国市场占据极大份额，而随着邮轮市场的发展，市场容量不断扩大，邮轮公司与旅行社已意识到包船模式的局限性并不断探索更加多元化的合作，相信今后在中国直销的比例会有所增长，但通过中间商销售将仍会是主角。

（二）旅行社分销

旅行社分销是相对于邮轮公司直销的一种概念，又可以称为旅行社船票承销，指的是邮轮公司聘请旅行社帮助其完成船票销售的销售方式。实践中承销又分为代销和包销两种方式。

1. 旅行社船票代销

旅行社船票代销是指旅行代理商（主要为旅行社）通过与邮轮公司签订船票委托代理销售合同，从邮轮公司预订一定数量舱位后代为销售的做法，完成销售后，旅行代理商可根据销售数量按照一定比例获取佣金。

图 5-9　船票代销关系

资料来源：根据邮轮市场调研整理

代销与包销均系邮轮公司委托旅行代理商进行代理销售的方式；包销与代销不同的是，包销往往是通过包舱或包船的方式进行，为了能够完成包销任务，旅行社可以自行制定销售价格，自行承担未销售完的船票损失。而代销仅仅对订购的舱位数量负责，一般按照约定价格进行销售，采取收取佣金的方式以获取利润。而且在船票销售业绩不好时，还可以在约定的最后期限前将未售完的船票退还给邮轮公司，由邮轮公司完成后续销售。

2. 旅行社船票包销

船票包销，是指旅行社在开始销售船票之前即与邮轮公司议定舱位购买价格，通过预付定金买断整艘邮轮的所有或部分舱位，在这种方式下，邮轮公司会要求旅行社在约定的时间内完成船票销售，并且由旅行社承担保证邮轮满舱率的责任和风险。一般而言，旅行社在买断舱位后会根据市场需求及自身资源设计打造邮轮旅游产品并进行定价，产品打包售卖的不仅是船票还有岸上游、签证、领队等其他服务。船票产品化后，旅行社在自行销售的同时也会通过其他旅行社售卖。

包销又可细分为切舱和包船两种形式。根据买断的比例不同，包船又分为半包船、大切舱等不同形式；半包船（Half Charter Sailing）顾名思义指的是邮轮公司提前将一半舱位以买断形式售出，大切舱（Mega Group）则是指提前以买断形式售出的舱位超过50%而不足100%。切舱是几家旅游中间商联合进行的邮轮包船。目前，邮轮市场内主要采取包船的方式进行船票销售，但是需要注意的是，在包船的情况下，旅行社赚取的不再是佣金，而是船票买卖中的差价。在实务中，邮轮公司对于包船的旅行社会给予一个折扣价，而旅行社售出的价格是结合自身邮轮旅游产品成本以邮轮公司开出的指导价为基准上下波动，在不同的时间段以不同的结算价出售。旅行社所赚取的，就是从邮轮公司购买船票时的折扣价附加邮轮旅游产品其他成本后形成的成本价和最终售出产品的结算价之间的差价。

早前，国际邮轮市场上并无旅行社大规模包船，所指的包船为"企业包船"，即某艘邮轮的某个航次被某一家企业买断，而买断该航次的企业通常也并不是为了通过再次销售船票盈利，而是将邮轮作为活动场地，邀请客户或是员工登轮参加活动，一定程度上而言，包船的企业即是消费者。而中国市场的包船中，买断舱位的旅行社通过打包售卖邮轮旅游产品谋取利润，这一包船模式是以中国邮轮市场的特殊性为土壤而诞生的中国特色包船模式，不可否认的是，它的出现推动了近年来中国邮轮业的高速发展。

实际操作中，中国特色包船模式的基本流程如下：

（1）招标，每年的一定时期邮轮公司会规划好旗下邮轮次年乃至第三年的航线、航期安排，并根据市场估算出每舱位的期望价格，这一信息将会公布给各大旅行社。

（2）竞标与谈判，旅行社在规定时间内就意向航次向邮轮公司竞标并谈判。

（3）签订包船合同，根据竞标结果，旅行社与邮轮公司签订包船合同。

（4）按合同支付定金及后续款项，旅行社需要按照合同约定的时间向邮轮公司支付订舱费用及后续款项。

（5）打造邮轮旅游产品，旅行社根据所购航线、航期打造包含船票、签证、领队、岸上游等服务的邮轮旅游产品。

（6）揽客销售，旅行社根据市场制订销售计划并进行销售。

（7）确认及付款，在航次出发前的规定时间内，旅行社需要在邮轮公司系统中完成游客信息的上报及舱房的确认，并付清尾款。

在包船模式下，邮轮公司通常会在包船合同中约定最低满舱率，如开航规定时间前旅行社的销售不能保证足够多的旅客登轮，邮轮公司将向其收取一笔罚金，以弥补缺失客人带来的船上消费的损失。另外，由于旅行社在销售邮轮旅游产品时打包了自己的岸上游产品，往往还需向邮轮公司支付一定的团队管理费（岸上罚金）。这一模式中，中国游客通过与旅行社签订旅游合同以团队的方式出游，并不直接面对邮轮公司。可以说大部分中国出境游消费者的消费习惯也是促成包船模式兴旺发展的一大因素，他们一向所熟悉的即是跟团游，对于旅行社也远比邮轮公司更熟悉，旅行社的推介能有效地使消费者接受并尝试邮轮旅游，带动邮轮市场发展。

当前中国邮轮产业格局是国外邮轮品牌主导中游邮轮经营，向产业链下游输出邮轮产品，国内旅游企业主要集中从事邮轮船票和邮轮旅游产品的销售业务，包船和切舱是其经销邮轮产品的主要模式。这种模式鼓励旅游中间商销售邮轮产品的积极性，同时也使得原有的邮轮市场竞争主体由邮轮公司转变为旅游中间商之间的竞争。

三、邮轮公司与旅行社的关系

无论是哪种销售模式，用鱼和水的关系来形容邮轮公司与旅行社的关系都不为过。国际上，主要是邮轮公司自有渠道加旅行社代销模式，旅行社代销比例在70%左右，邮轮公司自销在30%左右；而国内主要是中间商的包船、切舱的集中销售模式，根据调查，2013～2015年包船、切舱销售比例在90%以上，无论销售方式如何，可以说，邮轮旅游与旅行社之间的共生体系已完全确立。

1. 邮轮公司依赖旅行社

（1）包船、切舱旅行社拥有雄厚的可支配资金。豪华邮轮包船所需要动用的资金以千万元计。中国母港出发的邮轮普遍比较大，以一条能容纳3000人的豪华邮轮为例，包一个航次的资金总计在1000万～2000万元人民币。包船极大地减轻了邮轮公司的销售压力，邮轮市场竞争已变成旅游中间商，即旅行社之间的竞争。

（2）旅行社拥有强大的销售网络渠道和能力。对于邮轮公司、总代理来说，自己开拓面面俱到的销售网络几乎不可能，或者成本太高。据调查，要支持一艘邮轮的运营，一般需要区域内200家旅行社的支持。邮轮公司可以通过旅行社的销售网络，快速完成分销渠道的本土化，迅速融入市场。邮轮销售十分复杂，销售代理有足够的时间与客户交流，精炼他们的选择，从而完成销售。

（3）运营组织操作能力。每一个包船航次动辄就要接待 1000~4900 名游客。如果以 40 名游客委派一名领队计，那就相当于要同时指派 25~125 位领队接待 25~125 个团队，其操作管理难度和工作量可想而知，而一些目的地如果需要签证或其他额外证件（比如台湾），那会更加增加工作量。所以旅行社强大的运营组织操作能力，为邮轮公司节省了巨大的人力物力。

2. 旅行社愿意支持邮轮公司

从包船旅行社角度来说，对于包船模式也是乐于接受的：

（1）理论上可以获得相对更多的利润。由于包船旅行社从邮轮公司购买船票享有折扣价，而售出邮轮旅游产品时旅行社可根据市场情况定价，所以通过包船，旅行社理论上可以实现获取相对代销佣金而言更加丰厚的利润。然而事实上的风险远远大于理论上的收益，包船旅行社普遍亏损，这已让部分旅行社退出包船行列。

（2）掌控资源和价格体系。包船商可以在包船航次中完全掌控产品价格，从源头上减少竞争对手，规避由此带来的价格竞争及渠道冲突。

（3）邮轮产品差异性。现有的包船商通常是大型旅行社，他们的优势在于产品设计及强大的直客渠道。通过包船，旅行社可以更灵活有效地利用邮轮设施设备及自有资源打造特色产品，有力提升旅行社品牌价值。

（4）短期内快速提升营业额，提高市场占有率。这一点对 OTA 电商（在线旅行社）或者以上市为目标的旅行社来说尤其具有吸引力，因为包船是最好的快速提升营业额和市场占有率的方式。OTA 或者欲包装上市的企业以营业额的上升来提升估值，而后在股票市场享受股价升值的回报，并不直接追求利润，甚至包船造成巨额亏损也在所不惜。

第三节　邮轮旅游产品线上和线下 B2C 销售

自中国邮轮市场发展以来，由于邮轮旅游涉及旅客出入境，邮轮产品的 B2C 销售往往是以"邮轮包价旅游产品"的方式进行，即打包邮轮船票（含邮轮运输及相应客房和餐饮服务）、岸上游、签证和领队等服务进行销售。在中国邮轮市场基本由国外邮轮公司垄断的情况下，国外邮轮公司由于缺乏所必需的带客出入境资质而不能向我国消费者直接销售邮轮旅游打包产品，只能借助国内旅行社的平台，因此，邮轮旅游产品的 B2C 销售一直高度依赖于旅行社。除了传统旅行社外，随着互联网的迅猛发展，在线旅行社（OTA）应运而生，邮轮旅游产品的销售也随之分为线上与线下销售。

线上销售是基于电子商务的新型销售方式，邮轮旅游产品的线上 B2C 销售中，旅行社通过主页、电邮、微博、微信、APP 等各类网络营销平台进行邮轮旅游产品的推广展示，消费者通过线上销售平台实现邮轮旅游产品的网上购买。

线下销售则是相对线上销售而言的概念，即通过传统渠道进行的销售，旅行社通过电话销售、线下活动、直接邮递宣传册等资料、传统媒体广告等方式开展宣传推广，消费者通过前往旅行社门店问询、签约实现产品的购买。

值得注意的是，随着"互联网+"概念的兴起，传统旅行社近年来也在积极利用互联网开展线上销售；而为了弥补体验度的不足及拓展线下渠道，OTA 们在发展线上销售的同时也在布局线下门店，可以说未来的邮轮旅游产品销售中线上线下的销售相辅相成、缺一不可。

一、邮轮旅游产品的线下 B2C 销售

线下销售作为传统销售方式一直占据着邮轮旅游产品销售市场的多数份额，虽然近年来线上销售发展迅猛，根据比达咨询《2016 年中国邮轮市场研究报告》，2016 年中国邮轮市场收入依然有约 60% 来自线下。在中国邮轮市场发展初期，线下销售是邮轮旅游产品销售的主要方式，并在邮轮旅游产品的销售中起到了重要作用，由于消费者对邮轮旅游产品并不熟悉，而线下销售可以与顾客有更密集地互动、讲解，通过面对面服务，由专业旅游顾问提供旅游产品和信息，让产品得到更多的认可，由此普及推广邮轮旅游产品，引领消费者对邮轮旅游有了初步的接触与了解。随着中国邮轮市场逐渐发展，邮轮公司不断推进邮轮本土化，语言问题已不再成为船上体验的障碍，由于邮轮旅游高舒适度、高品质、有充分的医疗保障等特点，邮轮旅游被更多的年长消费者了解并接受，这一庞大的消费群体所熟悉与偏好的无疑是线下销售，线下销售依然会在未来占据举足轻重的地位。

（一）邮轮旅游产品销售流程

1. 了解客户需求

进行邮轮销售工作的首要前提是了解邮轮产品和邮轮乘客的需求，即要完成资源和需求的对接。在这个前提之下，邮轮销售人员首先必须全面深入地了解所销售的邮轮资源的内容。邮轮产品的特点因不同公司、不同邮轮和不同航线而异，在目前的中国市场中，综合说来各特点的重要性由重到轻排列应该为邮轮船舶、邮轮航线和邮轮公司。在

这里，销售人员一定要着重把握邮轮产品作为一种旅游度假产品的核心要素——即邮轮船舶本身的特点。消费趋势显示，越来越多的消费者更倾向于选择一艘好的邮轮而不是邮轮航线。

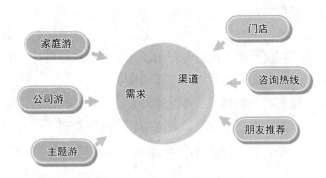

图 5-10　邮轮需求与渠道示意

在了解邮轮资源之后，销售人员需要深入了解消费者的邮轮需求，以达成需求对接和最大程度上的供需匹配（如图 5-10 所示）。在此方面，关键要分析和了解消费者的人群特点和季节特点。要了解不同人群对邮轮产品的不同需求：通常情况下，老年人群对价格敏感，季节性不敏感，节假日无需求，因此，淡季邮轮产品/中短线邮轮产品较适合于这类人群；而家庭出行对时间的要求严格，通常情况下还有带小孩涉及三人舱的问题。在邮轮产品的对接上，通常大型邮轮，中长线邮轮较为适合。

2. 告知预订政策

邮轮预订政策是非常重要的产品特性，其复杂性在于不同邮轮公司甚至不同季节的预订政策可能有所不同。销售人员要依据各邮轮公司的政策制定自己的预订政策，并准确告知消费者。确保消费者了解并确认相关的预订信息：出行时间；出发母港；邮轮航线；旅行社；其他预订细节。

在这方面，关键是要做好风险的控制和掌控，保证旅行社产品的政策至少要严于或者等于邮轮公司的政策，特别是在退款和罚金政策上要保持一致，以避免营运风险。

3. 建议舱位选择

对于邮轮舱位的选择上，销售人员要做好引导和解释工作，而在销售工作中重点在于"引导"而非"选择"。随着邮轮观念的日益成熟，很多消费者对于舱位选择已经有了自主选择能力，对于这类消费者，销售人员需要从专业的角度对消费者偏向的舱位进行说明和解释，以达成消费者对销售人员的信心和产品的信心；但更多情况下，消费者对舱位选择的想法并不确定，因此需要销售人员根据消费者的经济负担能力、度假要求等方面进行引导。

（1）选择出行时间。根据客户的需要协助客户选择邮轮的出行时间。

（2）挑选航程。国际上的邮轮航线由最短几天到最长达几个月不等，邮轮进入中国以后，由于中国消费者的假期非常有限，因此在中国市场的邮轮产品多以4到8天的航线为主，目的地为日韩。在为消费者推荐航线时，可根据季节、闲暇时间以及预算来分析消费者需要的邮轮产品。

（3）邮轮公司与邮轮的选择。自2006年以来，随着中国邮轮市场的蓬勃发展，歌诗达邮轮、皇家加勒比游轮、丽星邮轮、公主邮轮、地中海邮轮、诺唯真游轮等邮轮品牌相继部署邮轮进入中国市场，不同的邮轮品牌有着各自的品牌特色，同一品牌下的不同船只也各有个性，销售人员需要根据客户的需求有针对性地推荐邮轮，只有把正确的旅客带上正确的邮轮才能使客户在邮轮旅行中拥有良好的体验，使之成为邮轮旅游回头客并推荐给亲朋的概率增加。

（4）同行人数的确定。由于邮轮上客舱类型不同，可以容纳的人数也不同，因此，在销售邮轮产品时，需要根据客户同行的人数以及预算等条件，推荐最合理的舱位类型和数量。

（5）具体舱位选择。由于各邮轮公司市场定位有所不同，邮轮舱位的打造也会根据各自的品牌风格有所区别，然而基本上都有从经济型到超豪华型的舱位。邮轮客舱通常分为内舱房、海景房、阳台房和套房四类。在选择舱位时，销售人员需要先了解客户的需求，根据需求向客户介绍每种舱位的性价比，选择最适合的舱位类型。

一般来说，要经济实惠的就建议选择内舱，因为很多邮轮公司在服务上不会对不同舱等的客人采取不同的服务，所以其实在客人跨出舱房的一刻起，所享受到的服务和待遇是一样的。当然邮轮性价比最好的还是阳台舱。可以多建议客人预订阳台舱，不仅利润收益更高，更重要的是客人的感受会很好，为下一次再预订邮轮做下伏笔。

对于包船销售等特殊情况下，特别需要销售人员进行舱位需求引导，可以考虑配合促销工具手段一起进行，否则如果造成不同舱位销售情况严重失衡，会给销售工作带来极大的被动情况。

（二）邮轮旅游产品销售技巧

不论是通过门店开展销售还是通过其他方式开展营销推广，相关销售人员均应当在充分邮轮旅游产品信息的前提下掌握一定的销售技巧：

1. 激发游客购买兴趣

邮轮产品以其新鲜、时尚、浪漫、丰富及多层次的特色，成为集客运、娱乐休闲、住宿等多种元素于一体的综合型旅游产品。随着消费者偏好的旅游方式由"观光旅游"向"休闲旅游"的转变，邮轮旅游产品正受到越来越多消费者的青睐，并成为出境游市场极具开发潜力的新兴旅游产品。而引发消费者对邮轮旅游的需求使其转化为购买动机是达成购买行为关键的第一步。

消费者的需求是其购买邮轮的产品的原始动力，消费者对邮轮产品的购买行为来自于对其需求的确认。消费者通过对具体邮轮产品的消费来满足自身需求。

（1）内在需求。消费者的内在需求存在多种形态，包括生活的各种污染、繁重的生活压力、对邮轮旅游方式的好奇、多个国家不同景点的向往等，当这些内在需求积累到一定强度，便会转化为消费者的购买动机，最终可能成为购买行为。

（2）外在需求。此外，外在需求也可以激发消费者的购买动机。如潜在客户收到目的地旅游广告宣传的吸引，邮轮公司推出的各种优惠政策，曾经尝试过邮轮旅游的消费者口述，国家法定长假的客观条件等一系列外在条件都会引起消费者的外在需求，当它们与内在需求结合，将极大可能转化为消费者的购买动机。

2. 消除游客的顾虑和抵触

由于邮轮旅游在我国仍是一个新鲜事物，许多旅游者还没有尝试过邮轮旅游，即使在邮轮旅游市场较为成熟的北美地区，也仅有 10%的成年人有过邮轮旅游的经历。那些对于邮轮旅游一无所知，并且不知道自己想要什么的游客，往往会对邮轮旅游产生误解甚至抵触。因此，邮轮销售人员需要在这方面下功夫，给游客全面客观地介绍邮轮旅游，有针对性地打消游客的顾虑。

（1）价格昂贵。没参加过邮轮旅游的游客会认为邮轮旅游代价高昂，所以他们往往会推迟参加邮轮旅游的时间甚至取消邮轮旅游计划。

国际上的确有着高端奢华邮轮，全部舱房均是套房，一应用品设施俱是顶尖品牌，旅客上船即拥有专享私人管家，餐饮服务也是星级水平，这样的邮轮船票价格自然不菲。然而中国市场上的大部分邮轮还是亲民的，尤其近年来中国市场邮轮产品日益丰富，降价等恶性竞争的存在使得邮轮旅游对乘坐邮轮的游客来说十分超值，有些航次的最低售价甚至堪堪破千，平均每天花费两三百元即可享受到邮轮所包含的交通、客房、餐饮、娱乐等多项服务，这在普通岸上旅游中恐怕连一晚的房费都不够。这样的中国游客的邮轮假期，谈不上奢华，却以其物超所值成为一种值得推介的新型旅游方式，游客需要准备的仅仅是调整好心态，避免先入为主地幻想出"超奢华"体验。

要想帮助游客克服这种心理障碍，一定要让游客清楚认识到任何时间都是邮轮旅游的最佳时机，并强调邮轮旅游带给邮轮的价值。重点关注邮轮旅游是可以负担得起的，是完全可以在游客的旅游预算中的。

（2）船上活动无聊。这在非邮轮旅游游客中想法非常常见，游客会觉得在船上无所事事。克服这个心理障碍就要向游客解释邮轮上所有的活动以及其精彩程度。这时候，多种表现手法就显得尤为必要。例如让游客观看邮轮旅游视频，播放邮轮途经旅游目的地的风土人情宣传片等。

（3）岸上观光时间有限。面对这种顾虑，销售人员要给游客说明邮轮旅游目的地选择的主要目的是让游客尝试一下，如果游客喜欢该目的地，可以单独前往长时间旅游，并且询问游客是否要提供包价旅游，这样可以安排他能去他喜欢的目的地进行长时间旅游。

（4）晕船恐惧症。处理这种顾虑需要销售人员解释邮轮的稳定性，在船上几乎感觉不到太大的晃动。

（5）安全问题。

①人身安全。现行的《国际海上人命安全公约》要求，邮轮救生设施总计载入能力必须达到125%以上，并且每次启航时都必须动员旅客进行海上救生演习。

自举世震惊的"泰坦尼克"号海难之后，人们意识到必须制定海上安全国际公约保障乘客的安全，这也成为现代船舶安全规则的起点。1913年第一届国际海上生命安全会议在伦敦举行，提出了加强安全及救护措施的要求，随着规则的完善及技术的发展，邮轮的安全性能也在不断提高，现代豪华邮轮拥有精确导航系统，对于海上避碰、海上救生、减震防晕等硬件设施等也都有着严格的国际化规范标准。

早期的邮轮其实就是远洋客轮，在没有飞机的时代，跨越大海只能选择邮轮，一些危险航线不可避免，所以才出现了"泰坦尼克"号的悲剧，而现代邮轮大多以观光度假为主，选择的线路也都是比较安全的，通常不会到冰山出没的海域航行。所以，撞冰山更多只在电影里出现，现代的邮轮旅行不容易与冰山相遇。

安全问题是邮轮公司永远的课题之一。对船只设备的例行检查和维护、乘客安全演练、常规弃船演练以及每月对船员的安全培训会议都是邮轮公司解决安全问题的手段。

上了邮轮后，乘客们要做而且必做的第一件事情就是安全逃生演习，所有游客被要求了解警报信号的含义、舱房中救生衣的位置及从舱房到逃生点的路径，演习开始时游客需要携带救生衣到规定集合点，学习救生衣及安全设施的使用方式，了解逃生时如何有序撤离、寻求援救。

②财产安全。游客来到一个载客数千人的巨型邮轮如同到了一个小世界。关于邮轮航行安全方面的问题，有联合国国际海事组织的严格规则，并不需要游客过分担心。

财产安全是邮轮公司极为重视的问题之一，并且已被诸多邮轮公司所顾及。在登上邮轮时，游客需要托运的行李将被贴好登记有游客信息的专用行李条交予托运处职员，行李上船后将由船员送至游客各自的房间，不必担心行李丢失。离船前一晚，游客可同样将需要托运的行李贴好行李条放置在房间外，船员会统一收集运送至行李房待邮轮靠港后统一安排卸载。离船时，游客可在码头指定区域领回行李。至于航行期间的财产安全则更不用担心，邮轮上均会配有安保人员负责保障游客的财产安全，每一间舱房中也都配有保险箱以供游客存放贵重物品。

（6）语言障碍和文化差异。由于大部分在中国运营的邮轮为外国公司邮轮，游客们往往会担心登轮后存在语言问题。需要让他们知道的是，旅行社的中文领队会随时给予协助引导。同时，随着邮轮产业发展，邮轮上的中国人服务员比例也日益提高，如今即使是一句英文也不会的老人也能毫无障碍地享受邮轮服务。此外，邮轮公司在将邮轮部署至中国前，普遍已在船上告示中增加了中文，如舱房内的安全须知、求生指南、电视菜单，公共区域的各标识，餐厅的菜单等，甚至部分邮轮还将中文放了第一栏。

至于对邮轮饮食口味、娱乐项目所存在的顾虑，邮轮公司也都已有应对。经过多年运营，邮轮已能根据中国人的饮食偏好安排制定菜单，增加了中餐菜单。针对中国旅客的娱乐需求，各种主题航次也是层出不穷，颇受好评。

（7）签证手续烦琐。中国大部分母港邮轮的目的地为日韩，针对日韩线路大多数邮轮已能实现免签，即跟团搭乘免签范围内邮轮出行可免签登陆，这使得邮轮出行更加便利，游客只需准备好离出发日期至少6个月有效期的国际护照即可。如果所选航线或邮轮不在免签范围之内，只需提前准备好相关材料，交由旅行社代办签证，也不用忧心烦琐的手续。

3. 帮助游客在脑海中构建一幅关于邮轮旅游的形象图

人们在尝试邮轮旅游之前必定会想象旅游场景和画面的。动画片《麦兜故事》里的小麦兜每天念叨着"马尔代夫，那里椰林树影，水清沙软，蓝天白云，是位于印度洋上的世外桃源"，一幅幅马尔代夫的美景、一段段在马尔代夫快乐嬉戏的场景在小麦兜的脑中时时浮现，这成为小麦兜努力的方向。

邮轮旅游与普通的旅游方式在描述旅游场景时是有差别的。以欣赏日出日落为例，传统旅游方式是您坐在一个位置上等待日出日落，而邮轮旅游则是追逐日出日落。在邮轮旅游过程中，您望向窗外，看到整个世界，有海有天有岛屿，而在度假旅游中您望向窗外看到的则是游泳池，如此而已。销售人员对邮轮产品的每一句描述都应使游客在脑海中浮现一个场景，在向游客描述邮轮旅游的形象时一定要注意描绘词语的三个特色。第一大类是具有可视性，包括风景、景观、景点。第二大类是感情词汇，比如冒险性、令人激动的、浪漫的、奇妙的，还有爱。通过这些带有感情色彩的词汇描述，不仅可以在脑海中构建一幅图片，还可以感受到这个图片中所传达出来的情谊。第三大类词汇是行为动词。如发现、体验、甚至连行动都属于这类词汇。总的来说，无论怎么强调使用这些词汇都不过分。通过向游客传达有图片、感情和行动组成的立体的宣传，也就向游客明确传达了什么是邮轮旅游以及其优势。

4. 针对性销售

高质量的邮轮产品是赢得市场的前提之一，而成功的销售人员需要了解消费者的心理和行为，这样才能正确把握住其消费需求，从而赢得市场。基于游客对邮轮旅游的认知程度的不同，销售人员应采取不同的介绍方式。

（1）根据游客对邮轮产品的熟悉程度。

①完全不熟悉邮轮旅游的客户。对于完全不熟悉邮轮旅游的客户，应采取引导及介绍的服务方法。销售人员逐步引导客户，将邮轮的基本理念传达给客户，介绍邮轮产品的特色和优势，引导他们选购邮轮产品。

②对邮轮旅游有基本了解的客户。也有部分客户在购买邮轮产品之前，已从其他渠道了解过邮轮旅游，对邮轮旅游有一定认识。为他们提供服务时，应在介绍邮轮产品的基础上，为其提供更多的对比信息，使他们了解每种产品之间的区别，让客户根据自己的偏好选择邮轮产品，销售人员加以推荐，精确选购最适合他们的航线。

③熟悉邮轮旅游的客户。对于已经乘坐过邮轮，对邮轮非常熟悉的客户，销售人员可以在为他们躞身推荐产品的基础上，提供更多的附加信息。诸如最新优惠政策、出行贴士、邮轮上娱乐活动的更新等。

（2）根据游客的产品诉求。

①家庭型游客。调查研究表明，31%的邮轮客人都是家庭旅游团。家庭旅游团的特征是他们非常实际，而且年龄趋向于年轻化，比较谨慎，并且对消费项目敏感，甚至有些保守。他们更加期望邮轮上能组织一些家庭类的活动，尤其是能亲子互动的活动。这类游客比其他游客类型更认为邮轮旅游适合成年人，而不是儿童，所以这个时候销售人员要强调船上有很多儿童可以参与的活动，并同时向他们解释邮轮旅游是一般家庭能负担得起的，还能缓解家庭压力。

②什么都想得到的游客。根据调查显示，大约有17%的游客属于这种类型。这类人的特点就是野心勃勃，工作非常努力，在平常消费项目上花费很大，而且非常容易沉迷于一些事情，对生活很乐观。这种类型的游客往往关注点在邮轮的高质量和优质服务，而较少关注费用。他们所需要的是最优质的服务。他们往往会担心邮轮上的这些服务人员无法满足他们的需求。销售人员在应对这种客人的时候可以向游客解释邮轮旅游代表

的是奢华、精致和享受。销售人员应该向他们推荐高级别的邮轮旅游项目，并且强调邮轮旅游的全程无压力，而且安排方便。最重要的一点是让游客知道邮轮旅游是当前的流行趋势。

③探险型游客。他们大概占整个邮轮旅游人数的 25%。这类人群的特征是喜欢尝试新鲜事物，独立，并且知识渊博，重视学习和探索，常常以自我为中心。他们会对所有的新鲜事物感兴趣，乐于尝试未知领域。这类游客的顾虑在于他们以为邮轮旅游各类限制因素太多，不利于他们进行探险。作为销售人员，应该尽力向他们解释邮轮旅游不仅引人入胜，而且还寻访各地著名旅游目的地。如何使这类游客对邮轮旅游产生浓厚兴趣，需要向他们解释邮轮旅游比他们想象中更灵活，自由活动时间比一般旅游更多。此时可以附加以视频或者图片形式来展示邮轮旅游的探索性、冒险性，通过邮轮旅游能获取新鲜知识，更重要的是能体验到异域风情。告诉他们邮轮游客中有很多人的想法和他们类似。

④消遣型游客。他们也是大约占整个邮轮游客的 25%。与想获得所有的游客类型相似，他们的特点是比较富有，希望得到最好的服务和最优秀的餐饮和住宿。他们较为活跃。我们应该如何向这类游客介绍邮轮产品呢？先要将邮轮旅游的豪华型、奢侈性传递给该类游客，并让他们了解邮轮旅游与度假旅游的相似之处，尤其是对于那种第一次上门的客人。将销售人员自以为很平常的设施或者服务尽量生动地描述给这类游客，告知他们邮轮旅游可提供非常棒的就餐环境、种类繁多的邮轮活动，而且这些活动既有船上的也有岸上的。

⑤谨慎型游客。他们大概占总份额的 15%。他们倾向于选择熟悉的邮轮项目，选择跟团旅游，并且不太情愿尝试新的旅游项目和接触新鲜事物。他们更喜欢与自己的家人和朋友相处，热衷于观光和购物，不经常参与邮轮上的运动。安全和便捷是他们首要考虑的因素，在游览过程中会有点紧张。对于这类游客，销售人员应该强调邮轮旅游是在他们较为熟悉的港口和目的地进行。如果不是，那么一定要强调本次邮轮航程是最安全的、最便捷的、最舒服的。最重要的一点是强调本次航程的稳定性，即航行日程严格按照规定执行。对于特别紧张的游客，可以告诉他邮轮上配备有心理咨询师。

（3）根据邮轮产品消费档次。以我国邮轮市场为例，邮轮公司大多将目标市场分为高端客户和大众邮轮消费者，以满足不同人群的需求为目标，有针对性地提供各类产品。销售人员销售邮轮产品时，要根据不同的客户类型，明确销售环境的特点，准确抓住客户需求，促成客户的购买行为。

①高端客户。所谓高端客户，即高价值客户。是指那些资金充裕、信誉良好、消费能力强的邮轮消费者。针对高端客户的邮轮市场，邮轮公司通常提供 7～14 天的航行长度，船上提供美味佳肴和丰富的娱乐活动，需要通过支付小费来购买服务。并且，邮轮

高端客户相比大众邮轮消费者更加富裕，具有更加丰富的邮轮旅行经验的特点。其邮轮市场供给通常为大型邮轮船只。代表的品牌有荷美邮轮（HAL）、精致邮轮（Celebrity）和大洋邮轮（Oceania）等。

对高端客户进行产品手册的摆放和相应的产品推介主要包括奢侈品牌专卖店，四星和五星级酒店，俱乐部，高档会所，高档社区，大型美容院与健身中心，各种理财、留学、出国讲座及论坛，大学中的 MBA/EMBA 学习班及管理培训班，高端人士阅读的杂志，高级餐厅，还有婚纱影楼，这些地方都存在大量的高端准客户。但是，进入高端市场是一个较长的过程，这时候需要在客户中选择出具有一定影响力的作为重点服务对象，把握住售前、售中、售后各环节的服务，一旦赢取其信任即能够借此进入其社交圈，通过转介绍方式开拓市场，这是因为高端客户往往更加信赖相似实力的朋友的推荐。

②大众邮轮消费者。在中国市场，大众邮轮消费者占据较大的比例。市场供给以 7 天以内的航线为主，针对首次乘坐邮轮的旅客，适应所有年龄层次，绝大部分旅行者的收入都能负担的邮轮产品。船只则以新的大型或超大型邮轮为主。而大众旅游产品则可将同业销售与常见的报媒相结合，在晚报和日报上作产品推介，也可在大众常出现的大型超市、购物中心和商务酒店摆放相关的产品手册作为辅助手段。

5. 促成游客购买的十一大策略

（1）试探性的决定。通过"您觉得我们这个邮轮产品怎样？"这个问题获取游客信息和得知他是否需要购买。这个问题另外还有两个目的：第一它会促使游客更进一步赞同本次购买；第二通过这个问题可以事先得知游客期望得到些什么，想知道什么信息。

（2）选择性决定。意思就是给游客提供多个可选邮轮项目，让其从中选择自己喜欢的。比如说游客喜欢温暖适宜的邮轮航程还是较为凉爽气候的航程，或者游客是喜欢普通的房间还是奢华房间。这种情形就是将销售人员自己和游客都置身于选项之间，这样意味着销售基本成功。接下来，销售人员和游客要做的就是二选一，或者多选一。当您再问及是使用现金还是信用卡时，游客便已经决定购买，此时销售基本完成。这种选择性决定很流行，但是需要销售人员本身具有很丰富的经验和较强的素质。

（3）诱导式决定。最经典就是销售人员要告诉游客，他所预订的本次航线如果再晚预订就会没有位置，或者告诉游客较早预订可以获得一个特别的优惠价格。

（4）假设性决定。这是一个非常有技术含量的、却是非常有效的决定方式。这种决定方式要求销售人员在整个销售过程中都要假定游客乐意购买我们的产品。在这种情形下，要特别注意言语的运用，比如"您一定会在您本次的邮轮旅游过程中玩得很开心"。这种说法要比"您将会在邮轮旅游过程中玩得很开心"这句话更加有效。通过加上"您本次"的使用，意味着并不仅仅是这次邮轮旅游将要进行，而且表示游客本身也会参与到其中。

这四种策略不仅仅局限于邮轮，而且在航空公司或者其他地方也很常用，包括所有市场营销中都适用。接下来再讲一些策略来促进游客购买决定。

（5）感受性决定。香水的销售人员会让顾客事先闻香水的味道，然后再促使顾客购买。而毛毯的销售人员会让顾客亲手去摸一下毛毯的质地，感受其柔软程度，再促使客人购买决定。回到邮轮销售中，我们将这种决定技巧称为感受性决定。

如何在邮轮销售中运用感受性决定。在现实邮轮销售中，我们通常让游客看丰富多彩的邮轮产品宣传手册，以便让他们感受到邮轮旅游的精彩。

（6）建议试乘决定。举个例子，服装销售中，销售人员会尽力劝顾客将喜欢的衣服带进试衣间试衣。如果顾客一旦进去后，就离最终购买更进一步。这种技巧如何应用到邮轮销售中呢？

在邮轮销售中，可以采用一个比较廉价的但又能亲身体验到邮轮旅游的试游项目让游客切身感受。一旦他们满意这次试乘，他们就会很容易做出最终决定。如果您没有说服客人去体验试乘，或客人没有时间体验试乘，您可以给游客展示一段关于销售邮轮产品的视频。播放这段视频可以在您的办公室，也可以将 DVD 送给游客让其在家播放。这种观看视频的方式会使游客有身临其境的感觉。一旦游客设想自己在视频中的邮轮上游览，那他们就很容易做出最终购买决定。这种策略同样要求销售人员在语言使用上要字字斟酌，比如尽量多的使用"您和您的"这样的词汇以增强游客的归属感。这种词汇的频繁使用能加强游客真实的体验感觉。

（7）应得式决定。比如首饰销售，如何促使客人做出购买决定中，销售人员会鼓励游客购买其中某个奢侈首饰。这种奢侈型的并不是客人生活必需品，但是他们却想买。由于其价格高，会使购买者内心有所愧疚，此时销售人员如何帮助客人消除这种愧疚感是非常关键的。如珠宝店员会说，"您平常工作如此努力，这件首饰是您应得的，应该好好犒劳自己。"如果是客人买来送给其他人的，可以说，"您的先生或者太太，或者其他任何人，他们应该得到这件特殊的礼物。"这样就会帮助客人消除内疚感，促使他们做出最终购买决定。

邮轮销售与珠宝销售一样，都可以归为奢侈品销售一类。这种销售策略被称为应得式决定。随着现在工作压力越来越大，人们越来越辛苦，以及邮轮产品本身的高价值，很容易让游客体会到。

（8）朋友式决定。选择最佳航线并销售给游客。这个策略叫朋友式决定。您要让游客知道您是站在他的角度，为他考虑，帮助他选择了一个又经济又有价值，游览过程还非常精彩的航线。在销售过程中，让游客时刻感受到您是站在他那边的，可以通过以下几个技巧来实现。比如，让游客坐在您身边，而不是您对面。当游客离开时，您也亲身陪同，并握手再见。

（9）亲眼见识型决定。如健身房里，让顾客亲身参观其他顾客在健身房里的实际效果，让他们切实感受到健身带来的益处以促使他们做出最终购买决定。这种技巧在邮轮销售中被称为亲眼见识型决定。

（10）亲身体验型决定。比如我们可以在邮轮销售办公室里放置或悬挂游客在邮轮旅游过程中拍摄的照片，以促使新游客做出购买决定。同时还可以放置邮轮旅游杂志，也是一种良好的手段。这种销售技巧特别需要销售人员注意的是不要自以为是，您喜欢的不一定是游客喜欢的，一定要让游客亲身体验后再确定他们是否喜欢，以促使其购买。

（11）衡量式决定。以汽车销售为例，遵循顾客对汽车销售的意见，比如他认为价格是高了还是低了。如果高了就询问顾客的预算是多少并向其推荐他能接受范围内的车型。这种销售技巧被称为衡量式决定。这种技巧的关键是要找出游客的质疑点在哪里？根据这个质疑点来找出相应的对策以促使他做出购买决定。

6. 确定游客最终购买时机

在大多数情况下，顾客的行动、言语或身体语言可以释放出其决定购买的信号。适时地把握时机促使游客做出购买决定和使用策略促使他们做出购买决定同等重要。在邮轮销售过程中，游客想要做出最终购买决定有以下表现特征。

第一个表现特征是征询与其同行朋友的意见。如他会问朋友"您觉得怎样？"这就表明游客在深刻思考您所提供的邮轮产品；第二大表现特征是身体语言。比如游客身体微微倾斜就表明游客已经准备好购买本产品；第三大表现特征是他们准备购买决定所使用的语言信号。如他跟同行人员说，"这个邮轮产品听起来真的很棒"，并伴随着点头示意表示赞同等动作。这表明游客已经准备好购买了，这个时候邮轮销售人员应该把握促使游客做出购买决定的最佳时机之一。当游客赞同其他游客的游览行为的时候，同样也表明游客已经准备好购买。当游客询问是否接受现金或信用卡支付的时候，表明游客已经准备好购买本次邮轮旅游产品，这时候要求邮轮销售人员果断帮助邮轮做出最终购买决定。

另外一个明显的表现就是游客表示对本产品的高度赞同以及尝试察看这个产品的行程时，就明显表明他们已经准备做最终购买决定。

邮轮销售人员在运用促使游客做出最终购买决定策略的同时，一定要时刻关注游客所释放出来的最终购买决定的信号，不失时机地把握促使游客做出购买决定，完成邮轮销售。如果仅仅使用了销售技巧，而没有把握时机则有可能使本次销售无果而终，游客不一定会返回来购买。

二、邮轮旅游产品线下体验店建设

随着中国邮轮市场的蓬勃发展，邮轮旅游产品的销售也日趋多元化、专业化，进入2016 年以来，邮轮旅游产品线下体验店相继出现。邮轮旅游产品线下体验店将体验式营销与门店销售相结合，与传统的旅行社门店相比增设了体验区，更加注重顾客体验，同时所销售的旅游产品也仅限邮轮旅游产品，销售人员素质更高、更加专业。

邮轮旅游产品线下体验店一般分为体验区和洽谈区。在体验区区往往运用各项多媒体技术增强体验度，如最新的 VR 技术使得消费者能够身临其境地体验邮轮生活，感受邮轮的魅力，体验区的布置上也会以邮轮为主题，全方位展示邮轮特色，最大限度地调动消费者对邮轮旅行的兴趣。当消费者有意深入了解邮轮产品时，洽谈区内安排有专业的销售人员提供咨询、购买等一站式服务。同时线下体验店也为各邮轮公司、旅行社开展各项线下活动提供了绝佳场地，使得体验店成为一个集媒体平台、培训机构、体验旅行、延伸服务等于一身的综合体。

基于邮轮旅游产品线下体验店营销一体的特点，除了专业邮轮旅行社、综合旅行社邮轮品牌以外，邮轮公司也同样积极开展邮轮旅游产品线下体验店建设，他们通常与旅行社合作打造体验店，在扩大自身邮轮品牌知名度的同时与旅行社就自身邮轮船票的销售深度合作。可以说，邮轮体验店综合了丰富的邮轮产品、体验度极高的模拟环境以及高水准的专业销售人员，通过邮轮体验店的建设，行业内能迅速培养出一批专业的邮轮销售专家，有利于促进行业整体服务水准的提高及推动邮轮旅游产品种类多样化，最终转化为优势的市场占有率。

（一）专业邮轮旅行社开展邮轮旅游产品线下体验店建设案例——上港邮轮体验中心

上海港国际邮轮旅行社有限公司成立于 2010 年 7 月，是国内第一家专业的提供邮轮票务销售的旅行社，也是第一家开设邮轮体验中心的专业邮轮旅行社。上港邮轮旅行社作为大型国企上港集团的下属子公司，其打造的邮轮体验中心兼具旅游公共服务中心功能，以邮轮体验为主要特色，集邮轮、游艇、游船票务销售、城市形象宣传等功能为一体。

上港邮轮体验中心以"展示+体验"的形式，过声、光、数码、网络和多媒体等形式的融合，为参观者带来高科技设备与综合艺术相结合的邮轮旅游产品体验和互动。其中高科技体验设备包括玻璃多媒体艺术装置、半球互动内投幕和虚拟现实（VR）等，参观者通过观看通电玻璃多媒体艺术装置，展示玻璃将会用发光线条闪烁演绎皇家量子号、赛琳娜号等上港经典航线，日韩主要经典景点也将呈现地标式闪烁，当对某一邮轮感兴趣时，推动移动屏幕上相对应的船体，就可以查看该邮轮的详细信息，包括邮轮上的各类餐饮娱乐设施及船上的精彩活动，让参观者直观体验邮轮船上的实景，而 VR 体验区则使观者能全身心地沉浸于计算机生成的三维虚拟的邮轮船舱环境中，并产生身临其境的感觉。

上港邮轮体验中心设立在上海国际客运中心码头的"上港邮轮城"内，该中心的建立进一步提升了邮轮码头口岸的整体服务水平，提高了游客对港口服务的满意度和认知度，叠加港口综合服务能力及功能，推动上海邮轮码头口岸服务水平的进一步提升，增强上海港在全球邮轮产业中竞争力。

（二）综合旅行社邮轮品牌开展邮轮旅游产品线下体验店建设案例——凯撒邮轮体验店

2016 年 8 月，凯撒旅游旗下专业的邮轮服务品牌——凯撒邮轮在常州开设了一家以邮轮和海洋文化为主题的"邮轮体验中心"。该邮轮体验店集邮轮文化传播、邮轮旅游互动、完备的邮轮产品、专业的邮轮咨询、丰富的邮轮衍生品于一体，可以提供凯撒邮轮"全系列邮轮产品"，是以传播邮轮文化为核心，以销售邮轮产品为主体的"全系列"邮轮体验店。

凯撒邮轮体验店中设置了各类海洋及邮轮元素，橱窗的邮轮模型、天花板的邮轮螺旋桨造型，直观展示的邮轮文化墙、玩偶的邮轮职业角色扮演、巨幕海洋影像再现等设置让人身临其境。该邮轮体验店还设置有 70%海洋体验中心以及 VR 体验区，多维度强化门店与消费者、消费者与消费者之间的互动。与此同时，凯撒邮轮体验店内的旅游顾问均经过精心挑选以及专业培训，深度认可邮轮旅游，熟悉邮轮公司品牌以及凯撒邮轮文化，可为消费者解答一系列关于邮轮旅游的专业问题。

（三）邮轮公司开展邮轮旅游产品线下体验店建设案例——公主邮轮体验店

2016 年 8 月，公主邮轮于杭州开设其国内首个线下体验店，该体验店为公主邮轮与浙江省中国旅行社集团有限公司共同打造，消费者可抵店了解公主邮轮品牌历史、咨询中国母港及全球热门航线，亦可直接向浙江省中国旅行社进行航次预定。

该线下体验店的建立，旨在帮助消费者更便捷、更全面地了解公主邮轮品牌历史、航线及产品特色。体验店主要分为展示区和洽谈区两大区域。展示区内有正在国内开展母港航线的蓝宝石公主号模型。此外，品牌墙上还展示了公主邮轮中国母港航线、全球明星航线以及旗下船只历任教母——凯特王妃、撒切尔夫人和奥黛丽·赫本等。洽谈区中，消费者可与店内销售人员进行一对一的咨询，深入了解公主邮轮的产品特色及服务。未来，体验店还将增设 VR 体验区，为消费者带来全面、立体、动态的沉浸式体验。

三、邮轮旅游产品的线上 B2C 销售

得益于现代信息技术的发展，掌握现代信息技术可以使邮轮旅游产品更快地寻找到顾客群体，而且花费的资金更少。以我国出境游为例，游客出境旅游获取相关信息的主要渠道是网络、旅行社咨询以及亲友推荐，其中网络增长速度最快。根据比达咨询《2016 年中国邮轮市场研究报告》，2016 年中国在线邮轮市场收入规模达到 27.5 亿元，在整体邮轮市场中占比 40.9%，随着中国网民规模的扩大及手机、平板电脑等使用习惯的养成，预计中国在线邮轮市场用户规模还将进一步增长。

（一）邮轮旅游产品的线上 B2C 销售体系

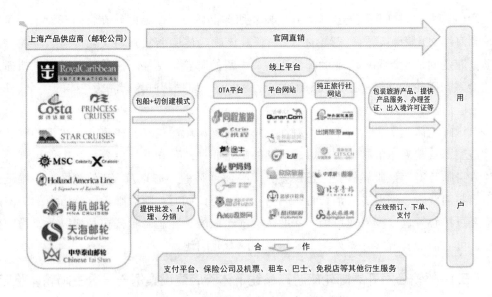

图 5-11　中国在线邮轮市场产业链分析

资料来源：比达咨询《2016 年中国邮轮市场研究报告》

随着电子商务的出现，通过网络进行的线上销售将传统的实体销售渠道虚拟化，得益于互联网的发展，基于电子商务的销售更加高效、快捷，对于商品信息的传递几乎消除了距离与时间的障碍，这是传统线下销售所无法实现的。对于邮轮公司而言，线上销售中邮轮公司与终端用户的距离更近，通过公司网站可以零距离地直接面向用户进行销

售，这使得未来邮轮公司扩大直销成为可能。目前而言，邮轮旅游产品的线上 B2C 销售大部分依然是由 OTA 或是线下旅行社提供"邮轮包价旅游产品"通过线上平台进行销售。

（二）邮轮旅游产品的线上 B2C 销售平台

根据比达咨询《2016 年中国邮轮市场研究报告》，2016 年线上邮轮市场细分市场统计中，OTA 平台市场交易份额最高，为 77.4%；平台网站排名第二，市场交易份额为9.8%；线下旅行社网站以及邮轮公司官网直销分别以 6.5% 和 6.3% 分列第三第四。

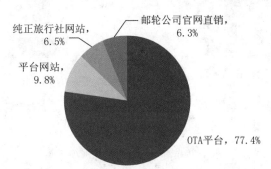

图 5-12　2016 年中国在线邮轮市场竞争格局

资料来源：比达咨询《2016 年中国邮轮市场研究报告》

1. OTA 平台

OTA 平台是线上邮轮旅游产品销售的主要渠道，随着互联网经济的发展，OTA 的出现通过网络平台实现了传统旅行社销售模式的线上化、虚拟化，以网络为载体极为广泛高效地将线路信息传递给消费者，此外，即时通信工具、评论区等的存在使得与消费者的互动式交流更为便利，极大地方便了消费者的咨询与订购。与平台类企业不同，OTA不仅自己采购产品，还负责产品的运营及售前咨询和售后服务，典型的 OTA 平台网站有同程旅游网、携程网、途牛网等，这些 OTA 平台网站都设有专门的邮轮频道开展邮轮旅游产品的销售。一般情况下，OTA 平台都有成熟的销售管理系统作为支持，对于邮轮产品的一般销售活动能够给予完整的支持，但如果 OTA 平台承担包船等项目时，由于邮轮特有的而又复杂的控舱要求，将需要对系统做相应的改进和支持。

2. 平台网站

平台类企业自己并不做邮轮旅游产品，只是通过平台网站为邮轮旅游产品提供一个售卖平台，此类平台网站有如世界邮轮网这样的专业邮轮售卖平台网站，也有如去哪儿

图 5-13　同程旅游网邮轮频道

图片来源：http：//www.ly.com/youlun/

网、飞猪网等综合旅行服务平台，他们往往作为 OTA 或是线下旅行社的邮轮旅游产品的分销商出现。

3. 线下旅行社网站

线下旅行社网站是经营传统线下业务的旅行社随着"互联网+"浪潮袭来而创设的线上销售平台。对于传统线下旅行社而言，线上销售是线下销售的补充和拓展，有一部分旅行社采取由其他线上平台网站合作代销的方式实现邮轮旅游产品的线上销售，而一些对于线上销售更有规划的线下旅行社则自己开设网站经营线上销售业务。如凯撒旅行社的凯撒旅游网、中青旅的中青旅遨游网，这些都是线下综合旅行社开设的网站，与OTA 平台网站一样，他们也都设有专门的邮轮频道开展邮轮旅游产品的销售。除此之外，也有线下专业邮轮旅行社开设的网站，如上港邮轮旅行社开设的邮游通网站。

4. 邮轮公司官网

邮轮公司官网是邮轮公司开展直销的主要渠道。由于中国邮轮公司直销比例较小，邮轮公司官网在功能上更侧重于品牌宣传推广，主要在于舰队及航线介绍，针对中国市场的邮轮产品销售，除了在网站上给出咨询预约热线以外，一些邮轮公司如公主邮轮公司、诺唯真游轮公司会在官网上列明合作旅行社的联系方式以便游客购买相关邮轮旅游产品，另有如皇家加勒比游轮公司的官网拥有船票直销功能，游客可直接在其官网进行船票预订。

图 5-14　凯撒邮轮主页

图片来源：http://www.caissayl.com/

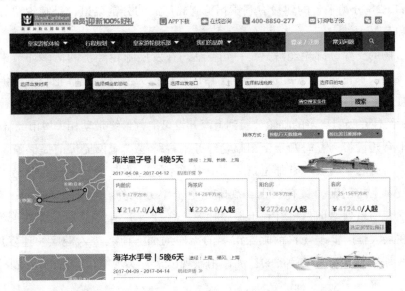

图 5-15　皇家加勒比游轮公司官网在线预订页面

图片来源：http://www.rcclchina.com.cn/route/route_ search/index.htm

第四节 邮轮旅游产品 B2B 分销平台

B2B 分销平台即商家对商家的交易模式，为商家提供了一个直接沟通的电子商务平台。与携程、芒果网等针对散客的 B2C 电子商务平台不同，B2B 电子商务平台是企业间的电子商务，即邮轮旅行社/邮轮公司与邮轮旅行社之间通过互联网进行产品、服务及信息的交换。邮轮旅游产品 B2B 分销平台主要分为两种：一种是邮轮公司对旅行社的 B2B 销售平台，其优势是直接对接邮轮公司库存系统，但缺点是只有一家邮轮公司的产品，不能满足客户的需要；另一种是公共邮轮旅游产品 B2B 分销平台，该平台上的产品可以是邮轮公司的，也可以是各家包船、切舱旅行社的产品，产品更为丰富。

一、邮轮旅游产品 B2B 分销平台建设的必要性

根据上海"十二五"旅游业发展规划的要求，加快旅游业发展，建设世界著名旅游城市，是上海建设"四个中心"和社会主义现代化国际大都市的主要任务之一。上海市明确提出努力建设上海邮轮母港，其已成为建设世界著名旅游城市的一个重要部分。邮轮旅游产品 B2B 分销平台的建设有利于拓宽邮轮产品的分销渠道，是邮轮票务销售能量级的突破和革新。

没有市场的支撑，邮轮经济只是一句空话。在发展邮轮经济的诸多环节中，邮轮票务销售是核心。邮轮旅游产品 B2B 分销平台的建设将为上海发展邮轮经济提供真正的内在动力。通过此类平台的一系列资源整合和技术创新，必将推动邮轮票务销售出现几何级增长，从而留住并吸引更多的邮轮公司到上海开设母港，最终带动相关城市经济的增长。

此类平台建设将为上海乃至全国邮轮票务销售跨越式增长提供前提保障。平台模式上的创新，将有利于突破现有邮轮票务分销渠道不畅通的瓶颈，并丰富邮轮产品的多样性。平台技术上的创新，将有利于实现邮轮电子票务操作在中国市场的系统化和标准化。平台配套的系列培训，将有利于提高邮轮旅行社票务销售能力。总之，该类平台的运营，将在最大程度上改变目前邮轮市场的无序局面，使之进入健康快速发展的轨道，从而真正使邮轮产业对区域经济的拉动作用显现出来，实现城市经济的转型发展。

二、邮轮公司 B2B 分销平台

邮轮公司 B2B 分销平台是邮轮公司为便于同行销售而建立的一种分销平台，对于尚

处于培育阶段的中国邮轮市场，邮轮公司通过 B2B 分销的方式可以高效、经济地利用众多代理人资源实现自身邮轮品牌的宣传推广，完成船票销售。通过 B2B 分销平台，代理人可以直接查询舱位库存，向邮轮公司订舱，下载电子船票等，同时，邮轮公司也可以通过 B2B 平台更好地展示各自的产品，大大简化邮轮订舱流程，同时可以为旅行社进行线上培训，提高了沟通效率，减少成本。皇家加勒比游轮公司推出的 Cruising power 是其

图 5-16　皇家加勒比游轮 Cruising Power 系统

图 5-17　歌诗达邮轮 CCK 系统

在全球范围内使用的 B2B 预订系统，同时，在 Cruising power 上推出中文在线培训学校 WOW 大学（University of WOW），通过从见习，到专业，到专家这三个级别的网络课程，生动形象地普及邮轮相关知识，传授邮轮产品的销售及服务内容，介绍精彩的航线和目的地，提供最新图片及新闻等，为业界人士搭建起系统深入了解邮轮旅游的互动平台。歌诗达邮轮公司，专门为中国市场汉化了其订舱系统 CCK——Costa Click 旅行社专属预订平台。地中海邮轮公司也为中国代理开放其订舱系统，以便于销售其长线邮轮。具体界面如图 5-17 所示。

三、公共邮轮旅游产品 B2B 分销平台

公共邮轮旅游产品 B2B 分销平台，是各类邮轮产品销售的综合平台，该平台上的产品可以是邮轮公司的，也可以是各家包船、切舱旅行社的产品，通过平台整合所有供应商或邮轮公司的上游资源，以及所有票务代理下游资源。为邮轮行业的产品供应商、分销商和游客搭建便捷沟通的桥梁，为加入平台的企业提供产品发布、互通、交易、订购经营服务，把供应商（包船方）、代理商（旅行社，多级代理）都纳入到平台中，打通整个邮轮业务的上下游，众多中小型旅行社和票务代理可以通过该平台快速查找到最便宜的邮轮产品，产生更多交易机会。

国内第一家公共邮轮旅游产品 B2B 分销平台是由上海港国际客运中心建设的邮游通邮轮票务分销渠道服务平台，该平台力求提供专业性强，产品多元化，信息快速化，使用便捷的操作平台，成为旅行社和各票务代理商预订邮轮船票的首选。

图 5-18　邮游通邮轮票务销售渠道服务平台操作界面

　　在运作模式方面，邮游通邮轮票务分销渠道服务平台将为邮轮产品主要供给方（邮轮公司和包船及切舱的旅行社）提供一个集中展示产品的线上销售平台，使邮轮产品有更便捷的分销渠道，减少了中间环节。在 B2B 的页面下，邮轮公司及各大旅行社网络的资源都将整合起来，在同一个平台下共享各自的邮轮产品，实现数据共享，丰富旅行社的销售产品种类，使得众多旅行社摆脱了通过多个 QQ 群并用这种效率低下的方式来询问邮轮产品的窘境。该平台能即时付款确认舱位，在销售、财务、客户关系管理等方面实现一体化管理等，以有效的方式统一了整个行业的操作标准，提高了邮轮行业的产品分销效率。在中国目前这种邮轮旅游销售操作尚未形成规范的情况下，众多中小型旅行社和票务代理可以通过该平台快速查找到最便宜的邮轮产品，产生更多交易机会。

　　该平台在业务逻辑、界面风格、功能模块上采用了全新的开发架构，进行了全新的设计。除了电子商务平台应具备的前台查询、下单、支付，后台财务结算，积分、佣金管理，基础数据维护，权限分配以外，邮游通平台还具备了七大功能模块（航次管理、产品管理、订单管理、结算管理、积分管理、报表管理、系统管理）；三类平台接口（在线支付、在线保险、电子合同）；一个移动端（销售代理手机移动端）。平台与旅游局电子合同平台、旅保宝保险平台数据互通；与银联、工行、建行等第三方进行对接；呼叫中心为浏览网站或打入电话的游客提供语音咨询、预订等服务。

第六章

邮轮旅游安全和风险防范

第一节　邮轮旅游市场主体类型和法律定位

一、邮轮旅游市场的主体

（一）邮轮公司

拥有邮轮，根据邮轮的航行速度、出发的港口、停靠的旅游地、航程的期限以及停靠地之间的距离提供服务航线，提供船期的经营实体，如目前全球最大的嘉年华集团公司，旗下有嘉年华邮轮、公主邮轮、荷美邮轮、世鹏邮轮、铁行邮轮、冠达邮轮、爱达邮轮、歌诗达邮轮10个子品牌邮轮公司。邮轮公司是为旅游者提供服务的主体，它的责任就是按照航线计划，为旅游者提供安全可靠的航程；根据船票合同以及服务约定，为旅游者提供完善的住宿、休闲、餐饮、娱乐服务；遇到突发事件要按照合同条款保障旅游者的利益。

邮轮公司的责任主要包括以下几点：①签订票务、承运、服务合同，明确各方责任；②保障旅游者合同期内的安全航行；③航行前影响因素预测发布；④完全履行邮轮服务合同；⑤合理延误下的其他责任（告知义务、协助义务等）。

（二）船票经营商

有资质的经营主体。代理销售邮轮船票的，应当取得国际船舶代理资格。外资企业应当取得《国际船舶代理经营资格登记证书》，内资企业应当向中国船舶代理及无船承运人协会办理相关备案手续。

（三）旅行社

取得旅行社经营出境旅游业务许可，经营出境包价邮轮旅游业务、代理销售包价邮轮旅游产品。在国内出境邮轮旅游中，旅行社起着非常重要的作用。在旅行社业务合同当中，委托代理船票销售合同和包价旅游邮轮合同是最常见的两种。

旅行社经营邮轮旅游业务，根据船票销售模式分为包船、分销、切舱、散卖。无论是单卖船票还是"切舱""包舱"，只是船票销售数量、付款方式的差别，其本质是代理销售船票的行为，为委托代理行为，其行为法律后果仍由邮轮公司直接承担，不改变邮轮公司与旅游者之间的合同关系。旅行社的行为只是船票代销或包销，不承担承运责任，不具有承运人身份。

旅行社经营邮轮旅游业务，根据上岸观光组织分为委托代理销售船票和包价旅游。包价旅游邮轮产品是将船票和上岸观光打包的邮轮旅游产品，即使在旅行社包船并将邮轮产品打包成一价式旅游产品情况下，法律上仍不宜将邮轮公司简单界定为旅游辅助服务人，而应按照公共交通经营者的要求，承担承运人的相应责任。如果是包价旅游产品，那么岸上观光的责任由旅行社承担。邮轮公司的承运责任和由邮轮公司提供的船上服务导致的责任均应当由邮轮公司承担。

（四）邮轮港口

具有船舶进出、停泊、旅客上下、货物装卸、驳运、存储等功能，具有相应的码头设施，由一定范围的水域或陆域组成的区域。港口可以由一个或多个港区组成。邮轮港不同于车站、机场和货运码头。除了执行码头功能，即提供邮轮停泊及上落访客及行李、货物之外，虽然与游客没有直接的合同关系，但是和邮轮公司有合同关系。

（1）邮轮港口应该辅助邮轮公司发布邮轮到达实时信息，及时跟踪邮轮航次安排，气候变化等信息，让游客充分了解邮轮相关运营信息。

（2）邮轮港口的功能之一是游客上下船的集散枢纽，港口有责任维护现场运营秩序，保证客运大厅内设施、设备运营正常，努力为游客提供一个安全、整洁的候船环境。

（3）港口需要提供旅客休息的场所，及时协调港口各保障部门、旅行社和邮轮公司，做好问题的处置和服务的保障工作，如果旅客因"滞船"事件提出超出协议范围的要求，港口需积极主动联系旅行社和邮轮公司协调解决。

（4）辅助邮轮公司解决港口突发事件，维护港口及社会秩序。在实际运行中，邮轮港常常会出现因邮轮延误纠纷发展成为危害社会公共安全突发事件的情况，此时相关政府机关处理这些突发事件的有效性，是旅客出行与邮轮的安全、和谐发展的重要保障。特别是当邮轮旅客因各种承运纠纷或者突发事件而"强行滞留"时，港口有责任维持现场秩序，辅助邮轮公司及相关部门解决问题，疏散游客，保证港口及邮轮的正常运行。

（五）消费者

购买邮轮船票或旅行社邮轮旅游产品的自然人。作为消费者的游客，在整个邮轮旅游过程中享有合同所拟订的服务的权利。但是，游客也应该履行相关义务，这样才能促使邮轮产业的健康发展，而最基本的，游客应该履行海商合同和旅游合同两方面意义上的义务。

（1）支付包括船票价款在内的旅游费用。

（2）附随义务：依照诚信原则以及旅游合同的特征，游客还负有以下附随义务：

①协助义务。登船前和在船期间，应该仔细阅读相关合同规定和注意事项，服从船长的指挥和管理；配合旅行社的工作安排。在岸上游览观光时，应该尊重当地的语言文化和风俗习惯。②提交旅游所需之必要证件的义务。③守时、守法的义务。游客应当准时集合，按照规定或约定的限量携带行李，不得擅自携带或在行李中夹带违禁品或者危险品。

游客在维护自己合法权益时，应该理性维权，应该根据合同条款以及相关法律规定，通过正当的法律渠道维护自己的合法权益，不得以类似"滞船"这样的手段来维权，这样不仅不利于问题的解决，而且还影响了公共秩序，属于违法行为。

二、邮轮旅游产品相关主体的法律定位

第一，邮轮公司和代理销售船票企业以及代理邮轮船票销售的旅行社为委托代理关系，本质是商事合同。

第二，邮轮公司与旅游者因船票以及承运行为构成合同关系，邮轮公司和旅游者为合同主体。这种合同关系以船票为体现形式，用船票来明确邮轮公司与旅游者双方的权利义务关系。邮轮公司对邮轮航程安全、邮轮航程取消、邮轮航程变更以及由邮轮提供的邮轮住宿、餐饮、娱乐、休闲等服务承担法律责任，一旦与旅游者发生纠纷，由邮轮

公司与旅游者协商或通过司法程序解决。

（1）代理销售船票企业以及代理邮轮船票销售的旅行社销售船票，无论销售方式是单售船票还是旅行社包船、切舱，如不包含岸上观光内容，则其法律关系应为委托代理关系，邮轮公司应就邮轮承运与船上服务向游客承担法律责任。邮轮公司与旅游者产生直接的邮轮合同关系。

邮轮公司（代理商）直销客票模式在西方邮轮市场是较为成熟的一种方式。目前国内邮轮旅游市场由船务公司、依法设立的邮轮船票销售机构、线上线下旅行社的直销客票模式也在逐步发展。在这种模式下，船务公司、依法设立的邮轮船票销售机构、线上线下旅行社仅仅为邮轮公司的代理人，邮轮公司与旅游者产生直接的邮轮合同法律关系。

邮轮公司安排的上岸观光，邮轮公司与旅游者为邮轮旅游合同关系直销客票模式下，邮轮公司设立岸上观光部或旅游部，负责安排旅游者上岸观光，组织协调岸上包价旅游产品的预订和操作。在船上直接对旅游者销售上岸观光线路。有些邮轮的岸上观光部的职责范围非常广泛，还包括预订港口接送车辆、改换航班等。这些负责实施岸上包价旅游的旅行社，是邮轮公司的供应商，产生的后果由邮轮公司直接负责。

（2）旅行社代理邮轮公司进行船票销售，并将邮轮产品打包成包价旅游产品，法律上仍不宜将邮轮公司简单界定为旅游辅助服务人，而应按照公共交通经营者的要求，承担承运人的相应责任。即旅行社包船或切舱将邮轮旅游打包成包价邮轮旅游产品，是代理销售船票的一种方式，旅行社并没有也不能改变船票即邮轮合同内容，邮轮公司仍应就邮轮的承运义务与船上服务向游客承担法律责任。船票销售为委托代理行为，其行为法律后果仍由邮轮公司直接承担，不改变邮轮公司与旅游者之间的合同关系。

第三，旅行社与旅游者签订邮轮旅游产品的包价旅游合同，合同主体为旅行社和旅游者，依据旅游法相关规定，旅行社应当履行行前说明会义务、相关告知义务、提供登船前服务，组织旅游者上岸观光旅游以及相关事宜的服务，并按照邮轮旅游合同约定承担法律责任。

第二节　邮轮旅游相关合同

一、邮轮公司与旅行社、代理销售船票企业的合同

邮轮公司与旅行社、代理销售船票企业就邮轮船票销售依法签订相关合同形成的合同关系。有关当事方就邮轮船票销售、代理签订书面合同，应当对以下涉及旅游者权益

的事项做出明确约定：①因不可抗力导致的航程变更、取消后的风险分担标准；②发生违约或者给旅游者造成人身损害、财产损失情形的责任分担；③纠纷解决方式；④向旅游者提供中文文本的船票、服务说明等资料的责任人；⑤其他与旅游者权益相关的事项。

二、旅游公司与旅游者的合同

（一）邮轮包价旅游合同

《上海市邮轮旅游经营规范》第十三条【邮轮旅游合同】旅行社将邮轮船票和岸上观光服务打包成包价旅游产品向旅游者销售的，应当与旅游者签订邮轮旅游合同，并提供船票，邮轮旅游合同应当包括以下内容：①合同双方的基本信息：包括旅行社的名称、地址、联系电话、旅行社业务经营许可证编号；旅游者的身份信息、家庭住址、联系电话等；②提供邮轮旅游服务的邮轮公司以及邮轮的基本信息；③邮轮旅游行程：具体包括出发港、途经港和返回港；④舱房等级等邮轮服务安排和标准；⑤到岸观光行程安排；⑥应当交纳的邮轮旅游费用及交纳的期限和方式；⑦变更或者解除合同的条件和期限；⑧违反合同的纠纷解决机制及应当承担的责任；⑨赔偿标准；⑩不可抗力等免责条款；

2015年由上海市工商局、上海市旅游局共同监制的《上海市邮轮旅游合同示范文本》出台。

现阶段参加邮轮旅游的旅游者，对境外邮轮公司的船票和相应的邮轮合同条款了解渠道不畅、理解程度有限，而邮轮公司的邮轮合同中和旅游者权益关系密切的一些条款非常重要，旅游者往往因为不了解这些条款而和旅行社、邮轮公司之间产生误解、争议、纠纷。根据《上海市邮轮旅游经营规范》第十一条【邮轮船票】规定：邮轮公司、旅行社和国际船舶代理企业向旅游者销售邮轮船票的，应当在游客登船前向旅游者提供中文文本的船票；邮轮公司、旅行社和国际船舶代理企业应向旅游者送达可保留的纸质或电子文本形式船票及其他书面资料，用电子方式送达的应采用旅游者可确认的方式。《上海市邮轮旅游经营规范》第十四条【特殊告知义务】邮轮公司、旅行社、国际船舶代理企业向旅游者销售邮轮船票，旅行社与旅游者签订邮轮旅游合同时，应当向旅游者如实说明下列事项：①邮轮上服务项目的限制性要求；②邮轮上的禁止行为；③船票费用包含的具体事项；④邮轮旅游可能存在的特定风险、安全注意事项和安全避险措施；⑤船长在船舶安全以及航行安全方面的处置权利；⑥纠纷发生后的赔偿标准和手续；⑦不可抗力及其他免责事项；⑧应急联络方式；⑨法律、法规规定应当向旅游者说明的其他情况。对于上述特殊告知事项，邮轮码头应承担协助告知义务，应通过电子显示屏、广播、宣传资料等多种形式在码头区域向旅游者加强告知和宣传。

旅行社代理销售邮轮公司的船票并招揽旅游者后，在与旅游者签订邮轮包价旅游合同的时候，根据《上海市邮轮旅游经营规范》规定，旅行社要将邮轮公司的邮轮合同中的一些比较重要的条款、邮轮上服务项目的限制性要求用书面方式明确告知旅游者，并按照邮轮公司的相关规定和旅游者做约定。上海市邮轮旅游合同示范文本主要对航程变更、邮轮旅游中的安全演习、邮轮航行时的自行安排活动、上岸参加观光活动的特别注意事项、解决争议纠纷的方法和途径等做了明确约定，有利于旅游者了解邮轮旅游的特殊性，了解参加邮轮旅游时旅游者应当承担和义务和应有的权利。

经营邮轮旅游产品的旅行社在销售邮轮包价旅游产品时，可以使用或参照《上海市邮轮旅游合同示范文本》与参加邮轮旅游的旅游者依法签订。

1. 邮轮包价旅游合同属于包价旅游合同

《上海市邮轮旅游合同示范文本》是以《合同法》《旅游法》为依据制定的。都属于包价旅游合同。

依据《旅游法》第一百一十一条第三款，包价旅游合同，是指旅行社预先安排行程，提供或者通过履行辅助人提供交通、住宿、餐饮、游览、导游或者领队等两项以上旅游服务，旅游者以总价支付旅游费用的合同。

邮轮旅游中的上岸观光由旅行社安排，属于由旅行社预先安排行程，由旅行社提供车辆、游览、导游和领队等两项以上旅游服务，旅行社将代理销售的船票和上岸观光的旅游费用打包销售给旅游者，邮轮旅游合同符合包价旅游合同的特征，旅行社应对所提供的服务承担相应的包价旅游合同责任。

2. 邮轮包价旅游合同具有复合性

邮轮旅游主要由两个部分组成，邮轮旅游和上岸观光。邮轮包价旅游合同对邮轮旅游和上岸观光都有条款约定。邮轮旅游部分主要是航程变更的约定；上岸观光部分是旅行社邮轮包价旅游合同的主要内容。主要是召开出团说明会、办理登船前的手续、出发召集、航行中的咨询服务、安排上岸观光行程、提供上岸观光的交通、游览、导游或者领队等。

邮轮旅游部分的服务提供方为邮轮公司。邮轮公司与旅游者用邮轮合同约定双方在邮轮旅游（非上岸观光）期间的权利和义务。邮轮合同有"邮轮度假须知及商务条款""航行合约"等名称，因邮轮不同而不同，但都属于邮轮合同。旅游者可以通过船票、向旅行社索取、上网获取、船舱内的书面资料等方式获得。邮轮包价旅游合同中包含少量邮轮公司和旅游者约定的条款，属于旅行社销售邮轮公司船票后向旅游者特殊告知义务的内容。在邮轮上旅游者与邮轮公司为合同主体。

上岸观光的提供方为旅游公司。旅游公司与旅游者签订邮轮旅游合同，约定了行前说明会、登船服务、船上咨询辅助服务、上岸观光、特殊告知义务等服务范围。除此之外的邮轮上的时间为邮轮包价旅游合同中旅游者的"自行安排活动期间"。旅行社应对所约定的服务项目承担相应的包价旅游合同责任。

3. 邮轮包价旅游合同发生争议的解决

《上海市邮轮旅游经营规范》第十八条【纠纷解决】中提及：旅行社和国际船舶代理企业代理销售邮轮船票，因邮轮公司未按照合同约定提供相关服务产生的和旅游者之间的邮轮旅游纠纷，由邮轮公司负责纠纷解决；因旅行社和国际船舶代理企业在销售船票过程中未依法履行告知义务产生的纠纷，由旅行社和国际船舶代理企业负责纠纷解决。

旅行社把邮轮船票与岸上观光服务组合成包价旅游产品，违反邮轮旅游合同约定发生纠纷的，由组团社牵头负责纠纷解决。因邮轮公司的原因造成旅游者人身损害、财产损失的，或者因邮轮航程取消、变更发生纠纷的，由邮轮公司牵头负责纠纷解决，旅行社应当协助纠纷解决。

（二）旅行社单船票销售的合同

旅行社代理销售邮轮公司的船票，包括母港邮轮、离岸邮轮等。旅行社不安排上岸观光。单船票销售合同属于单项委托合同范畴。

《旅游法》第七十四条提及：旅行社接受旅游者的委托，为其代订交通、住宿、餐饮、游览、娱乐等旅游服务，收取代办费用的，应当亲自处理委托事务。因旅行社的过错给旅游者造成损失的，旅行社应当承担赔偿责任。旅行社作为旅游者的受托人，其代购船票的行为后果，由旅游者承担，旅行社仅对其代订行为承担责任。

对旅行社来讲，为旅游者提供代订船票服务是其经营活动，可以收取代办费用，二者之间成立的旅游代订合同属于有偿合同。根据《合同法》第四百零六条的规定，因旅行社的过错给旅游者造成损失的，旅行社应当承担赔偿责任。如错定舱位、错定航次等。

旅行社单船票销售合同属于单项委托合同范畴，旅行社可以依据《合同法》《旅游法》的相关规定，参照单项委托合同版本拟定。

案例链接| 🔍搜索

旅游者拒绝在上邮轮时拍摄照片引发的投诉案例

某旅行社与旅游者王某签订了邮轮包价旅游合同，王某来到邮轮码头的报到大厅，找到参团团队的领队以后，拿着所有上船的证件，通过安检来到邮轮上。登上邮轮后，邮轮工作人员请游客首先要进行拍照留档的流程。按照邮轮公司的惯例，上邮轮的每一位旅游者都要拍照留档，作为邮轮安全管理和上下邮轮安检的必要影像信息，属于邮轮上服务项目的限制性要求。但旅游者王某以不知情不了解、侵犯其个人肖像权为由，拒绝邮轮公司工作人员的拍照要求。由于邮轮公司的工作人员和游客的语言沟通有障碍，双方无法进一步沟通。领队得到信息后立即赶到现场，对旅游者王某进行了反复的解释和劝说，向邮轮公司也进行了说明，但邮轮公司看到旅游者王某语言激烈，仍然坚持拒绝配合拍照的情况下，向船长、安全官汇报了情况。在船长的指令下，做出了拒绝旅游者随船旅游，将旅游者逐下了邮轮的决定。

事后，旅游者王某向多方投诉旅行社，要求退款并赔偿损失，后经多方调解和协商，该旅行社退赔款结案。

本案属于典型的代理销售邮轮公司船票的旅行社，没有履行《上海市邮轮旅游经营规范》第十四条【特殊告知义务】而引发的争议。

根据《上海市邮轮旅游经营规范》第十四条【特殊告知义务】规定：邮轮公司、旅行社、国际船舶代理企业向旅游者销售邮轮船票，旅行社与旅游者签订邮轮旅游合同时，应当向旅游者如实说明下列事项：①邮轮上服务项目的限制性要求；②邮轮上的禁止行为；③船票费用包含的具体事项；④邮轮旅游可能存在的特定风险、安全注意事项和安全避险措施；⑤船长在船舶安全以及航行安全方面的处置权利；⑥纠纷发生后的赔偿标准和手续；⑦不可抗力及其他免责事项；⑧应急联络方式；⑨法律、法规规定应当向旅游者说明的其他情况。如上邮轮后拍照、安全演习、环保要求、吸烟规定、安全、船长的处置权利等，属于邮轮特殊的、限制性的要求，旅游者一般不会或者很少了解和知晓。邮轮公司、旅行社、国际船舶代理企业向旅游者销售邮轮船票时，必须以书面的方式、出团说明会的方式、特别告知的方式向旅游者明示如实说明。也就是说，要参加邮轮旅游的旅游者，只有知晓并认同这些上邮轮旅游特殊的限制要求，才能报名参加邮轮旅游，反之则无法参加邮轮旅游。

本案中的旅游者王某，在报名参加邮轮旅游时，并没有得到旅行社的特殊告知，也没有知晓和认同相关的邮轮限制性要求，从而引发争议造成损失。

签订邮轮旅游合同可以参照、使用上海市工商局、上海市旅游局制定的《上海市邮轮旅游合同示范文本》（详见附录2）。

三、邮轮公司与旅游者的合同

邮轮公司与旅游者之间的合同就是船票。船票是邮轮公司和旅游者之间承运关系的证明，同时也是明确邮轮公司和旅游者之间权利义务关系的载体，属于混合合同，既包含了海上旅客运输合同的内容，也包含了饮食住宿、休闲娱乐的旅游内容。

邮轮船票是由邮轮公司单方面提供的一种邮轮格式合同，由邮轮方提供具体条款与细则。船票条款分正面条款和背面条款。船票正面条款一般应当包括中英文对照的承运人名称、航线、航次、出发和达到时间、舱位号、票价、旅客姓名等。船票背面条款上列明了游客须知、邮轮公司和游客之间的责任划分，争议解决，投诉处理，条款解释权等内容。各大邮轮公司的船票背面条款名称也不尽相同，地中海邮轮公司为"标准承运条款"、丽星邮轮公司为"特别协议书"、歌诗达邮轮公司为"邮轮度假须知及商务条款"、公主邮轮为"航行合约"等。

案例链接 🔍搜索

某邮轮公司的条款与细则

（1）销售合约的适用法律及消费者权益保障的相关规定条款。

（2）合同成立条款及细则：具体为预订船票的程序，特惠条款、委托代理销售船票的规定，船票销售的限制、残疾人士的保障、游客身体情况的告知义务等。

（3）付款方式。

（4）价格：具体有船票价格和浮动规则、港务费、船上酒店服务费、单人价格及单人客舱差额费用等。

（5）邮轮组织方的旅行变更：组织者在出发前（因游客之外原因）的旅行变更规则。

（6）乘客解除合同：个人预订和团队预订乘客出发前解除合同的费用承担约定。

（7）替代：乘客因客观原因不能参加旅行计划时，由他人替代的相关约束条款。

（8）组织者（邮轮方）无法执行的相关权利义务。

（9）乘客义务：包括乘客的护照签证、不得危及安全条款、不得携带物品条款、乘客未履行义务而造成损失承担责任的条款、乘客向组织方提供信息的义务等。

（10）船长权利：船长的开航权利、安全处置权利等相关法律赋予船长的权利。

（11）质押与留置：组织方有权扣缴乘客的行李或其他物品并将其作为因乘客在船上所使用商品和服务所产生的附加费用的质押。

（12）船上或酒店的住宿：组织方有权为乘客指定预订客舱之外的客舱，但是二者必须属于同一类型。

（13）组织者的责任：组织者应对未能全部履行合约约定服务而给乘客造成的任何损失承担责任。

（14）赔偿限额：组织者承担的赔款因符合相关法律法规的规定。

（15）游览：根据合约履行游览以及因外部环境、不可抗力导致变更的处理规定。

（16）船医：船上医疗设备和人员配备的大致情况，以及支付费用的约定。

（17）贵重物品的保管：船上游客可使用保险箱服务的约定。

（18）帮助义务：限于合约义务和法定义务。

（19）投诉和诉求：乘客投诉以书面方式提出以及投诉时效和协商的约定。

（20）保险：提示乘客购买保险。

（21）个人信息保密：个人信息保密和使用条款。

（22）管辖。

第三节　邮轮旅游安全保障和风险防范

一、邮轮旅游的安全保障

（一）邮轮旅游的安全

依据我国《海商法》第一百一十一条的规定：如果是旅游者自行到达登船港口的，旅行社和邮轮公司针对人身权益的责任期间自旅游者登船时起，至旅游者离船时止；如果约定由旅行社或者邮轮公司负责旅游者自出发地到码头接送的，接送期间也应纳入责任期间的计算。但不包括旅游者在港口码头等其他设施内的期间。

邮轮旅游安全主要是指旅游者的人身、财产等安全。包括邮轮的航行安全、饮食安全、财物安全、人身安全、旅游安全等。

（二）邮轮旅游的安全保障

1. 邮轮公司的安全保障义务

旅游者在船上的期间，邮轮公司作为实际承运人和邮轮旅游服务提供者，与旅游者之间存在承运合同关系，因此必须承担相应的安全保障义务。具体包括：按照既定的路线和时间安全地完成航行，做好相关的安全保障措施确保旅游者的人身和财产安全，履行安全告知义务。

邮轮公司的安全保障义务适用于通过旅行社、代理销售船票企业单独购买船票的旅游者。

由邮轮公司负责提供上岸观光旅游时，邮轮公司与旅游者构成旅游合同关系，邮轮公司负有履行安全保障义务，确保旅游者人身和财产安全，对可能危及旅游者人身、财产安全的旅游项目，应提前予以告知和警告，不得安排具体购物场所，选择在目的地国家依法设立并具有良好信誉的旅行社等。

2. 旅行社的安全保障义务

旅行社与旅游者签订邮轮旅游的包价旅游合同，按照《旅游法》《上海市邮轮旅游经营规范》承担安全保障义务。具体包括：按照旅游合同提供相应服务；做好安全提示和告知义务；提示旅游者按照规定投保人身意外伤害保险等。

旅行社包价旅游合同包括岸上观光旅游，旅行社负有履行安全保障义务，确保旅游者人身和财产安全，对可能危及旅游者人身、财产安全的旅游项目，应提前予以告知和警告，不得安排具体购物场所，选择在目的地国家依法设立并具有良好信誉的旅行社等。

旅行社与旅游者签订了包价旅游合同，旅游者除上岸观光外的船上活动部分，约定为旅游者自行安排活动期间，依据《旅游法》相关规定，旅行社对旅游者自行安排活动期间应履行基本的安全提示和救助的安全保障义务。

二、邮轮旅游的安全告知

（一）安全告知是法定义务

《旅游法》第六十二条　订立包价旅游合同时，旅行社应当向旅游者告知下列事项：

（1）旅游者不适合参加旅游活动的情形；

（2）旅游活动中的安全注意事项；

（3）旅行社依法可以减免责任的信息；

（4）旅游者应当注意的旅游目的地相关法律、法规和风俗习惯、宗教禁忌，依照中国法律不宜参加的活动等；

（5）法律、法规规定的其他应当告知的事项。

在包价旅游合同履行中，遇有前款规定事项的，旅行社也应当告知旅游者。

《旅游法》第八十条规定：旅游经营者应当就旅游活动中的下列事项，以明示的方式事先向旅游者作出说明或者警示：

（1）正确使用相关设施、设备的方法；

（2）必要的安全防范和应急措施；

（3）未向旅游者开放的经营、服务场所和设施、设备；

（4）不适宜参加相关活动的群体；

（5）可能危及旅游者人身、财产安全的其他情形。

（二）安全告知的含义

以存在可能危及旅游者人身财产安全的旅游风险为前提。旅游活动大多数具有一定的风险，即使日常生活中应该注意到的风险，旅游活动过程中也可能被放大。旅行社告知义务不能以日常生活环境作为参考，而应当以旅游活动这一特定背景作为衡量标准。

以存在可能对旅游者产生不利影响的法律风险为前提。可能对旅游者产生不利影响的法律风险，主要指旅行社依法可以减免责任的法律风险，以及旅游者应当注意的邮轮相关的法律法规、旅游目的地相关法律、法规和风俗习惯、宗教禁忌、依照中国法律不宜参加的活动而面临的法律风险。之所以要求告知旅游者，是由于因此风险导致的后果，须由旅游者自行承担。

（三）安全告知的方式和途径

邮轮公司和旅行社履行说明及警示义务，既可保证旅游者知情权的实现，也体现邮轮公司和旅行社履行的安全保障义务。

安全告知应采取明示的方式，主要指邮轮公司、旅行社或其从业人员用积极的、直接的、明确的方式，将说明或者警示的内容表达、告知给旅游者。具体包括：

口头明示：主要指邮轮公司、旅行社或其从业人员用积极的、直接的、明确的方式，将说明或者警示的内容表达、告知给旅游者。诸如邮轮广播、出团说明会、从业人员的当面口头告知，电话联系等。

口头方式传达的信息方便、快捷，但因缺乏客观记载，在发生纠纷时难以取证，所以，危险性较大的安全事项不宜单独采用口头方式。

书面明示：合同的告知就是一种书面明示的主要方式。邮轮合同、邮轮出行指南、邮轮送到船舱的安全告知单页、邮轮张贴的安全警示标志、旅游合同、旅游行程表、旅游产品说明书、出团通知书等都可以进行书面的安全明示。

将邮轮公司和旅行社所要表达的安全说明或警示内容客观地记载于一定的载体上，是旅游者判断的依据，有利于防止旅游活动中的异议和便于旅游纠纷的处理。

事先警示：事先警示是预先防范措施，其目的是防范旅游安全事故的发生。是指在旅游者履行签订合同之前、邮轮旅游行程或活动开始前，通过视听材料、出团说明会、安全演习、警示标识牌等方式进行明确、有效的警示明示。

（四）违反告知义务的法律责任

邮轮公司、旅行社对可能危及旅游者人身、财产安全的旅游项目未履行告知义务，造成旅游者人身损害、财产损失，旅行社应当承担相应的法律责任。

（五）安全告知的内容

（1）邮轮的安全告知：舱房住宿时提醒旅游者关注舱房内明示的紧急疏散路线、防滑、防盗和防火等相关安全注意事项，提醒旅游者在阳台上活动、开启舱门、阳台门需要注意的安全事项。使用各种设备（泳池、按摩池）的安全告知、妥善保管贵重物品的安全告知、邮轮甲板行走、餐饮场所用餐、娱乐场所娱乐、参加健身活动的安全告知，残疾人、老年人、未成年人的特别安全告知等。

（2）旅行社的安全告知：提示旅游者必须参加邮轮的安全演习，遵守邮轮方的安全管理规定，邮轮上属于旅游者自行安排活动期间，旅游者要根据邮轮方的相关告知和提示，充分注意自身的人身安全和财产安全。

（3）上岸观光旅游行程中，领队导游具体告知内容：

①车辆行驶前，告知车内安全设施位置及使用方法、主要突发事件应对常识，要求旅游者系好安全带，勿随意更换座位，不要在车上随意走动，上下车时要注意来往车辆；不带危险或易燃品。并提醒其他安全乘车注意事项。

②旅游者因游览、用餐、购物等需暂时离开车辆时，导游应提醒其随身携带贵重物品，并督促司机关好门窗。

③游览时提醒旅游者遵守游览场所及项目的安全规定和警示，对参与特种项目的旅游者要提前告知应注意的安全事项。

④提醒旅游者遵守餐饮、购物和娱乐场所的安全规定和警示，保管好随身物品等注意事项。

⑤提醒旅游者下船、登船的安全注意事项。

⑥上岸观光旅游要带好证件并妥善保管，忌带贵重物品，整个游程注意人身和财物的安全。

⑦旅游者自由活动（景点解散旅游、购物）时：提醒旅游者遵守目的地的法律法规，尊重目的地风俗民情、宗教信仰；告知归团时间，提醒自由活动期间的主要风险和安全注意事项；告知联系方式、报警和求助电话。

⑧告知导游、领队的名称和电话，乘坐的旅游车车牌号码。

⑨旅途购买食品时应注意食品卫生，要慎吃生食、生海鲜，也不能带上船。

⑩购物要注意保管好发票或凭证。

第四节　邮轮旅游保险

　　《上海市邮轮旅游经营规范》规定：市交通、旅游行政管理部门推行邮轮旅游经营方综合保险制度。邮轮公司、旅行社和邮轮码头经营者应积极参加本市邮轮旅游经营方综合保险统保。

　　旅行社组织旅游者参加邮轮旅游应当以显著方式提示旅游者投保个人意外险。

一、保险是分散邮轮旅游经营风险的有效途径

　　（1）邮轮旅游具有一定的风险。邮轮旅游相对于一般的海上旅客运输，运输周期长，超大型、巨型邮轮旅游者人数众多，邮轮旅游具有一定的风险。如邮轮旅游发生沉没、碰撞、搁浅、爆炸、火灾、溺水、公共卫生事件、疫情、意外死亡、行李灭失或损坏、财物遗失、航程变更、取消等。邮轮公司作为承运人和邮轮服务提供方，一旦发生在邮轮上的风险或发生和承运有关的航程变更和取消，邮轮公司承担的责任很大。

　　（2）邮轮公司作为承运人和邮轮旅游服务的提供方，旅游者在邮轮上发生风险后，基于与旅游者的承运合同关系，依据相关法律法规，将对旅游者的人身伤害、财产损失、利益救济承担主要的赔偿责任。

　　（3）旅行社作为邮轮旅游包价合同的主体方，依据合同承担相应的责任。旅行社与旅游者签订邮轮包价旅游合同，因为旅行社原因导致旅游者人身、财产损失，应由旅行社向旅游者承担违约责任。包价旅游合同中上岸观光主要由旅行社提供，如果上岸观光过程中发生旅游者人身、财产损失，都应由旅行社向旅游者承担违约责任。

　　（4）旅游者有选择权。如果是由于邮轮公司方面的侵权行为导致旅游者人身、财产损失，旅游者有选择权，即邮轮公司承运合同和旅行社邮轮旅游包价合同的竞合。旅游者可以选择向邮轮公司索赔，也可以选择向旅行社索赔，由旅行社将邮轮公司追加为第三人。一般来说，海上运输和邮轮旅游服务由邮轮公司提供，发生和其有关风险在责任承担上以邮轮公司为主。

　　（5）旅游者依法承担相应责任。依据《旅游法》十五条规定：旅游者违反安全警示规定，或者对国家应对重大突发事件暂时限制旅游活动的措施、安全防范和应急处置措施不予配合的，依法承担相应责任。旅游者参与邮轮旅游，受到邮轮合同和邮轮旅游包价合同约定的约束，不得违反相应的安全警示规定。服从邮轮方的各项旅游安全管理，谨慎选择参与邮轮的各类娱乐设施活动，注意人身安全，保管好贵重物品、具有完全民

事行为的旅游者还要对同行的老年人、残疾人、未成年人等承担监护责任等。

邮轮旅游具有一定的风险，邮轮公司、旅行社、旅游者依法要承担相应的责任。邮轮公司、旅行社、旅游者通过购买保险，可以分散邮轮风险带来的损失。

二、责任保险

（一）旅行社责任保险

《旅游法》第五十六条规定，国家根据旅游活动的风险程度，对旅行社、住宿、旅游交通以及其第四十七条规定的高风险旅游项目等经营者实施责任保险制度。

（1）旅行社的责任保险是强制保险。旅行社投保责任保险，必须在中国境内选择经营责任保险的保险业务信誉好、服务网络面广、无不良经营记录的保险公司。

（2）旅行社责任保险概念：是指旅行社根据保险合同的约定，向保险公司支付保险费，保险公司对旅行社在从事旅游业务经营活动中，致使旅游者人身、财产遭受损害应由旅行社承担的责任，承担赔偿保险金责任的行为。

（3）旅行社责任保险合同的投保人、被保险人、受益人都是旅行社。

（二）邮轮公司保险

在海上旅客运输方面，《1974年雅典公约》和各国的海商法都有相应的旅客人身伤害和行李运输的单位赔偿责任限额，除此之外还有海商赔偿责任限制制度。都对承运人进行了必要的责任保护。邮轮公司都在其标准承运合同中规定了责任限制条款，以法律规定的限制金额为上限。

三、旅游者的意外保险

（1）旅游自愿保险概念：是指旅游者参加旅游活动，为避免风险，自愿向保险公司购买的旅游保险产品。旅游自愿保险，应当符合《保险法》的规定。

（2）旅行社应当提示购买：《旅游法》第六十一条规定：旅行社应当提示参加团队旅游的旅游者按照规定投保人身意外伤害保险。

（3）邮轮意外保险的投保：邮轮意外保险的保险公司不同、保障范围不同、价格不同。目前邮轮旅客自行购买的保险品种多样。例如：太平洋邮轮旅游出境保险保障的利益就包括：意外、意外医疗保障、安排并支付紧急医疗转送/送达、遗体/骨灰运送回国、亲友探病、协助未满12岁的同行子女回国、出院后的休养期食宿、邮轮延误导致港口停靠时间缩短、港口停靠取消、邮轮往返抵港延误、旅程取消/缩短、旅行证件重置费用、行李延误等。这些保障覆盖了邮轮旅游的大部分项目。也有一些邮轮意外保险品种，保障范围比较小，覆盖的风险不够大，虽然价格便宜，但一旦发生风险，对旅游者的保障就有一定的局限性。

旅行社代理销售意外保险或旅游者自行购买，都要谨慎选择。要充分了解保险合同条款。认真解读保险条款，特别关注保险责任、责任免除条款、赔偿处理条款、索赔程序、退保规定、投保人、被保险人义务，以及保险条款中对保险名词的释义。要特别关注保险合同中责任免除条款的规定，避免理赔时的诸多纠纷。

四、保险理赔

（一）牢记客服电话，依法按时报案

《保险法》规定，投保人、被保险人或者受益人知道保险事故发生后，应当及时通知保险人。故意或者因重大过失未及时通知，致使保险事故的性质、原因、损失程度等难以确定的，保险人对无法确定的部分，不承担赔偿或者给付保险金的责任，但保险人通过其他途径已经及时知道或者应当及时知道保险事故发生的除外。

投保人应当关注保险合同中有关于索赔的具体规定。严格遵循索赔与理赔程序。

在保险合同中都会有一个条款约定当发生保险事故或出现合同约定的给付条件时，被保险人或受益人应当在此后的多长时间内报案。通常是 3 天内、5 天内等不同规定。

责任保险和意外保险都要注意及时报案。

（二）保留有关资料，提供必需单证

《保险法》规定，保险事故发生后，依照保险合同请求保险人赔偿或者给付保险金时，投保人、被保险人或者受益人应当向保险人提供其所能提供的与确认保险事故的性质、原因、损失程度等有关的证明和资料。

保单、旅游合同、行程、导游签字的情况证明书、支出费用的各类单据、身份证等。旅程延误、行李延误遗失要向航空公司索取证明材料，财物被盗、被抢要及时报案，并获取当地警局的报案证明，交通事故要有交通管理部门的事故报告（举例：财物被盗让领队作证、离开事发地说东西被盗、食物中毒没去就医自己吃药、受伤当时未就医，离开事发地过后就医不被认定等）。

保险人依照合同的约定，认为有关的证明和资料不完整的，应当及时一次性通知投保人、被保险人或者受益人补充提供。

在保险合同条款中，均约定了索赔时应提供的资料。险种不同，需提供的资料也不尽相同，关注有效证明符合保险合同约定的给付条件。

（三）牢记有关期限，维护合法权益

《保险法》规定，保险人收到被保险人或受益人的赔偿或给付保险金的请求后，应当及时做出核定；情形复杂的，应当在三十日内做出核定，但合同另有约定的除外。保险人应当将核定结果通知被保险人或者受益人；对属于保险责任的，在与被保险人或者受益人达成赔偿或者给付保险金的协议后十日内，履行赔偿或者给付保险金义务。保险合同对赔偿或者给付保险金的期限有约定的，保险人应当按照约定履行赔偿或者给付保险金义务。

保险人自收到赔偿或者给付保险金的请求和有关证明、资料之日起六十日内，对其赔偿或者给付保险金的数额不能确定的，应当根据已有证明和资料可以确定的数额先予支付；保险人最终确定赔偿或者给付保险金的数额后，应当支付相应的差额。

注意向保险人请求赔偿或者给付保险金的诉讼时效期，自其知道或者应当知道保险事故发生之日起计算。

知识链接 🔍搜索

中国人寿邮轮保险方案

邮轮旅游意外保险-方案 A	
保障项目	责任限额
意外事故导致的身故、残疾	200 000
医疗费用补偿（给付比例100%；无免赔额）累计给付后续医疗保险金占保险金额的比例20%	50 000
紧急医疗运送和运返费用补偿	200 000
遗体送饭保险金、丧葬保险金（丧葬保险金赔偿限额 20 000 元）	50 000
行李和随身物品丢失（每件或每套物品免赔额：无。每件或每套物品赔偿限额1000 元）	2000
旅行证件丢失（每人每次免赔额：元）	1000
亲友慰问探访（每次最高给付津贴日数 10 日，每日津贴给付标准 300 元）	10 000
个人责任	200 000

续表

保障项目		责任限额
邮轮旅行航程保障保险（其中任何一项发生赔偿，其余各项不予以赔偿）	邮轮登船保障	800
	邮轮停航保障	800
	邮轮港口停靠取消保障（累计赔付行程中2个目的港口）	600（每个港口赔付限300元）
	邮轮港口停靠临时更换保障（累计赔付行程中2个目的港口）	600（每个港口赔付限300元）
	邮轮港口停靠时间缩短保障（单一港口停靠时间缩短4小时以上）（累计赔付行程中2个目的港口）	600（每个港口赔付限300元）
	邮轮延误保障（延误单位时间赔偿标准300元，延误单位时间5小时）	600

免费扩展24小时SOS全球紧急救援服务。服务电话：86-400-650-5913或86-10-64105913

天数	保费
1~4天	65
5~7天	90
8~10天	120

特别约定：

1. 每位游客每次出行限购一份本保险。

2. 本保单被保险人年龄为1周岁至80周岁以内身体健康的旅行者（以法定证件登记的周岁年龄为准），81周岁至90周岁承保此方案意外事故导致的身故、残疾以及医疗费用补偿两项保额减半，保费不变。被保险人不满10周岁的，死亡保险金额不超过人民币20万元；被保险人已满10周岁但未满18周岁的，死亡保险金额不超过人民币50万元。具体内容以保监会关于未成年人死亡保险金额的有关规定为准。

3. 邮轮登船保障仅承保由于火车或航班延误及取消导致被保险人不能登船。

4. 邮轮停航保障仅承保由于天气原因及邮轮故障所致邮轮停航。

5. 邮轮登船保障、邮轮停航保障、邮轮港口停靠取消保障、邮轮港口停靠临时更换保障、邮轮延误保障、邮轮港口停靠时间缩短保障中的任何一项发生赔偿，其余各项不予以赔偿。

保障内容（本保障内容说明仅供参考，不构成保险合同的一部分。保险责任的详细内容请参阅保险合同，并以其规定为准。）

（1）意外事故导致的身故、残疾邮轮旅行期间遭受意外伤害，并因该意外伤害导致身故、残疾，保险人按照约定给付保险金。

①医疗费用补偿。邮轮旅行期间遭受意外伤害或罹患疾病，并自该意外伤害发生之日或罹患疾病之日起90天内在医疗机构进行治疗，对因此发生必要且合理的医疗费用，保险人按照约定给付医疗费用补偿保险金。

②紧急医疗运送和运返费用补偿。邮轮旅行期间遭受意外伤害或罹患疾病需要医疗运送和运返的，由保险人委托的救援机构安排和提供医疗运送和运返服务。运送和运返手段包括配备专业医生、护士和必要的运输工具。运输工具可能包括空中救护机、救护车、普通民航班机、火车或其他适合的运输工具。

③身故遗体送返保险金。邮轮旅行期间遭受意外伤害或罹患疾病而身故的，救援机构将在遵守法律法规和符合当地实际情况的前提下安排和提供遗体或骨灰送返服务（其中丧葬保险金以20000元为限）。

④行李和随身物品丢失。邮轮旅行期间因遭受抢劫、盗窃或因第三方意外损害导致行李或随身物品丢失或损坏，保险人按照约定进行赔偿（金银、珠宝首饰或饰物、移动电话、笔记本电脑、个人商务助理设备（PDA）、现金、旅行证件等物品除外）。

⑤旅行证件丢失。邮轮旅行期间因被抢劫或被盗窃导致护照、旅行票据或其他旅行证件丢失，且在发现损失后24小时内向当地警方申报并取得书面警方报告，保险人赔偿被保险人因重置护照、旅行票据及其他旅行证件的费用，包括额外支出的合理且必需的旅行费用及酒店住宿费用。

⑥亲友慰问探访。邮轮旅行期间身故，或者因遭受严重意外伤害或罹患严重疾病需住院治疗且连续住院10天以上，保险人按照约定给付一名成年亲属慰问探访交通费用、慰问探访每日津贴以及未成年人送返费用。

⑦个人责任。邮轮旅行期间因疏忽或过失行为造成第三方死亡、身体伤害或财产损失，保险人按照约定补偿被保险人依法实际支付的赔偿金额。

（2）邮轮登船保障仅承保由于直接前往邮轮始发港口地而搭乘的火车或航班延误及取消导致被保险人不能登船，保险人按照约定赔偿被保险人下述费用：

其一，由于该延误而取消邮轮旅行计划所损失的不可退还的邮轮船票费用；或

其二，为搭乘该邮轮继续旅行而前往下一停靠港口所额外支出的合理且必需的旅行费用。

①邮轮停航保障。邮轮停航保障仅承保由于天气原因及邮轮故障所致邮轮停航，保险人赔偿被保险人因邮轮被迫停航所损失的所有预付而实际未使用且不可退还的旅行费用。

②邮轮港口停靠取消保障。邮轮旅行时，因邮轮罢工，目的地发生传染病、暴动、骚乱或恶劣天气、自然灾害而导致邮轮被迫取消原计划停靠的港口，保险人按照约定给付保险金。

③邮轮港口停靠临时更换保障。邮轮旅行时，因邮轮罢工，目的地发生传染病、暴动、骚乱或恶劣天气、自然灾害而导致邮轮临时更换原计划停靠的港口，保险人按照约定给付保险金。

④邮轮港口停靠时间缩短保障。邮轮旅行时，因自然灾害、恶劣天气、机械故障、被劫持、该承运人的雇员罢工或临时性抗议活动、恐怖分子行为而导致被保险人所搭乘的邮轮较其预订停靠港口的时间缩短，缩短的时间以保单载明为准，保险人按照约定给付保险金。

⑤邮轮延误保障。邮轮旅行时，因恶劣天气等不可抗力、劫持、自然灾害、机械故障、邮轮公司雇员罢工或恐怖分子行为而导致邮轮延误，保险人按照约定给付保险金。

⑥急性病身故。邮轮旅行时，被保险人突发急性病，并自发病之日起3日内因该急性病导致身故的，保险人按照约定给付身故保险金。

⑦24小时SOS全球紧急救援服务。国际医疗救援：医疗转运/送返、协助/安排住院、电话医疗咨询、担保/垫付医疗费用等；国际旅行援助：旅行、签证、天气和领事馆资讯等；协助服务：行李、护照丢失援助、律师、保释、紧急文件传递。

第七章

邮轮旅游突发事件应急和纠纷处理

第一节　航程变更的应急和处理

一、邮轮的航程变更

（一）邮轮的航程变更容易引发旅游突发事件

邮轮因不可抗力、邮轮本身原因等发生原定航线取消或变更，导致旅游者和邮轮公司的邮轮承运合同、旅游者和旅行社签订的邮轮包价旅游合同发生变更。在航程变更协商过程中，旅游者、邮轮公司、旅行社很难达成一致。旅游者提出高额赔偿、邮轮公司、旅行社责任分担不清，造成争议、纠纷、滞船事件。

（二）安全因素是邮轮航程变更的主要原因

邮轮航程变更是邮轮旅游中难以避免的事件。邮轮在海上航行受大自然的影响比较多，且成因比较复杂，而邮轮作为海上浮动的"城市"，搭载的旅游者和船上工作人员数千，确保人的生命和财产安全是头等大事，邮轮安全一直受到邮轮公司、邮轮旅客以及国际和各国海事部门的重点关注。邮轮安全受到来自三个方面的规定和监督：

（1）国际公约，主要为国际海事组织颁布的与海事安全相关的公约，例如《1974年国际海上人命安全公约》（SOLAS）；《国际船舶和港口设施保安规则》（ISPS Code）。

（2）邮轮船舶在设计、建造以及运营上受到其船籍注册国相关规章的制约，而船级社作为第三方机构也会对船舶的安全性进行定期的检查并颁发证书。

（3）邮轮在其挂靠时需要遵守挂靠港的相关安全规章。

（三）我国对航行安全的相关规定

（1）《1974年国际海上人命安全公约》（简称SOLAS74公约）是保障海上生命安全的国际公约，也是海上生命安全方面最古老、最重要的公约。《1974年国际海上人命安全公约》于1980年5月25日生效，我国政府于1980年1月7日核准了该公约。

（2）《中华人民共和国海商法》。

（3）《上海市邮轮旅游经营规范》第十六条【邮轮航程变更】：邮轮公司应当按照合同上既定的航线行驶，并且提供承诺的相关服务，不得擅自改变航线或者减少服务项目和服务内容。

如遇不可抗力可能危及邮轮和旅游者人身安全的，邮轮船长有独立决定权，可以决定变更航线或者停止航行。邮轮公司、船员、邮轮码头、旅行社、旅游者均无权干涉，并应予配合。船长决定变更航线或者停止航行的，邮轮公司应当会同旅行社等有关单位做好后续处置工作。

（四）航程变更的合同约定

邮轮航程变更是邮轮承运合同的变更。在现行中国邮轮船票分销体制下，游客与旅行社签署邮轮包价旅游合同要界定发生邮轮航程变更时双方的权利和义务；邮轮公司与旅游者签订的邮轮承运合同里，也要清楚地界定发生邮轮航程变更时双方的权利和义务。旅行社和邮轮公司签订代理船票销售的合同时，也要明确规定发生邮轮航程变更时，邮轮公司和旅行社的处置应对方案，如何承担责任、补偿方案等。

（1）邮轮公司在船票背面条款（如航行合约）中，对发生邮轮航程变更时的约定：邮轮公司有权在恶劣天气条件下变更航线，并且无须承担赔偿责任。且邮轮公司提供行程的费用（成本折旧费、燃油费、船上人工费、餐食等耗材费以及邮轮公司的品牌费等）在行前均已发生，其中大多数费用不会因为个别或部分游客退团而发生改变。

（2）旅行社在与旅游者签订的邮轮包价旅游合同中，对发生航程变化的约定：因发生不可抗力情形或者乙方、履行辅助人已尽合理注意义务仍不能避免的事件，可能导致邮轮行程变更或取消部分停靠港口等情况时，按以下约定方式处理。

行程前发生的，甲方可以按（1）或（2）选择（二选一）

□（1）甲方同意邮轮行程变更或取消部分停靠港口等，按以下约定处理：

①在不减少行程自然天数的情况下，启航延迟、港口停靠时间缩短、返航延迟抵达：船方提供餐食和各项服务，乙方退还旅游费用总额的＿＿＿＿＿＿＿％。

②无法停靠目的地港口：退还该港口的港务费以及未发生的岸上观光费用。

③行程自然天数减少：扣除已实际支付且不可退还的费用后，按照减少行程的自然天数所占计划行程的百分比退还旅游费用。

□（2）甲方不同意邮轮行程变更或取消部分停靠港口等上述约定，解除本合同；乙方应当在扣除已实际支付且不可退还的费用后，将余款＿＿＿＿＿＿＿元退还甲方。

行程中发生的，按上述（1）的约定处理。

（3）旅行社和邮轮公司签订代理船票销售的合同时，也应当约定：一旦发生航程变更，包船模式、切舱模式的各自责任承担方式、退款方式，尤其要明确如何处理因航程变更导致邮轮公司、旅行社与旅游者之间发生争议的处理方案等。

二、航程变更的处置

（一）航程变更发生在出发前

邮轮公司要及时关注将导致航程变更的各种信息，及时将航程变更的情况详细真实地通过各种途径、各种渠道及时发布。邮轮公司通过自己的公众网络，联系各船票销售渠道的相关企业，及时通知旅游者，和旅游者良好沟通，依据合同约定，做好邮轮旅游合同的变更手续。

旅游者同意航程变更方案的，可以依据合同约定，进行邮轮旅游合同的变更签字确认，依法完成合同变更。旅游者不同意航程变更的，可以依据合同约定，取消邮轮旅游合同，并承担取消邮轮旅游合同的后果，签订邮轮合同终止协议，依法完成邮轮旅游合同的终止。

（二）航程变更发生在行程中

邮轮已经起航，因天气、目的地等原因，也会发生航程变更的情况，一种变更是变更挂靠港，另一种变更是取消挂靠港。邮轮公司应及时将邮轮航程变更信息，通过广播、邮轮日报等途径将真实情况告知旅游者，同时告知变更后对旅游者的安排或补偿方案。邮轮公司要在服务台安排懂中文的服务人员，专门接待旅游者的咨询，要耐心解答、解释旅游者的异议、疑惑，做好安抚工作。

旅行社要及时做好变更挂靠港以后的新上岸观光接待工作安排，确认新的上岸观光行程，及时告知旅游者，与旅游者做好变更行程的签字确认手续。同时联系变更后挂靠港的地接旅行社，及时完成接待上岸观光的车辆、导游调配。及时取消原挂靠港的接待计划等。旅行社要增加船上咨询服务台的值班人员人数，接待前来咨询的旅游者，要耐心解答、解释旅游者的异议、疑惑，做好安抚工作。

三、航程变更引发投诉纠纷及邮轮滞留事件的应急处理

（一）出发前

旅游者对航程变更有争议，不愿意签订邮轮旅游合同的变更或终止协议的，发生投诉或在码头发生群体聚集的投诉人拒绝取消合同也不愿意按时登船事件。

1. 积极沟通

邮轮公司和相关旅行社，都要积极和旅游者沟通，引导旅游者要依法维权，告知旅游者，如果当时确实无法达成一致，事后可以通过正常途径继续和邮轮公司、旅行社协商沟通，也可以通过向第三方投诉来解决争议，如向旅游服务质量监督所、消费者保护委员会等投诉，由第三方参与共同协商解决争议。也可以通过司法诉讼解决争议。要积极宣传相关法律、法规和港口相关管理规定，要依据相关法律法规和合同约定解决争议，控制事态发展。

2. 及时汇报

邮轮公司和旅行社要及时报告旅游行政管理部门、港口管理部门、港口所在地的行政管理部门，争取相关部门的提前介入，一起对群体聚集的投诉人员做好宣传解释安抚工作，港口管理方在可能的情况下，要提供相应的场所，便于邮轮公司、旅行社、相关行政管理人员和投诉的旅游者沟通。促使投诉和群体聚集事件快速解决。

3. 依法处理

码头发生群体聚集的投诉人拒绝取消合同也不愿意按时登船事件，拖延邮轮正常启航，将严重影响港口正常的运作秩序，影响邮轮的正常经营秩序，也严重损害了其他按时登船旅游者的合法权益，是不被法律所允许和支持行为。

《旅游法》第六十七条 因不可抗力或者旅行社、履行辅助人已尽合理注意义务仍不能避免的事件，影响旅游行程的，按照下列情形处理：

（一）合同不能继续履行的，旅行社和旅游者均可以解除合同。合同不能完全履行的，旅行社经向旅游者作出说明，可以在合理范围内变更合同；旅游者不同意变更的，可以解除合同。

（二）合同解除的，组团社应当在扣除已向地接社或者履行辅助人支付且不可退还的费用后，将余款退还旅游者；合同变更的，因此增加的费用由旅游者承担，减少的费用退还旅游者。

（三）危及旅游者人身、财产安全的，旅行社应当采取相应的安全措施，因此支出的费用，由旅行社与旅游者分担。

（四）造成旅游者滞留的，旅行社应当采取相应的安置措施。因此增加的食宿费用，由旅游者承担；增加的返程费用，由旅行社与旅游者分担。

《旅游法》第十四条　旅游者在旅游活动中或者在解决纠纷时，不得损害当地居民的合法权益，不得干扰他人的旅游活动，不得损害旅游经营者和旅游从业人员的合法权益。

《旅游法》第十五条第二款　旅游者对国家应对重大突发事件暂时限制旅游活动的措施以及有关部门、机构或者旅游经营者采取的安全防范和应急处置措施，应当予以配合。

《旅游法》第十五条第三款　旅游者违反安全警示规定，或者对国家应对重大突发事件暂时限制旅游活动的措施、安全防范和应急处置措施不予配合的，依法承担相应责任。

邮轮公司、旅行社要明确告知旅游者，邮轮因不可抗力等安全因素对航程进行变更，是旅游经营者采取的安全防范和应急处置措施，旅游者依法应当予以配合。邮轮公司、旅行社要明确告知旅游者，以拖延登船的方式满足自己诉求的维权行为得不到法律的支持，拖延登船将会造成影响港口正常的运营秩序、造成邮轮不能按时起航，不仅干扰其他旅游者的旅游活动，也损害了其他旅游者和邮轮方的合法利益，也是违反旅游法的行为。

4. 解除合同

邮轮公司、旅行社对拒绝取消合同也不愿意按时登船事件的投诉人进行反复劝阻告知后仍不能制止的，依法单方面解除邮轮旅游合同。

《旅游法》第六十六条　旅游者有下列情形之一的，旅行社可以解除合同：

（一）患有传染病等疾病，可能危害其他旅游者健康和安全的；

（二）携带危害公共安全的物品且不同意交有关部门处理的；

（三）从事违法或者违反社会公德的活动的；

（四）从事严重影响其他旅游者权益的活动，且不听劝阻、不能制止的；

（五）法律规定的其他情形。

因前款规定情形解除合同的，组团社应当在扣除必要的费用后，将余款退还旅游者；给旅行社造成损失的，旅游者应当依法承担赔偿责任。

个别旅游者采取过激行为拒绝解释调解，拖延登船时间的，属于上述条款中第四款"从事严重影响其他旅游者权益的活动，且不听劝阻、不能制止的"，邮轮公司、旅行社应当告知旅游者，邮轮公司、旅行社可以单方面与旅游者解除合同。在扣除必要的费用后，将余款退还旅游者；给邮轮公司、旅行社造成损失的，旅游者应当依法承担赔偿责任。旅游法对于旅游者的罚则并不清晰，实际情况可分别按照《海商法》和《治安管理处罚法》进行处罚。

（二）航程中

航程中，旅游者对邮轮公司公布的航程变更及处理方案有异议，或邮轮航程中因各种原因旅游者和服务人员产生纠纷摩擦，或旅游者在邮轮上发生意外人身伤害或个人身体原因的伤亡事件引发的旅游者和邮轮公司、旅行社发生冲突。个人或十人以上的群体聚集向邮轮方或旅行社投诉，并提出其他补偿诉求。邮轮公司或旅行社和旅游者进行反复协商沟通仍无法达成一致，即无法满足投诉人提出的补偿诉求的时候，投诉争议有可能会发展成其他公共事件，如在邮轮航行过程中，群体性聚集投诉集中在公共场所大声喧哗、霸占休息场所阻止正常娱乐活动开展、阻挠邮轮服务人员、旅行社工作人员开展正常服务工作等，将影响邮轮方的正常服务秩序，影响其他旅游者的正常娱乐活动。如果不能及时解决，结束航程邮轮返回出发港的时候，投诉旅游者群体聚集留在船上拒绝有序下船，就会发展为邮轮滞留事件。

1. 积极沟通

邮轮公司和相关旅行社，要及时和旅游者沟通，要积极宣传相关法律法规和邮轮经营管理的相关规定，要依据相关法律法规和合同约定解决争议，努力控制事态发展。引导旅游者要依法维权。告知旅游者，如果当时确实无法达成一致，事后可以通过正常途径继续和邮轮公司、旅行社协商沟通，也可以通过向第三方投诉来解决争议，如向旅游服务质量监督所、消费者保护委员会等投诉，由第三方参与共同协商解决争议。也可以通过司法诉讼解决争议。采取滞留邮轮等过激的方式维权将造成扩大的损失，也是法律、法规所禁止的行为。

2. 提前预警

邮轮公司和旅行社要评估投诉事件可能产生的不良后果，要将滞留邮轮事件尽可能消灭在萌芽状态。及时将船上发生的情况报告给上级旅游行政管理部门、终点港口的管理部门、港口所在区的行政管理部门，如上海市旅游局、上海市交港局、上海市公安局

（水上公安局、宝山区公安分局）、上海海关（吴淞海关）、上海出入境检验检疫局（吴淞出入境检验检疫局）、上海出入境边防检查总站（吴淞出入境边防检查站、浦江出入境边防检查站）、长航公安局、上海海事局（宝山海事）、宝山区政府、宝山区旅游局、宝山区滨江委、邮轮港公司等。请求相关部门的提前介入，一起对投诉、聚集人员做好宣传、解释、安抚工作。

3. 妥善解决

一旦发生滞留邮轮事件，相关行政管理部门要协调公安部门及时通过各种途径和滞留邮轮的旅游者进行沟通，要告知旅游者，相关行政管理部门和邮轮公司、旅行社都支持旅游者通过正当、合理、合法的途径提出诉求甚至进行维权，合法解决争议。要宣传相关法律法规，积极劝阻滞留邮轮的旅游者必须停止滞留行为，依法全部下船。

4. 制止滞留邮轮行为

当劝阻无效且必要时，相关行政管理部门和公安部门可依法采取必要的措施，制止滞留邮轮的行为。

2014 版的《上海市处置旅游突发事件专项应急预案》5.4.7 发生在本市邮轮滞留事件处置基本程序：

当发生旅游者强行滞留邮轮时，船公司和旅游经营者要组织专门工作小组与滞留旅游者开展对话和协商，做好解释、劝导工作，并告知继续滞留船舶的法律后果。旅游者滞留邮轮超过 2 小时的，由邮轮船长向码头属地区（县）政府出具书面委托或依船籍国书面照会，由码头属地区（县）政府协调上海水上公安局及时派警员上船处置或及时制止正在发生的违法行为。

对于经劝导愿意离船的旅游者要做好必要的服务，积极协助其离船、离港。对后期离开邮轮滞留旅游者，码头属地区（县）政府可将其安置于旅游者投诉受理点，由旅游经营者继续与旅游者进行协商处理。对所有旅游者的行李，船公司可按照正常程序处理。

边检部门要做好后续航次旅游者登船的相关准备工作，尽可能让后续航次旅游者及时登船。市交通委要监督码头企业做好码头、港口作业秩序维护工作。上海边检总站做好口岸限定区域警戒管理工作，长江航运公安局上海分局、上海港公安局做好码头区域现场公共秩序维护工作。码头企业要告知后续旅游者因"口岸管制"暂时无法办理登船等信息，并协助船公司为到达码头的后续航次旅游者提供餐饮等服务。

《旅游法》第六十七条　因不可抗力或者旅行社、履行辅助人已尽合理注意义务仍不能避免的事件，影响旅游行程的，按照下列情形处理：

（一）合同不能继续履行的，旅行社和旅游者均可以解除合同。合同不能完全履行的，旅行社经向旅游者做出说明，可以在合理范围内变更合同；旅游者不同意变更的，可以解除合同。

（二）合同解除的，组团社应当在扣除已向地接社或者履行辅助人支付且不可退还的费用后，将余款退还旅游者；合同变更的，因此增加的费用由旅游者承担，减少的费用退还旅游者。

（三）危及旅游者人身、财产安全的，旅行社应当采取相应的安全措施，因此支出的费用，由旅行社与旅游者分担。

（四）造成旅游者滞留的，旅行社应当采取相应的安置措施。因此增加的食宿费用，由旅游者承担；增加的返程费用，由旅行社与旅游者分担。

《旅游法》第十四条　旅游者在旅游活动中或者在解决纠纷时，不得损害当地居民的合法权益，不得干扰他人的旅游活动，不得损害旅游经营者和旅游从业人员的合法权益。

《旅游法》第十五条第二款　旅游者对国家应对重大突发事件暂时限制旅游活动的措施以及有关部门、机构或者旅游经营者采取的安全防范和应急处置措施，应当予以配合。

《旅游法》第十五条第三款　旅游者违反安全警示规定，或者对国家应对重大突发事件暂时限制旅游活动的措施、安全防范和应急处置措施不予配合的，依法承担相应责任。

《合同法》第一百一十九条的规定指出，当事人一方违约后，对方应当采取适当措施防止损失的扩大。

邮轮公司、旅行社要明确告知旅游者，邮轮因不可抗力等安全因素对航程进行变更，是旅游经营者采取的安全防范和应急处置措施，旅游者依法应当予以配合。邮轮公司、旅行社要告知旅游者，以滞留邮轮的方式迫使邮轮公司、旅行社满足自己的诉求得不到法律的支持，滞留邮轮将会造成邮轮的下一个航次不能按时起航，将干扰下一个航次旅游者的旅游活动，损害其他旅游者、邮轮方的合法利益，也是违反旅游法的行为。

"滞船"行为实际上已经影响到了邮轮船舶的正常运营，客观上导致了船舶无法继续运营，其实质上是一种非法留置船舶的行为，根据《最高人民法院关于海事法院受理案件范围的规定》法释〔2016〕4号第一条第8款规定"非法留置或者扣留船舶、船载货物和船舶物料、燃油、备品的责任纠纷案件"，"滞船"行为属于海事侵权行为的一种，属于海事法院的受案范围。同时，根据《中华人民共和国治安管理处罚法》第二十三条，"有下列行为之一的，处警告或者200元以下罚款；情节较重的，处5日以上10日以下拘留，可以并处500元以下罚款"，第（二）款"扰乱车站、港口、码头、机场、商场、公园、展览馆或者其他公共场所秩序的"。

知识链接 ￼搜索

2015 年 8 月 23 日皇家加勒比的海洋量子号邮轮的滞船事件

此次航行原定为 8 月 23 日出发，停靠日本三个港口。因台风原因，邮轮公司全部取消了日本停靠港的停靠，改为停靠韩国两个港口。船上共有 4600 余名游客。在经历了 9 天 8 晚海上航行，并经停靠韩国仁川、釜山，返程的海洋量子号抵达吴淞口国际邮轮码头后，有近 300 名游客拒绝下船，与船方呈对峙状态表示维权。

日本游改为韩国游，海洋量子号所属的皇家加勒比国际邮轮公司（以下简称皇家加勒比）表示，在恶劣天气发生情况下，国际邮轮行业通行并为国际游客普遍接受的做法，是在保障游客安全和舒适的前提下，尽最大努力为游客寻求最佳替代行程，但对由此可造成的停靠港的替换或减少，邮轮公司没有赔偿义务。

临时将日本游改为韩国游，皇家加勒比给出过两次方案。8 月 23 日登船当天，皇家加勒比做了相应补偿方案：选择继续航程的宾客，提供豪华套房及以上级别舱房每间船舱 1600 美元的未来航程抵用券、阳台舱房等每间 700 美元抵用券、海景房每间 550 美元抵用券、内舱房每间 450 美元抵用券。未来航程抵用券只用于皇家加勒比国际邮轮营运的 2015 年 8 月 31 日之后和 2016 年香港、上海、天津出发航线。未来航程抵用券在该航次结束后的 30 天内递送至旅行社。

之后，船方又将该抵用券方案变更为现金补偿——即心意金，针对上船的游客，按照豪华套房及以上级别舱房、阳台舱房等、海景房、内舱房等不同级别，分别返还 800 美元、350 美元、275 美元、225 美元，旅行结束后由游客所在旅行社返还。退团游客，除了上述未来航程抵用券外，全额退还港务税费。

皇家加勒比称：对于本案的处理考虑到了中国国情，选择根据国际惯例做出免责声明，做出了国际惯例和合同义务之外的补偿——心意金，这是我们出于人情的考虑。所以，我们的做法与中国《旅游法》的相关规定没有冲突。

对于航程期间就行程变更及其补偿方案持有异议的游客，皇家加勒比称，"我们不接受通过胁迫船方、干扰其他游客度假甚至滞船等过激和非法的手段维权。我们呼吁游客维权要守法。"皇家加勒比已告知旅游者可在行程结束后与旅行社和邮轮公司根据相关国际和中国法规及相关合同条款进行商讨，并且皇家加勒比愿意配合旅游者通过合法手段争取正当权益。

对于各方给出的合理合法维权方式，也有滞船游客无奈表示："如果我们轻易下船，根据以往经验就很可能不了了之，船公司不会再理睬我们的诉求。所以索性在船上的时候好好解决，对他们来说也能感受到一定压力。"

对于上述游客的滞船行为，也有正常下船的游客表示不解。"船方临时更改行程，也是出于安全考虑，毕竟台风对航行有影响，否则出了事情，更加得不偿失。"

有来自上海的游客说，虽然自己去过韩国，但是度假日程已安排好，还是带着家人上船了。"上船航行后，船方提供了免费无线网络，还提供免费龙虾大餐，服务都还不错。不过，部分维权游客堵在船上的购物大厅里闹，有的还要求全额退款，船上的外国游客都看不懂了。"

根据中国《旅游法》第十四条规定，旅游者在旅游活动中或者在解决纠纷时，不得损害当地居民的合法权益，不得干扰他人的旅游活动，不得损害旅游经营者和旅游从业人员的合法权益。

《上海市旅游条例》第五十九条中也明文规定：邮轮旅游纠纷应当按照有关法律规定和合同约定处理。旅游者在邮轮旅游活动中或者在解决纠纷时，不得影响港口、码头的正常秩序，不得损害邮轮公司、旅行社和其他旅游者的合法权益。

在此航程结束当日，皇家加勒比即协同旅行社、消保委等相关部门与部分游客进行交流、恳谈。代理海洋量子号的多家旅行社也被要求前往协调，并接回所属旅行社拒绝下船的游客。代理销售海洋量子号的多家旅行社表示："游客不应该通过霸船的形式解决问题，但关键是，游客下船后能否有适当渠道去维权，并争取自己的利益，这也是很重要的。"因为游客下船后还会找旅行社，可旅行社也无能为力。

《旅游法》第六十七条规定明确指出，因不可抗力或者旅行社、履行辅助人已尽合理注意义务仍不能避免的事件，影响旅游行程的，按照下列情形处理：①合同不能继续履行的，旅行社和旅游者均可以解除合同。合同不能完全履行的，旅行社经向旅游者做出说明，可以在合理范围内变更合同；旅游者不同意变更的，可以解除合同。②合同解除的，组团社应当在扣除已向旅行社或者履行辅助人支付且不可退还的费用后，将余款退还旅游者；合同变更的，因此增加的费用由旅游者承担，减少的费用退还旅游者。

也就是说，根据中国法律，邮轮公司变更航线，邮轮公司及旅行社是需要扣除已向旅行社或者履行辅助人支付且不可退还的费用后，将余款退还旅游者的。

在现行中国邮轮船票分销体制下，游客与旅行社签订旅游服务合同界定双方的权利和义务，旅游者与邮轮公司依据船票界定双方权利和义务，旅行社与邮轮公司签订的代理合同界定双方的权利和义务。代理合同和船票明确规定邮轮公司有权在恶劣天气条件下变更航线的权利，并且无须承担赔偿责任。同时邮轮公司都会告诉旅行社和游客，由邮轮公司提供行程的成本折旧费、燃油费、船上人工费、餐食等耗材费以及邮轮公司的品牌费等费用在行前均已发生，其中大多数费用不会因为个别或部分游客退团而发生改变，所以能退回的就只有港务费等很少的费用。旅游服务合同有关行程变更的规定，与中国《旅游法》的相关规定一致，允许客人在行程变更后解除合同，旅行社将尚未发生的费用退还给客人，而旅行社支付的船票费用几乎是邮轮旅游产品的绝大部分费用，上岸观光的费用因变更港口仍需使用。而临时安排的上岸观光费用因时间紧迫，租车成本、聘用导游成本可能更高。因此也几乎没有尚未发生的费用可退。

此案在上海市旅游局、上海市旅游协会、有关邮轮公司、旅行社等共同努力下，最终与旅游者协商达成一致解决。

有关律师、专家建议邮轮公司应该在和旅行社的代理合同、和旅游者的船票合同里清晰定义何为"尚未发生的费用"，旅行社与旅游者签订邮轮旅游包价合同时，也应该将"尚未发生的费用"定义清楚，一旦发生航程变更情况，可以依据相关约定，将这部分费用及时退还给解除合同的游客。

同年 10 月份，上海市旅游局《上海市邮轮旅游合同示范文本》出台。新的合同文本比现在的旅游合同相比更为专业，也更有针对性，将要求在发生不可抗力情况时，邮轮旅游经营者要告知消费者改变内容，同时对风险分担原则有所涉及。

知识链接　🔍搜索

邮轮变更停靠港的诉讼案件

2013 年，数十名旅游者作为原告，将某旅行社诉至上海市长宁区人民法院，要求其承担因气象原因所致的航程延迟和航线变更而产生的违约责任，并请求法院判令旅行社退还旅游服务费。该案中，数十名原告订购了名为歌诗达维多利亚号济州＋仁川/首尔五日游的旅游产品，支付了旅游服务费并签订了书面旅游合同。被告发送给数十名原告出行通知书及其行程安排，安排中载明的出发时间为 4 月 5 日 17：00。同时，亦载明邮轮行程时间安排可能因天气、路况等原因相应调整。请以邮轮上通知为准。4 月 5 日，由于天气出现大雾，上海市吴淞海事局发布了航道封闭的通知，故维多利亚号推迟至当晚 23：45 从上海出发，9 日返回上海，其间，该邮轮未前往韩国的济州岛停靠。一审法院认为：首先，出发当日由于天气大雾，上海市吴淞海事局发布了航道封闭的通知，此种情况下，保证游客的人身安全应为考虑的首要因素，因此，邮轮公司出于对游客人身安全的考虑，决定延迟邮轮启航并取消韩国济州岛的停靠并无不当；其次，邮轮公司根据邮轮行进及天气情况，对航线予以变更，被告对此种情形的可能性已经提前对原告进行了告知，因此，并不存在违约；最后，邮轮除未停靠韩国济州岛之外，其他旅游项目均已履行完毕，故原告因未停韩国济州岛而要求旅行社退还旅游服务费的诉讼请求，没有依据。一审法院判决驳回了原告除"旅游者请求退还尚未实际发生的费用"以外的大部分诉讼请求（2013 长—（民）初字第 6474/6475/6476/6477/6478 号民事判决）。

2014 年，上述案件中 18 名原告人不服一审民事判决，将案件上诉至上海市第一中级人民法院。二审法院认为，因不可抗力不能履行合同的，根据不可抗力的影响，部分或者全部免除责任。被上诉人（原审被告旅行社）向上诉人发出的旅游度假产品确认单上，关于在出发前或航行期间，邮轮公司因不可抗力因素调整或者改变行程，被上诉人不承担任何赔偿责任的内容，并非当然无效。由于天气变化受多种因素影响，现有技术条件并不能对天气变化进行及时精确的预测，本案所涉大雾，明显属于被上诉人不能预见的范围，应归入我国《合同法》规定的不可抗力情形。由于天气出现大雾，邮轮公司根据海事部门的通知延迟出发并对行程做出调整和改变，且邮轮公司已将该情况告知上诉人，此情形不应视为被上诉人在旅游合同履行过程中存在违约，依据法律规定和双方合同约定，被上诉人不应就此承担赔偿责任。最终，二审判决中除被上诉人自愿补偿因未停靠韩国济州港口的费用外，判决驳回上诉，维持原判决（2014 沪—中民—（民）终字第 503/504/505/506/507 号民事判决）。

第二节　人身意外伤害与财物损失的应急与处理

一、人身意外伤害的应急与处理

（一）人身意外伤害发生

1. 邮轮上下船的过程中

邮轮靠岸时，一般都需要通过船舷旁临时架设的梯子来完成上下船，船舷和地面一般会有一定的落差，舷梯往往有一定的坡度。如果遇到下雨天，舷梯会湿滑难走。而乘坐邮轮的旅游者，在邮轮停靠港口后，期待早点下船参加观光旅游购物的心情迫切，所以在上下船（尤其是下船）时的关注点不在脚下，较多的是东张西望或寻找同伴，邮轮游客中老年游客较多，在节假日和寒暑假，未成年人也很多。人身意外伤害比较容易发生在上下船时的舷梯上。

2. 邮轮娱乐项目活动中

邮轮上的娱乐活动比较多，如游泳池、泡泡温泉池、健身房、水上滑滑梯、攀岩、跳水、冲浪、溜冰、篮球等，除了和陆地上参加这些活动存在一定风险外，邮轮上受海浪和大风的影响，在一定程度上会增加其风险。如游泳池一般设立在邮轮的最高层的甲板上，除了池水本身的波浪外，一般情况下邮轮上游泳池受船身晃动的影响，池水的波浪和陆地上的游泳池不一样。其他娱乐体育健身活动项目也同样会受到海浪、大风导致的船身晃动的影响，增加发生人身意外伤害的风险。

3. 邮轮航行中

邮轮航行中，人身意外伤害会发生在旅游者去影剧院、餐厅、咖啡厅、酒吧、商店等地方活动的时候，也会发生在旅游者在阳台舱的阳台、船头、船舷旁和亲朋好友拍照留念时，也会发生在旅游者在舱房的浴室洗澡过程中。如旅游者去自助餐厅用餐，因前面的旅游者不小心将餐食的汤汁洒落在地面上，服务人员还来不及清扫时，旅游者滑倒受伤，如旅游者攀爬船舷栏杆照相，因船晃动跌落，如旅游者在游泳池内游泳不幸溺亡事件及游客各种原因的落海等。

4. 上岸观光旅游中

领队带领旅游者上岸观光旅游的过程中，旅游中发生意外安全事故，不要惊慌失措，应及时求助相关部门，拨打导游或当地报警、救护电话，并保护好现场和物证。

（二）人身意外伤害的应急救援

一旦发生旅游者意外伤害事件，邮轮公司、旅行社要第一时间赶赴现场组织有效救援，并报告相关部门、保险公司，保护现场，留有相关物证。根据受伤程度采取救援分为：

1. 轻微伤

紧急送往船上的医疗救助中心，利用船上检查设施，对受伤者进行检查，基本判断伤势程度，并根据医疗中心医生的诊断和嘱咐，为受伤者提供海上医疗护理、伤口治疗措施。

2. 需要进一步诊断和救治的伤势

经船上医疗中心的医生诊断，旅游者伤势需要送陆地上医院进行进一步诊断和救治时，船上医疗中心为受伤旅游者采取适当的稳定病情、诊断和治疗的措施，同时联系下一个停靠港的陆上医院，在邮轮靠港时，为受伤旅游者提供转送医院的救助服务。在邮轮停靠港口的有限时间内，医院会对受伤旅游者提供全面的检查、诊断、治疗。救助的医院根据受伤者的情况，或在邮轮起航前送受伤者返回港口，或留院继续治疗，待病情稳定后选择其他方式返回出发地。

船长综合邮轮航程情况、旅游者受伤情况，从有利于保障旅游者生命安全的角度出发，有权决定是否同意送返港口让受伤者再次登船完成航程。如果受伤旅游者已经送返港口，但船长不同意受伤旅游者登船，邮轮公司一般会安排好受伤旅游者（家属或同行人员）留在当地继续治疗或休养住宿或返回出发地交通等相关事宜。

3. 需要紧急抢救的伤势

经船上医疗中心的医生初步诊断，旅游者伤势需要紧急抢救以挽回生命或最大限度地保障受伤者的生命安全，邮轮公司的船长或安全官员或相关部门会做出请求直升机紧急救援伤者的决定。协调国际救援组织等救援机构在最短时间内派医疗救助专用的直升机飞赴邮轮航行海域，将邮轮上的受伤者紧急运送至合适的陆上医疗机构进行抢救。

（三）人身意外伤害的应急处理

（1）邮轮公司或旅行社要联系受伤者的家人或同行者，一同协助邮轮的医疗中心，做好受伤者的安抚、照顾等工作。

（2）了解受伤者购买意外保险的情况，协助受伤者联系意外保险公司报案，必要时启动意外保险公司的紧急救援服务。特别是伤势严重的情况下，有些意外保险产品可以启动对被保险人在境外的伤者救援护送、联系医疗机构、支付医疗费用、安排不同行的家属探望等服务。

（3）旅行社要及时向责任保险报案，有的情况下，可以获得责任保险在境外抢救伤者时的援助。

（4）邮轮公司和旅行社要对伤者多安抚、关心，尽可能解决伤者的一些困难，如提供轮椅服务、送餐服务等。

（5）如果受伤旅游者是和旅行社签署包价邮轮旅游合同的，邮轮公司决定受伤者留在岸上不再登船继续航程的。旅行社要协助邮轮公司做好相关工作。取得邮轮公司不同意受伤旅游者登船的相关书面证明，做好旅行社与旅游者合同提前终止手续。要关心受伤旅游者的下船治疗情况，了解滞留港口的受伤旅游者的治疗、休息、转运回出发地的情况，了解邮轮公司安排受伤旅游者的动态。与受伤旅游者保持联系，发生问题要协助旅游者和邮轮公司沟通。

二、财物损失的应急与处理

（一）财物损失的发生

邮轮虽然是一个封闭的场合，但也是一个小社会，旅游者和邮轮服务人员来自四面八方，人数众多，邮轮上的交际场所也很多，旅游者由于在娱乐游玩时容易放松警惕，有时会发生财产损失的情况。如旅游者的托运行李灭失或损坏、放在舱房内的财物丢失、旅游者的船卡不慎丢失被盗用消费，旅游者的钱包、照相机、首饰等贵重物品的遗失等。如 2009 年发生在歌诗达经典号的游客保险箱失窃案件。旅游者刘先生自称将全部现金放入舱房内的保险箱内。但在随后的旅程中发现其中的 700 美元现金和 1 万元日元被窃。邮轮上多名旅游者也发现现金失窃，不少旅游者将嫌疑人锁定为一名舱房菲籍服务员，但邮轮公司回应已经检查过该服务员的房间以及随身物品，没有发现旅客丢失的大量现金和物品。邮轮在上海港靠岸以后，刘先生向上海警方报警，但因海上管辖权等原因无法受理。

邮轮公司和旅行社在和旅游者签订邮轮旅游合同时，要进行随身携带物品和财产的安全告知，明确告知旅游者一定要加强安全意识，贵重物品一定要妥善保管，随身携带。

（二）财产损失的应急与处理

（1）及时报失：旅游者一旦发现财物损失要向邮轮服务总台报失，邮轮设有专职的安全保卫岗位和部门，会受理旅游者的财物报失。

（2）寻找侦破：邮轮的专职的安全保卫岗位和部门会利用邮轮的各种监控设备，尽可能地帮助旅游者寻找丢失的财物，或努力侦破并追回被盗的财物。

（3）启动保险程序进行理赔：对属于意外保险条款范围内的财物损失，向保险公司报案，事后按照保险条款进行理赔（如行李遗失损坏、证件灭失等）。

第三节 突发疾病与公共卫生事件

一、突发疾病的应急与处理

（一）突发疾病的发生

旅游者在邮轮生活中，因环境变化、饮食条件变化以及丰富的娱乐活动环境，或因自身身体原因、疏忽大意等，在邮轮上发生突发疾病的情况时有发生。如因邮轮室内温度和甲板上温度差异较大，旅游者喜欢上甲板，在船头船尾船舷拍照留念，如果不注意保暖，不注意及时增减衣物而受风着凉突发疾病；又如邮轮上长时间提供免费餐饮服务，品种丰富、美味诱人，旅游者暴饮暴食导致肠胃不适，引发消化系统、内分泌系统的突发疾病；又如邮轮上有丰富的娱乐活动和夜晚狂欢活动，旅游者积极参与不注意休息，劳累过度导致突发疾病；邮轮上老年游客和未成年游客比例比较高，由于抵抗力和体力较弱，容易突发疾病等。

（二）突发疾病的应急

1. 旅游者突发疾病

家属或同行客人要立即送病人去船上的医疗中心，如果是医疗中心关闭期间，可以依据医疗中心门口的联系方式呼叫医护人员，或马上联系服务总台帮助呼叫医护人员。邮轮上医护人员全天 24 小时待命以防紧急事件的发生。医护人员将利用船上的医疗检查设施，对病人进行化验、检查、诊断，基本判断突发疾病的情况，船上医生会根据突发病情对病人做出诊治，为病人提供海上医疗护理，主要是采取适当的稳定病情的治疗措施。需要注意的是，医疗中心主要是为可能出现的突发疾病和事故提供紧急救助，而不是为患有慢性疾病的乘客提长期护理或作为常规健康护理的替代。

2. 需要进一步诊断和救治的病情

经船上医疗中心的医生诊断，旅游者的病情需要送陆地上医院进行进一步诊断和救治时，船上医疗中心在航行中会为病人采取适当的稳定病情的治疗措施，同时联系下一个停靠港的陆上医院，在邮轮靠港时，为病人提供转送医院的救助服务。在邮轮停靠港口的有限时间内，医院会对病人提供全面的检查、诊断、治疗。并根据病人的情况，或在邮轮起航前送病人返回港口，或留院继续治疗，待病情稳定后选择其他方式返回出发地。

船长有权决定是否同意患病旅游者登船继续航程。船长会综合考虑邮轮航程情况、旅游者患病的情况以及有利于保障旅游者生命安全的角度，决定是否同意生病旅游者再次登船完成航程。如果患病旅游者已经送返港口，但船长不同意患病旅游者登船，邮轮公司一般会安排好患病旅游者（家属或同行人员）留在当地继续治疗或休养住宿或返回出发地交通等相关事宜。

3. 需要紧急抢救的病情

经船上医疗中心的医生初步诊断，旅游者病情需要紧急抢救以挽回生命或最大限度地保障患病旅游者的生命安全，邮轮公司的船长或安全官员或相关部门会做出请求直升机紧急救援患者的决定。协调国际救援组织等救援机构在最短时间内派医疗救助专用的直升机飞赴邮轮航行海域，将邮轮上的患者紧急运送至合适的陆上医疗机构进行抢救。

（三）突发疾病的处理

（1）邮轮公司或旅行社要联系患病的家人或同行者，一同协助邮轮的医疗中心，做好患者的安抚、照顾等工作。

（2）了解患病旅游者购买医疗保险的情况，协助患病旅游者联系医疗保险公司报案，必要时启动医疗保险公司的紧急救援服务。特别是旅游者病情严重的情况下，有些医疗保险产品可以启动对被保险人在境外的救援护送、联系医疗机构、支付医疗费用、安排不同行的家属探望等服务。

（3）邮轮公司和旅行社要对患病旅游者多安抚、关心，尽可能解决患病旅游者的一些困难，如提供轮椅服务、送餐服务等。

（4）如果患病旅游者是和旅行社签订包价邮轮旅游合同的，邮轮公司决定患病旅游者者留在岸上不再登船继续航程的，旅行社要协助邮轮公司做好相关工作。取得邮轮公司不同意患病旅游者登船的相关书面证明，做好旅行社与患病旅游者（家属或同行陪同者）合同提前终止手续。要关心患病旅游者的下船治疗情况，了解滞留港口的患病旅游者的治疗、休息、转运回出发地的情况，了解邮轮公司安排患病旅游者的动态。与患病旅游者保持联系，发生问题要协助旅游者和邮轮公司沟通。

二、公共卫生事件的应急与处理

公共卫生事件是指突然发生，造成或者可能造成社会公众健康严重损害的重大传染病疫情、群体性不明原因疾病、重大食物和职业中毒以及其他严重影响公众健康的事件。

大型邮轮作为浮动在海上的小社会，搭载数千人，各类活动丰富，人员交往较多，医疗设备和医护人员配备有限，一般只能满足应急需要。而由于邮轮的相对封闭空间，一旦发生重大传染病疫情、群体性不明原因疾病、重大食物中毒事件，感染传播的速度快，而邮轮的控制病情、疫情的能力有限，抢救、运送手段也有限，将严重影响数千邮轮旅游者和数以千计的工作人员生命健康和安全。因此，邮轮的卫生和健康工作历来是邮轮安全的重要一环。

邮轮在出发前，邮轮公司会在邮轮合同里提前警告旅游者潜在的有关卫生和健康的风险。根据《港口卫生法规》，港口卫生官员可以对船舶进行检查，他们将检查邮轮的任何一个部分，以确保邮轮运营是安全卫生的。船上的厨房经常是检查的重点，因为这里关系到供消费者的食物储存和准备。大部分大型船舶都雇佣一名环境安全员，负责确保船舶符合规定并达到最低标准。如中国疾病预防控制中心会检查饮用水的供应，以确保饮用水的存储和输送设备是干净的，同时也要对饮用水进行微生物分析以确保饮用水的安全。要检查泳池和按摩池以确保它们是安全的，并且维护良好。对员工的检查主要侧重于传染、卫生管理、员工卫生知识以及食品安全的监督。

邮轮公司对船上的旅游者和服务人员在卫生和健康方面也有很多要求。如旅游者不能在舱房内进行食物制作，非工作人员不得进入食品准备、食品储存和餐具洗涤区，短暂的参观须经许可才能进入，并保证不接触食物、干净的仪器、餐具和餐布。除包装食品盒无酒精饮料外，所有食品都不允许带上船，所有船上食物也不允许带下船。

大型邮轮对公共卫生事件的发生与应急处理有严密的应对处理预案。邮轮公司对可能引发或发生重大传染疾病疫情、群体性不明原因疾病、重大食物中毒的任何蛛丝马迹都十万分地重视。一旦发现旅游者出现发烧、呕吐、咳嗽、腹泻等症状，就会立即启动一系列的预防措施，对患病旅游者进行控制、观察、隔离。对患病旅游者的舱房进行消毒，限制患者的活动范围，采取送餐服务、医护人员上门检查等。对患病旅游者接触最多的家属和舱房同住人、同行人进行检查、问讯等。极尽所能，将可能发生传播的途径排除。

旅行社要配合邮轮公司为预防公共卫生事件发生而采取的措施，做好对参团旅游者的宣传和解释工作。一旦发现参团的旅游者有发烧、呕吐、咳嗽、腹泻等症状，要及时向邮轮相关部门报告。

第四节　境外非法滞留事件的应急与处理

邮轮出境旅游快速发展，目的地国家对乘邮轮入境的旅游者纷纷免签。免签政策简化了旅游者参团的同时，也成为一些偷渡者选择的偷渡途径。目前邮轮旅游的旅游者在参加上岸观光旅游的时候存在旅游者在境外滞留不归的情况。

邮轮出境旅游和其他出境旅游一样，时常有旅游者发生非法滞留境外的事件。但略有不同的是，邮轮出境旅游受岸上观光的时间限制，且一旦发生旅游者发生非法滞留境外的事件，关联方还有邮轮公司，在处理上需要准确把握政策，及时快速处理。

《旅游法》第十六条　出境旅游者不得在境外非法滞留，随团出境的旅游者不得擅自分团、脱团。

《中国公民出国旅游管理办法》第二十二条　严禁旅游者在境外滞留不归。旅游者在境外滞留不归的，旅游团队领队应当及时向组团社和中国驻所在国家使领馆报告，组团社应当及时向公安机关和旅游行政部门报告。有关部门处理有关事项时，组团社有义务予以协助。

一、非法滞留事件的发生

（1）有预谋的非法滞留。近年来，随着邮轮旅游的签证政策越来越简便，不少想偷渡境外的不法分子或组织，以游客身份参加邮轮旅游，或以欺骗旅行社和欺骗偷渡人员的方式，利用旅行社组团组织偷渡人员上船。在邮轮靠港上岸观光的时候，脱离团队，非法滞留。

（2）旅游者上岸观光旅游期间，与旅行社或其他原因发生纠纷，发生纠纷后争议双方在短时间内无法协商解决，旅游者以纠纷没有解决为由拒绝跟随旅行社继续旅游行程，拒绝按照规定的时间返回港口、或返回港口后拒绝上船，涉嫌非法滞留。

（3）旅游者上岸观光期间，因迷路脱离旅游团队，由于各种原因也没能及时联系导游、领队、旅行社，错过了邮轮启航的时间，造成客观上的非法滞留。如某邮轮旅游团队，参加韩国釜山上岸观光旅游，在一大型购物中心自由活动期间，一位70多岁的老年男性游客，独自一人离开家属和团队，离开购物中心，在购物中心周边的马路上闲逛，走着走着就迷路了。老人不懂外语无法与人沟通，没带手机也无法联系家人、联系导游和旅行社，老人十分着急，一个人在街上走来走去。而旅游团队在购物中心集合团队准备回船时，怎么也找不到这个老年游客，家属们急得大哭，互相之间埋怨没有照顾好老人。旅行社派了多人在购物中心上上下下的寻找，购物中心用中文广播寻人消息，也找不到。眼看离邮轮启航时间越来越近，团队只能先行返回邮轮码头。

二、非法滞留事件的预防与应急处理

（1）旅行社在招揽客人的时候，认真做好旅游者参团个人资料的收集和审核工作。关注来自重点防控地区的游客情况。

（2）旅行社要在邮轮旅游合同、产品说明会上，明确告知旅游者，参加邮轮旅游的上岸旅游观光一定要严格遵守集合时间，增强时间观念。要将停靠港上岸观光旅游的接待旅行社名称和联系方式告知旅游者并制作成方便携带的卡片；告知旅游者在参加上岸观光的时候，一定要带好信息卡片，一旦迷路且无法自行联系导游和领队时，可以找到当地的警察、商店工作人员、过路当地人求助，提供信息卡片上的信息，请求帮助联系导游或旅行社。

（3）领队要关注旅游者的动态，发现可疑情况要及时向旅行社和邮轮公司汇报。如只携带少量行李或仅有一个双肩包；沉默寡言，很少与团队中其他旅客交流，缺少对旅游景点的兴趣；持有资料页信息均为本人的多本护照；在邮轮航行期间几乎不出房门也没有任何消费记录；对岸上游项目中的自由活动时间安排特别关注，其他项目基本没有兴趣也不参加等。

（4）配合边检、邮轮公司做好预防非法滞留的相关工作。

（5）旅游者随团参加上岸观光，在旅游景点、购物场所脱离团队，集合时迟迟不归的，且同行者同时不归的，导游和领队要马上寻找。当景点、购物场所寻找无果、超过集合时间15分钟后，旅游者仍然不归的，要向组团社、邮轮公司报告，地接导游要马上向地接社报告。邮轮公司的相关部门马上启动应急预案，根据不归旅游者的相关信息，进行查找。根据《中国公民出国旅游管理办法》规定，发现旅游者滞留不归的，旅游团队领队应当及时向组团社和中国驻所在国家使领馆报告，组团社应当及时向公安机关和旅游行政部门报告。有关部门处理有关事项时，组团社有义务予以协助。

（6）发生旅游者因纠纷与旅行社、旅游者，或其他人员争执争吵，在境外以拒绝登车返回港口或到了邮轮码头拒绝登船的，要积极劝阻、宣传相关规定，引导旅游作者依法维权，如果旅游者不听劝阻无法制止的，已经涉嫌非法滞留，导游应立即报告地接社，领队立即报告旅行社和邮轮公司，当地旅行社或导游可报警寻求帮助，制止非法滞留的发生。

第五节　依法经营和信用管理

《上海市邮轮旅游经营规范》第十九条　市旅游、交通行政管理部门共同建立邮轮旅游信用档案。对经常无正当理由延误的邮轮降低信用等级。对邮轮公司、旅行社、国际船舶代理企业、邮轮码头、旅游者因违法经营和不文明行为受到的司法裁决承担责任、行政处罚和造成严重不良社会影响的事件等纳入信用记录。

邮轮旅游信用记录依法向社会公开，并且向公众提供查询服务。

市旅游、交通行政管理部门共同建立邮轮旅游信用档案，做好信用管理工作。

邮轮公司、旅行社、国际船舶代理企业、邮轮码头作为经营者，要遵守我国相关法律法规依法经营，诚信服务。

一、邮轮公司

（一）船票

《上海市邮轮旅游经营规范》规定：邮轮公司在国内设立的船务公司可以直接销售邮轮船票，也可以委托有资质的旅行社和国际船舶代理企业销售邮轮船票。邮轮公司应当对外公布船票销售指导价。

邮轮公司应当在游客登船前向旅游者提供中文文本的船票。船票应列明承运人名称、船名、航次、出发港、途经港、返回港、舱室等级、乘船日期、开船时间、上船地点（码头）等基本信息，应告知邮轮旅游的安全注意事项、风险警示、礼仪规范、民事责任与义务、因不可抗力导致的航程变更、取消后的风险分担标准、免责事项、投诉电话、法律救助渠道等事项和船上服务项目有关人数、身高、体重、年龄等的限制性要求。邮轮公司应当通过登轮手册、公告牌、网站告知等多种形式发布上述信息。

船票应从有利于解决邮轮消费纠纷角度出发，充分考虑联结点的关联性，按照便利中国旅游者维护合法权益的原则确定司法管辖地和适用的法律。母港港口城市的海事法院拥有管辖权。

邮轮公司应向旅游者送达可保留的纸质或电子文本形式船票及其他书面资料，用电子方式送达的应采用旅游者可确认的方式。邮轮公司提供给旅游者的船票、服务说明等资料采用格式条款的，鼓励向市交通行政管理部门备案。

（二）特殊告知义务

《上海市邮轮旅游经营规范》规定：邮轮公司有特殊告知义务。邮轮公司应当向旅游者如实说明下列事项：①邮轮上服务项目的限制性要求；②邮轮上的禁止行为；③船票费用包含的具体事项；④邮轮旅游可能存在的特定风险、安全注意事项和安全避险措施；⑤船长在船舶安全以及航行安全方面的处置权利；⑥纠纷发生后的赔偿标准和手续；⑦不可抗力及其他免责事项；⑧应急联络方式；⑨法律、法规规定应当向旅游者说明的其他情况。

邮轮公司应当用书面宣传资料、电子显示屏、广播等方式，将特殊告知内容对乘坐邮轮的旅游者进行明示。

（三）航程变更

《上海市邮轮旅游经营规范》规定：邮轮公司应当按照合同上既定的航线行驶，并且提供承诺的相关服务，不得擅自改变航线或者减少服务项目和服务内容。

如遇不可抗力可能危及邮轮和旅游者人身安全的，邮轮船长有独立决定权，可以决定变更航线或者停止航行。邮轮公司、船员、邮轮码头、旅行社、旅游者均无权干涉，并应予配合。船长决定变更航线或者停止航行的，邮轮公司应当会同旅行社等有关单位做好后续处置工作。

在邮轮旅游行程开始前，因不可抗力等原因导致邮轮延误、不能靠港、变更停靠港等情况的，邮轮公司、旅行社和邮轮码头应第一时间向旅游者告知不可抗力的具体情形、邮轮航线变更情况、解决方案等内容。

在邮轮旅游行程中，因不可抗力等原因导致邮轮延误、不能靠港、变更停靠港等情况的，邮轮公司应当以中文等语种通过广播、公告屏、舱内电视、书面通知等形式向旅游者发布信息，告知不可抗力、客观原因的具体情形、邮轮航线变更情况、解决方案等内容，安排工作人员对旅游者进行解释、劝导。旅行社应当配合，并和邮轮公司一起制订和实施应急方案。

（四）纠纷解决

邮轮公司未按照合同约定提供相关服务产生的和旅游者之间的邮轮旅游纠纷，由邮轮公司负责纠纷解决；邮轮公司的原因造成旅游者人身损害、财产损失的，或者因邮轮航程取消、变更发生纠纷的，由邮轮公司牵头负责纠纷解决。邮轮公司应当积极与旅游者协商解决纠纷，并如实告知旅游者投诉方式及其他解决途径。

（五）信用记录

邮轮公司经常发生无正当理由延误、发生航程变更、旅游者人身财产损失的重大事故时不能按照相关规定，与旅行社、旅游者妥善解决争议，导致发生重大投诉、群体性投诉、霸船等事件，受到司法裁决承担责任、行政处罚和造成严重不良社会影响的事件等纳入信用记录引起社会不良影响的，纳入信用记录，依法向社会公开，并且向公众提供查询服务。

如 2013 年 9 月 13 日，中国海航旅业控股集团有限公司旗下豪华邮轮海娜号在航行至韩国济州岛遭当地一家法院扣押，原因是海航集团旗下的大新华轮船与沙钢船务之间的法律纠纷，沙钢船务以确保债务履行为由，将海娜号连带船上的 1659 名游客和 650 名工作人员交由韩国济州地方法院扣押，震惊全国。1659 名游客在邮轮上兴致勃勃的旅游戛然而止。在多方协调下，15 日下午，"海娜号"邮轮上的游客开始陆续乘坐中国海航调拨的六架包机回到国内。此次事件造成了严重的不良社会影响。

又如 2015 年 4 月 1 日，海娜号邮轮原定的赏樱邮轮游，因天气原因推迟起航，又因天气原因取消了日本福冈港口的停靠，赏樱邮轮游只匆匆停靠了日本的佐世保。航程因天气原因变更，邮轮公司应当事先和旅游者进行良好的沟通，做好宣传解释工作，但海娜号唯一解释就是一张悄悄塞进门缝的小纸条，写着"因大雾延迟出发"。在和旅游者沟通时，邮轮公司态度强硬，承诺将通过旅行社向每名旅客退回 245 元的港口费。"额外赔偿由各旅行社酌情商定，我们对此不负责。"随后旅途中的邮轮服务缺失将旅游者的"不满意"化为了"愤怒"。主要是船上糟糕的餐饮服务。旅游者在船上吃饭靠抢，邮轮公司的餐厅管理极其混乱。"海娜号"邮轮上有三个免费餐厅，旅游者吃饭都要靠抢。有的旅游者去晚了，连饭也没吃到。在中餐厅，点菜 1 小时也没人上菜；而在自助餐厅，服务员边收拾边哭，抱怨"人太多了，实在来不及"。三个免费餐厅总共只能容纳约 1200 人同时用餐，而当天船上共有来自 44 个旅行团队的 1800 名乘客。上岸观光旅游的安排也遭诟病。邮轮唯一靠港佐世保的上岸观光行程来去匆匆，总共只活动了 4 个小时。3 小时在车上，剩下 1 个小时被地接带去了不知名的小店，什么景色都没看到，更不要说赏樱之旅了。

邮轮公司不能及时妥善地解决争议，只向每名旅客退回 245 元港口费的强硬态度，显然难平众怒。旅游者花了近 3000 元的赏樱邮轮游大失所望。将近 400 多位游客迟迟不肯下船，媒体纷纷报道，造成了不良的社会影响。

二、旅行社

（一）代理销售船票和经营或代理销售出境包价邮轮旅游业务

《上海市邮轮旅游经营规范》规定：经营出境包价邮轮旅游业务或者代理销售包价

邮轮旅游产品的，应当取得旅行社经营出境旅游业务许可。

旅行社组织包价邮轮旅游的，应当按照相关法律规定，委派领队人员。领队人员应当具备领队资质，并参加邮轮旅游业务培训，掌握邮轮旅游基本知识和必要的紧急情况处理技能。

领队在邮轮旅游过程中应协同邮轮公司和接待社实施旅游行程计划，协助处理旅游行程中的突发事件、纠纷及其他问题。旅游者遇到特殊困难和安全问题时，领队应当及时向组团社和中国驻所在国家使领馆报告。

在旅行社包船或者切舱的运营模式下，需要在旅行社与邮轮公司之间的协议中明确邮轮公司应当出具船票。

代理销售船票的旅行社，应向旅游者送达可保留的纸质或电子文本形式船票及其他书面资料，用电子方式送达的应采用旅游者可确认的方式。

旅行社将邮轮船票和岸上观光服务打包成包价旅游产品向旅游者销售的，应当与旅游者签订邮轮旅游合同，并提供船票。

（二）保险

《上海市邮轮旅游经营规范》规定：市交通、旅游行政管理部门推行邮轮旅游经营方综合保险制度。邮轮公司、旅行社和邮轮码头经营者应积极参加本市邮轮旅游经营方综合保险统保。

旅行社组织旅游者参加邮轮旅游应当以显著方式提示旅游者投保个人意外险。

（三）特殊告知义务

《上海市邮轮旅游经营规范》规定：旅行社有特殊告知义务。与旅游者签订邮轮旅游合同时，应当向旅游者如实说明下列事项：①邮轮上服务项目的限制性要求；②邮轮上的禁止行为；③船票费用包含的具体事项；④邮轮旅游可能存在的特定风险、安全注意事项和安全避险措施；⑤船长在船舶安全以及航行安全方面的处置权利；⑥纠纷发生后的赔偿标准和手续；⑦不可抗力及其他免责事项；⑧应急联络方式；⑨法律、法规规定应当向旅游者说明的其他情况。

旅行社应当充分重视特殊告知义务，采用书面、口头方式，利用邮轮旅游合同、出团说明会、码头召集旅游者、邮轮上特设的旅行社咨询台、上岸观光召集旅游者等途径，对乘坐邮轮的旅游者进行明示。

（四）行前说明会

旅行社组织旅游者参加出境包价邮轮旅游，应在出发前召开行前说明会，引导旅游者正确认识邮轮旅游，详细说明邮轮旅游的特殊告知内容，避免安全问题及其他纠纷的发生。

（五）纠纷解决

旅行社代理销售邮轮船票，因邮轮公司未按照合同约定提供相关服务产生的和旅游者之间的邮轮旅游纠纷，由邮轮公司负责纠纷解决；因旅行社在销售船票过程中未依法履行告知义务产生的纠纷，由旅行社负责纠纷解决。

旅行社把邮轮船票与岸上观光服务组合成包价旅游产品，违反邮轮旅游合同约定发生纠纷的，由组团社牵头负责纠纷解决。因邮轮公司的原因造成旅游者人身损害、财产损失的，由邮轮公司牵头负责纠纷解决。邮轮发生航程变更的，旅行社应当配合，并和邮轮公司一起制订和实施应急方案；因邮轮航程取消、变更发生纠纷的，由邮轮公司牵头负责纠纷解决，旅行社应当协助纠纷解决。

旅行社应当积极与旅游者协商解决纠纷，并如实告知旅游者投诉方式及其他解决途径。

三、国际船舶代理企业

《上海市邮轮旅游经营规范》规定：代理销售邮轮船票的，应当取得国际船舶代理资格。外资企业应当取得《国际船舶代理经营资格登记证书》，内资企业应当向中国船舶代理及无船承运人协会办理相关备案手续。

国际船舶代理企业向旅游者销售邮轮船票的，应当向旅游者送达可保留的纸质或电子文本形式船票及其他书面资料，用电子方式送达的应采用旅游者可确认的方式。

国际船舶代理企业向旅游者销售邮轮船票，应当向旅游者如实说明下列事项：①邮轮上服务项目的限制性要求；②邮轮上的禁止行为；③船票费用包含的具体事项；④邮轮旅游可能存在的特定风险、安全注意事项和安全避险措施；⑤船长在船舶安全以及航行安全方面的处置权利；⑥纠纷发生后的赔偿标准和手续；⑦不可抗力及其他免责事项；⑧应急联络方式；⑨法律、法规规定应当向旅游者说明的其他情况。

国际船舶代理企业在销售船票过程中未依法履行告知义务产生的纠纷，由国际船舶代理企业负责纠纷解决。

旅游者在国际船舶代理企业购买船票后，因各种原因与邮轮公司发生纠纷的，国际船舶代理企业应当积极与旅游者协商解决纠纷，并如实告知旅游者投诉方式及其他解决途径。

四、旅游者

（一）遵纪守法

旅游者参加出境邮轮旅游的，应当遵守社会公共秩序和社会公德，尊重当地的风俗习惯、文化传统和宗教信仰，爱护旅游资源，保护生态环境，遵守旅游文明行为规范。

旅游者购买、接受旅游服务时，应当向旅游经营者如实告知与旅游活动相关的个人健康信息，遵守旅游活动中的安全警示规定。

（二）安全义务

旅游者对国家应对重大突发事件暂时限制旅游活动的措施以及有关部门、机构或者旅游经营者采取的安全防范和应急处置措施，应当予以配合。

旅游者违反安全警示规定，或者对国家应对重大突发事件暂时限制旅游活动的措施、安全防范和应急处置措施不予配合的，依法承担相应责任。

参加出境邮轮旅游的旅游者，不得在境外非法滞留，随团出境旅游的旅游者不得擅自分团、脱团。

（三）纠纷解决

旅游者在出境邮轮旅游活动中，或者因各种原因与邮轮公司、旅行社和国际船舶代理企业发生争议和纠纷时，不得损害当地居民的合法权益，不得干扰他人的旅游活动，不得损害旅游经营者和旅游从业人员的合法权益。旅游者可以通过以下途径解决争议和纠纷：与邮轮公司、旅行社和国际船舶代理企业协商；向消费者协会、市旅游质量监督所投诉；向交通、旅游、市场监督等行政管理部门投诉；合同中约定有仲裁条款或者事后达成书面仲裁协议的，申请仲裁机构仲裁；向人民法院提起诉讼。

旅游者在解决争议和纠纷时，不得采取过激行为从而侵害他人合法权益。如采取拒绝登车、船、飞机等行为拖延行程，影响了其他旅游者的合法权益；有的旅游者谩骂甚至殴打邮轮公司、旅行社的相关工作人员和服务人员，损害了旅游从业人员的合法权益等。《旅游法》第六十六条规定，旅游者从事严重影响其他旅游者权益的活动，且不听劝阻、不能制止的，旅行社可以依法解除合同，给旅行社造成损失的，旅游者应当依法承担赔偿责任；《旅游法》第七十二条规定，旅游者在旅游活动中或者在解决纠纷时，损害旅行社、履行辅助人、旅游从业人员或者其他旅游者的合法权益的，应当承担赔偿责任。

（四）文明旅游

《国家旅游局关于旅游不文明行为记录管理暂行办法》第二条规定：中国游客在境内外旅游过程中发生的因违反境内外法律法规、公序良俗，造成严重社会不良影响的行为，纳入"旅游不文明行为记录"。主要包括：①扰乱航空器、车船或者其他公共交通工具秩序；②破坏公共环境卫生、公共设施；③违反旅游目的地社会风俗、民族生活习惯；④损毁、破坏旅游目的地文物古迹；⑤参与赌博、色情、涉毒活动；⑥不顾劝阻、警示从事危及自身以及他人人身财产安全的活动；⑦破坏生态环境，违反野生动植物保护规定；⑧违反旅游场所规定，严重扰乱旅游秩序；⑨国务院旅游主管部门认定的造成严重社会不良影响的其他行为。

因监护人存在重大过错导致被监护人发生旅游不文明行为，将监护人纳入"旅游不文明行为记录"。

（五）信用管理

旅游者因不文明行为受到的司法裁决承担责任、行政处罚和造成严重不良社会影响的事件等纳入邮轮旅游的信用记录。

案例分析 🔍搜索

一、案例简述

某先生一家人报名参加了旅行社组织的邮轮旅游，某先生的母亲患有抑郁症，在邮轮上感觉身体不适，到邮轮医务室接受治疗，但症状并未缓解。之后的一天深夜，某先生的母亲被发现从舱房阳台上坠江，不幸身亡。某先生要求旅行社和邮轮公司承担70%的责任，理由是旅行社和船方没有详尽告知安全注意事项，邮轮上也没有导游服务，船上栏杆附近放着椅子。旅行社和船方一致反驳，旅行社和邮轮公司都坚称自己无责。根据住同一舱房的目击者说，某先生的母亲是自己跳江。

二、法律规定

1.《消费者权益保护法》第十八条规定，经营者应当保证其提供的商品或者服务符合保障人身、财产安全的要求。对可能危及人身、财产安全的商品和服务，应当向消费者做出真实的说明和明确的警示，并说明和标明正确使用商品或者接受服务的方法以及防止危害发生的方法。

2.《民法通则》第十一条规定，十八周岁以上的公民是成年人，具有完全民事行为能力，可以独立进行民事活动，是完全民事行为能力人。

三、案例分析

1. 旅行社和邮轮公司应当履行安全保障义务。旅行社和邮轮公司在为游客提供服务时，应当尽到合理的注意义务，对游客履行安全保障义务。第一，旅行社和邮轮公司提供的服务和商品必须安全。第二，旅行社和邮轮公司必须履行告知义务，告知旅游服务中可能存在的安全隐患。第三，旅行社和邮轮公司应当采取相关措施，防止游客损害的发生，并防止损害的扩大。这是法律赋予旅游经营者有关安全保障的法定义务，集中体现在上述三个环节中。在上述三个环节中，只要其中一个或者两个甚至三个环节出现了问题，就可以认定旅行社和邮轮公司履行安全保障义务不完全，旅行社和邮轮公司就应当承担相应的法律责任。

2. 如何判断旅行社和邮轮公司是否履行了安全保障义务。虽然法律对于经营者安全保障义务的规定是明确的，但由于旅游服务的特殊性，一旦发生纠纷后，尤其是人身财产损害事故发生后，大家对于事故发生原因和责任承担的理解一定会存在争议，经营者认为自己无责，游客一方认为经营者应当承担责任。如何客观判断经营者是否履行安全保障义务就显得至关重要。

首先，旅行社提供的邮轮旅游线路的安全性不容置疑，邮轮服务的设施具备安全性当然也符合相关的规定和标准，其安全性也不应当受到质疑。其次，旅行社和邮轮公司需要履行的告知义务也有一定的限度，告知也是一个相对的概念，而不是绝对的概念。告知的内容是绝大多数普通游客不了解的安全隐患，而不是面面俱到。只要绝大多数普通游客应当知道的安全隐患，就不能称之为真正的安全隐患，就没有必要成为告知的内容。再次，就是旅行社和邮轮公司必须事先采取一些安全防范的措施，比如设置安全保护围栏等，防止损害事件的发生；同时，有游客受到伤害，必须在第一时间进行救助。

3. 游客也应当为自己的行为负责。上文已经论述，旅行社和邮轮公司应当履行安全保障义务，这是针对旅行社和邮轮公司为自己行为负责的具体要求。然而，对于每一位具备完全民事行为能力的游客，同样也应当为自己的行为负责。对于限制民事行为能力人或者无民事行为能力人，应当由其监护人履行监护职责，保护被监护人的权益不受侵害。如果同舱游客所言属实，是某先生母亲自己跳江，导致悲剧的发生，主要责任是游客自己；如果某先生母亲跳江是抑郁症所导致，同团的子女要承担主要责任。游客要将主要责任转嫁给旅行社和邮轮公司，缺乏法律依据。

4. 游客患抑郁症应当得到格外的关注。游客因为患抑郁症，应当得到格外的关注，包含两层意思：第一，此类游客应当得到旅行社的格外照顾。前提是旅行社事先得知游客患病情况，比如安排同团子女和他们的父母同住一个船舱、对游客多一些嘘寒问暖。如果游客没有事先说明和告知，旅行社对于游客的身体状况并不知情，旅行社只需要提供通常的服务就可以，也就没有义务给予游客额外的照顾，所谓的不知者不为过就是这个道理。第二，子女应当给予自己母亲格外的照顾。作为同团旅游的子女，对于自己母亲身患抑郁症最为了解，而且应当知道抑郁症患者可能做出各种过激的行为。子女在旅游期间应当以母亲为核心，时刻注意母亲的身体状况。

5. 作为被告的旅行社，首先要能够提供强有力的证据证明旅行社的服务不存在瑕疵，某先生母亲的跳江行为和旅行社的服务不存在关联性。其次，作为包价旅游的合同方，旅游者除上岸观光之外的船上活动时间为旅游者自行安排活动时间，旅行社不提供导游服务。最后，旅游者在船上的住宿、餐饮、娱乐、休闲等活动非旅行社提供，邮轮公司和旅游者依据船票是合同主体，根据双方的合同相关约定解决纠纷，旅行社应当协助解决。

6. 邮轮公司要取得目睹某先生母亲跳江过程游客的证言，且该游客愿意到庭作证。这个证据的取得，对于邮轮公司不承担法律责任非常重要，可以说是胜诉的关键所在。

附　录

附录 1　旅行社包船工作手册

一、工作组人员一览表

组别	职务	姓名	手机号码	负责事项
总指挥部	总指挥	×××	××××××××××	全面负责
	副总指挥	×××	×××××××××	总负责协调出发日登船、上岸观光现场
	副总指挥	×××	×××××××××	总负责协调出发日登船、上岸观光现场
	助理	×××	××××××××××	协助岸上观光现场调度
	助理	×××	×××××××××	全面负责与船方协调沟通事务及船上值班总负责
	助理	×××	××××××××	全面负责团队计划及登船日自带护照客人办票
	助理	×××	××××××××××	
码头办票及现场组	组长	×××	××××××××××	负责协调领队码头办票及协助客人办理信用卡关联，码头运作控制
	助理	×××	××××××××××	
	助理	×××	××××××××	
码头行李托运组	组长	×××	××××××××××	负责办理团队客人行李托运工作
	助理	×××	××××××××××	
	助理	×××	×××××××	
	助理	×××	×××××××	
	协助	×××	××××××××××	
	协助	×××	××××××××××	
晚到客人召集组	组长	×××	××××××××××	负责客人迟到善后处理服务工作
码头后勤服务组	组长	×××	××××××××××	负责码头后勤保障工作
	助理	×××	××××××××	
投诉受理组	组长	×××	××××××××××	负责受理投诉处理
	副组长	×××	××××××××××	负责协调船方处理投诉
紧急事故处理组	组长	×××	××××××××××	总负责紧急事故的处理解决
	副组长	×××	××××××××××	负责协调紧急事故处理解决
	副组长	×××	××××××××××	负责协调游客紧急事故的处理解决

二、工作组人员一览表

日期		值班时间	值班人
×××旅行社 总值班服务台	6月29日	登船~17：15	×××、×××、×××、×××、×××
		17：15~救生演习	×××、×××、×××、×××
		20：00~21：00	×××、×××、×××、×××、×××
	6月30日	9：00~11：00	×××、×××、×××、×××、 ×××、×××、×××、×××
		14：00~16：00	×××、×××、×××、×××、×××、 ×××、×××、×××
	6月30日	19：00~21：00	×××、×××、×××、×××、 ×××、×××、×××
	7月1日	6：30~下船 （根据岸上观光集合时间可调节）	×××、×××
		16：00~18：00	×××、×××、×××、×××、×××
		19：00~21：00	×××、×××、×××、×××、×××、×××
	7月2日	12：00~下船 （根据岸上观光集合时间可调节）	×××、×××
		18：00~21：00	×××、×××、×××、×××、×××、×××
	7月3日	9：00~11：00	×××、×××、×××、×××、×××
		14：00~16：00	×××、×××、×××
		19：00~21：00	×××、×××、×××
	7月4日	8：00~下船 （根据实际情况可调节）	×××、×××、×××、×××、×××

三、餐厅值班表

6月29日登船日		
第一批用餐时间 17：15	**负责**	**协助**
自助餐厅	×××、×××、×××	×××、×××、×××
丝绸/美国爱肯	×××、×××	×××、×××、×××
奇客/格蓝迪		×××、×××、×××
第二批用餐时间 20：00	**负责**	**协助**
自助餐厅	××、×××、×××	×××、×××、×××
丝绸/美国爱肯	×××、×××、×××	×××、×××、×××
奇客/格蓝迪		×××、×××、×××
6月30日、7月1、3日		
第一批用餐时间 17：15	**负责**	**协助**
自助餐厅	×××、×××、×××	×××（6/30）×××（7/1）×××（7/3）
丝绸/美国爱肯	×××、×××、×××	×××（6/30）×××（7/1）×××（7/3）
奇客/格蓝迪		×××（6/30）×××（7/1）×××（7/3）

续表

第二批用餐时间 20：00	负责	协助
自助餐厅（19：00）	×××、×××、×××	××× (6/30) ××× (7/1) ××× (7/3)
丝绸/美国爱肯	×××、×××、×××	××× (6/30) ××× (7/1) ××× (7/3)
奇客/格蓝迪		××× (6/30) ××× (7/1) ××× (7/3)

四、领队信息一览表

团队编号	领队姓名	性别	手机号码	岸上观光线路
1	×××	女	××××××××	A
2	×××	女	××××××××	A
3	×××	男	××××××××	A
4	×××	女	××××××××	A
5	×××	女	××××××××	A
6	×××	女	××××××××	A
7	×××	男	××××××××	A
8	×××	女	××××××××	A
9	×××	女	××××××××	A
10	×××	女	××××××××	A
11	×××	女	××××××××	A
12	×××	女	××××××××	A
……		男	××××××××	C
110	×××	男	××××××××	C

五、领队工作要点

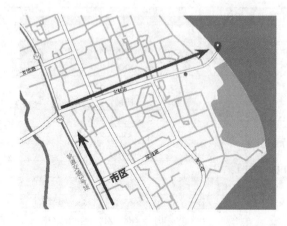

码头地图

上海吴淞口国际邮轮港

宝山区吴淞口宝杨路 1 号

轨交：地铁 3 号线"宝杨路"站下，换乘出租车沿宝杨路向东约 3 公里。

自驾车：逸仙路高架向北，至宝杨路下匝道下高架，右转向东入宝杨路直行到底。

六、码头集合时间表

游客集合批次	集合时间	团号	领队办票批次	团数
第 1 批	13：30	5、10、14、19、29、30、58、60、79、88、93、94、96、100、103	第 1 批（待叫）	15
第 2 批	14：00	1、2、4、6、7、8、12、17、31、53、57、78、112		13
第 3 批	14：30	11、13、20、21、42、55、56、65、66、69、101、104、113		13
第 4 批	15：00	16、22、23、24、25、28、54、85、90、92、102	第 2 批（待叫）	11
第 5 批	15：30	3、9、26、32、74、98、83、86、95、108、110、111		12
第 6 批	16：15	15、52、59、64、77、80、81、82、84、89、87、91、97、99		14
第 7 批	16：45	18、33、45、46、47、48、49、51、67、68、70、71、72	第 3 批（待叫）	13
第 8 批	17：15	35、37、38、39、43、44、63、75、76、105、106、109		12
第 9 批	17：45	34、36、40、41、50、61、62、73、107、114、115、116		12

七、服装要求

日期	时间	着装
6月29日	（登船日）	着装：新版地图 T 恤（登船日要求统一着装至当晚领队会议结束）
6月30日	海上巡游	着装：蓝色白色条纹 T 恤
7月1日	福冈	着装：橘色白色条纹 T 恤（全程）
7月2日	境港	着装：绿色白色条纹 T 恤（全程）
7月3日	海上巡游	着装：蓝色白色条纹 T 恤
7月4日	（离船日）	着装：新版地图 T 恤

码头办票

抵达码头后，全体领队于休息区待命：

①听从指挥部的指令，先行于指定柜台进行边防名单和护照原件的核对；随后在指定地点休息待命；

②听从指挥部的指令，领队持客人护照原件、护照复印件、团队分房名单（一式三份）及日本入境卡分批前往柜台办理团队登船手续（将日本入境卡夹在护照内，护照按分房名单顺序排列），从柜台领取回护照原件、日本入境卡、船卡。

八、领队工作要点

柜台办理船卡手续后，将房号贴贴于船卡背面；将客人的护照原件、船卡、日本入境卡、托运行李条、晚餐券以及邮轮吊牌进行整理。

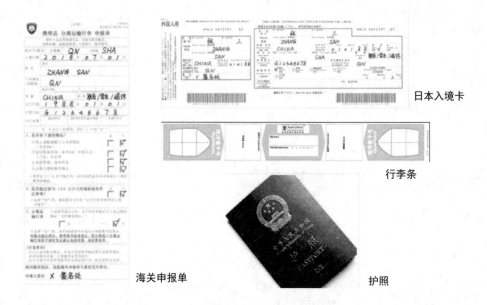

日本入境卡

行李条

海关申报单

护照

1. 集合客人交接登船资料

办票完毕后，听从指挥按规定时间至"团队集合点"2号白色帐篷内，举"＊＊团号牌"召集客人，发放上述登船材料及"游客登船步骤与须知"讲解注意事项，并协助客人办理行李托运。根据现场指挥部的调配，分批引导客人由1号门进入出发大厅。如有客人迟到，原则上30分钟以上交由"晚到客人召集组"处理，领队必须在离开集合点时，将未到客人的所有资料交给晚到客人召集组，方可进入出发大厅登船。

× 旅行社集合处

向客人交接资料时需注意：

①请客人将装有船卡的吊牌挂于胸前以便船方工作人员检查。

②引导需办理信用卡关联的客人持船卡及带有 Visa 或 Master 标记的信用卡前往码头大厅内柜台办理关联手续。

③如办理现金充值的客人，则可直接排队登船。在全体客人过完安检、边检、通过廊桥、登船完毕后，领队登船后第一时间前往【5楼船中】＊＊值班台签到。

2. 登船后说明会

领队登船后尽快熟悉邮轮重要公共设施、场所方位，自行安排时间和地点召集游客代表，进行登船讲解工作；最迟于第二天海上航行日（6月30日）中午12点前将游客赴会签到名单交至值班台【要求：每个家庭至少有代表签到】。

3. 船上设施介绍

1. 船头的方向

2. 中庭，4 楼邮轮服务台，5 楼＊＊旅游值班台（分时段值班）

3. 免费餐厅，用餐时间

①SILK 丝绸餐厅	四楼船尾左舷
②AMERICAN ICON 美国烧烤餐厅	四楼船尾右舷
③GRANDE 格蓝迪餐厅	三楼船尾左舷
④CHIC 奇客餐厅	三楼船尾右舷
⑤WIND JAMMER 帆船自助餐厅	十四楼船尾
⑥COASTAI KICHEN 海岸厨房餐厅	十四楼船尾右舷（套房旅客专用）

4. 剧院：4 楼 5 楼船头方向（a.C.D 线集合点）

5. 游泳池：14 楼

6. two70：5 楼船尾（B.e 线集合点）

7. 吸烟点：14 楼左舷泳池旁，5 楼右舷船尾

＊＊＊有关船上主要设施，领队可以在介绍结束后带领客人做简单的 Shipour

4. 领队例会

全体领队必须准时出席每天晚间的工作例会，不得缺席。

【领队例会】召开地点及时间：详见＊＊值班服务台告示。

5. 岸上游

●7 月 1 日 日本福冈停靠时间：7：00-18：00。

●7 月 2 日 日本境港停靠时间：12：00-20：00。

●叫早：岸上游当日早上，领队必须在团队集合时间前 1 小时提供 MOrNiNGCaLL 服务。

●领队于集合时间前 20 分钟到达集合点指定区域举"＊＊旅游团号牌"召集客人。检查所有客人是否带好房卡以及个人物品，并向客人发放护照复印件及海关申报单。

●7 月 1 日，日本入境手续将在邮轮上指定地点进行。领队须带领全团游客分批前往指定地点办理入境手续（按指纹，贴临时登陆证），提醒客人保管好临时登陆证，如发生遗失等，将会影响邮轮正常启航。听候船方工作人员或现场指挥分批下船（团队人数到齐后即报告现场指挥，有序分批下船）；

●提醒和督促客人上岸后，按吊牌上所贴车号上对应车号的车。领队须在车旁举"＊＊旅游团号牌"迎候客人，人齐发车；

●领队应协助导游控制游览观光和购物时间，以确保在规定时间返回码头登船；

●团队游览观光过程中，领队应提醒客人注意人身和财物安全，贵重物品随身携带；返回码头时，领队应在所有客人下车后仔细检查车上是否有客人遗忘的物品；

- 领队应提醒客人在岸上购买的商品，回船安检时须妥善保管，不要错拿或漏拿；
- 团队客人全部上船后，前往5楼值班台签到。

6. 归国离船准备（最后一晚）

- 离船准备工作：托运用行李牌将由船上工作人员发放到客人房间内。需要托运行李的客人，须在行李牌上至少写上姓名、房号、手机号等信息。同时，提醒客人留好当晚洗漱用品及替换衣服（护照原件及贵重物品切勿放入托运行李中，请随身携带）；
- 提醒客人在7月3日晚间22：00之前将需要托运的行李（挂好填写完整的行李牌）放置到房间门口走道上，船方工作人员会收走行李。过时将视作自行携带行李下船，船方不再提供补办托运行李；托运行李建议上锁（恕不接受塑料袋、编织袋、纸袋等包装的托运行李，以免破损造成物品遗失）；
- 通知客人做好离船前账单核对和结算。信用卡关联的客人核对账单正确无误，无须再到邮轮前台办理结算；支付现金的客人，下船前必须到船方指定地点办理美元现金结算手续，否则将会影响下船；
- 领队在7月3日晚需通知客人注意查看《邮轮日报》次日下船的集合地点和时间。下船时必须携带护照和房卡，并提醒客人是否已结清船上消费账单，主要跟踪无信用卡客人的结账手续；
- 提醒所有客人必须遵守出入境海关规定，注意提示违禁物品不能带入中国境内和须申报的物品。

7. 离船当日

- 按船方发放的团队编号行李牌，以及《邮轮日报》上安排的下船顺序时间，提前抵达指定地点集合，领队须提前20分钟到达集合点召集客人；
- 听从船方下船顺序安排，耐心等候指令下船；
- 集合下船前，再次提醒所有客人，勿忘自己随身携带的所有行李和贵重物品；
- 提醒游客过边检时，依次排队遵守秩序，准备好护照。过关后再到行李处领取行李；
- 领队必须在确认所有客人办理过关和领取行李后，报告总指挥部后方可离开码头。

8. 邮轮 tips

- 如何与客人保持联络

如遇客人不在舱房，可采用留言条塞入房门，或者用电话留言方式。

- 如何设置房间叫早服务

您可以通过电话上的叫早快捷键进行设置，您需要以24小时的时间格式输入需要的叫早时间。

例如：早上7：15，需输入0715，下午16：30，需输入1630。

- 旅行物品：根据自身习惯准备；请自备牙膏牙刷拖鞋等易耗卫生用品，带好雨伞、遮阳帽、防晒霜；
- 着装：轻便舒适、春夏装为主、泳衣自带，建议备一两件长袖衣物；
- 货币：根据自身的消费需要，准备适量的美元、日币；

- 特别提醒：在日本，当地并非所有商铺都能使用信用卡；
- 中国海关规定的出境携带现金限额为每人不超过 20000 人民币或 5000 美元；
- 请勿携带大型刀具，易燃易爆品及其他违禁物品登船，一经查验可能会被没收；
- 邮轮上提供外币兑换业务，但汇率以船方公示为准；

邮轮舱房内为美标插座，即两扁一圆制式，电压为 140 伏。常规手机、便携式电脑等均为两眼平行扁插，可直接使用，无须转换器和变压器。如携带的电器为中国三眼插头，则须准备转换插头；

- 时差：日本与中国时差 1 小时（比北京时间快 1 小时，例：上海 15：00 ＝ 日本 16：00）邮轮日报会提示调整时差的时间节点，请领队注意提醒游客。

9. 船卡【一卡三用】

- 钥匙：进入舱房开门；
- 身份证明：上下船须刷卡辨识身份；
- 消费卡：除娱乐场、机器人调酒师外，其他邮轮上的消费均需要刷此船卡；

（1）游客登船后请勿随意自行调换房间，以免造成消费账单混乱，引起经济损失；

（2）无论是靠港日，还是海上航行日，敬请随身携带船卡及护照复印件，在岸上游览或船上活动时，做到卡不离身，一旦遗失船卡，须第一时间前往前台挂失并补办，以免造成不必要的损失；

（3）为了安全起见，船卡上仅显示舱房号（如上图 460，仅表示 460 号房间），并不显示楼层，敬请留意。

10. 消费关联介绍

（1）凡未在出发大厅办理信用卡"关联"手续的旅客，手持船卡、信用卡到 4 楼指定地点办理关联；

（2）在船上若用现金结算，必须使用美元，需持船卡到 4 层指定地点办理充值不少于 150 美元的账户保证金。当船卡内储存金额不足时，船方将会拒绝消费；

（3）已做关联的信用卡客人，航行期间若收到银行发来的短信，消费金额与实际消费金额不符，不必纠结，以回国后的银行月账单为准。

友情提示：为了确保游客在船上的正常消费，所有游客请务必在上船后的 24 小时内关联信用卡或预付消费押金。

11. 进入舱房

房内放有邮轮当天的《邮轮日报》，这是您每天邮轮活动最准确的行动指南、时刻表及备忘录，《邮轮日报》还提供其他语种的版本，可在 4 楼邮轮前台自行领取，每天晚间，房内都会收到次日的日报；

托运的行李将晚于您到达房内，请耐心等候，如在登船日晚间 22 点前仍未送到，可前往邮轮前台询问；

房内除提供洗浴产品、浴巾、毛巾、拖鞋、电吹风，其他洗漱、起居用品等均需自备；

如果房间内有第三第四人住宿，第三、四人床将在晚餐后由客房服务员开启；

邮轮房间之间可以免费互打电话，电话备有录音功能，当电话有红灯闪烁时即有留言；

邮轮舱房内电水壶可烧开水，本航次房内全程仅限提供 2 瓶免费瓶装水，其余饮料具体价格请仔细查阅房内菜单；

"救生演习"：6 月 29 日（登船日）邮轮启航前 1 小时将召集全体游客进行救生演习，当您听到 7 短 1 长的紧急报警信号时，请全体游客根据要求前往指定地点参与演习，船上一切服务设施将暂停使用。

12. 舱房小冰箱

舱房内设有带密码锁的迷你冰箱，冰箱内的饮料和食品均须收费，具体收费标准请参考舱房内的价目单（友情提示：也可根据需要，自行设置密码，锁掉或开启冰箱门）。

九、餐　厅

免费餐厅		
餐厅名称	客舱位置	餐厅情况
丝绸之路餐厅（SILK）	四层船尾	/
格蓝迪餐厅（GRANDE）	三层船尾	/
美国爱肯烧烤（American ICON）	四层船尾	/
奇客餐厅（CHIC）	三层船尾	/
海岸厨房（Coastal Kitchen）	十四楼船尾	套房客人专享
帆船休闲餐厅（wind jammer）	十四楼船尾	/
Sorrentos	四楼船中	PIZZA
皇家大道咖啡吧（cafepromenade）	四楼船中	饼干+小食
270°咖啡吧（the café two70）	四楼船尾	色拉+PIZZA
SeaPlex 热狗屋（dog house）	十五楼船尾	热狗

付费餐厅		
餐厅名称	客舱位置	餐厅情况
仙境坊（wonderland imaginative cuisine）五楼船中		
泉·日本料理（IZUMI）	五楼船中	/
美食牛排馆（chops grill）	五楼船头	/
主厨餐厅（chef table）	chops grill 里	/
la patisserie	四楼船中	/
熊猫面馆	十四楼船尾	/
奥利弗（Jamie oliver）	五楼船中	/
杰纽因啤酒屋（michal's guness pub）	四楼船中	/
火锅（solariumbistro）	十四楼船头	火锅

1. 用餐细则

- 早餐开放：14 楼自助餐厅、2 个免费餐厅（详见【邮轮日报】的告知）

  午餐开放：14 楼自助餐厅、1 个免费餐厅（详见【邮轮日报】的告知）

  晚餐开放：14 楼自助餐厅、4 个免费餐厅（详见【邮轮日报】的告知）

  宵夜：14 楼自助餐厅【开放时间：22：00~05：00】

- 【海岸厨房 COastaL KitCHeN 套房专享餐厅】

  【金卡】的游客 可享早、中、晚三餐【银卡】的游客 可享晚餐

  注：仅限套房客人用餐，普通卡恕不接待。

- 友情提示：由于海洋量子号船体巨大，游客众多，为了让大家能够在舒适的环境下享用美食，船方已为游客制订了晚餐用餐方案，敬请各位有序按照所持餐券上标注的指定时间前往指定餐厅享用晚餐。

2. 贵宾用餐金卡/银卡

- 仅套房客人持有

晚餐券

（友情提示：7月2日晚餐游客可自行选择餐厅用餐。）

●海洋量子号上出售可口可乐饮料套餐（具体费用详见船上信息），购买套餐将会获得一个专属杯，畅饮整个航次（小提示：饮料要用您的"专属杯"才能顺利获取）。

●每日晚间如在正餐厅用餐，男士建议衬衫、长裤、皮鞋；女士建议长裙、连衣裙；（拖鞋、睡衣等着装，不适宜在餐厅穿着）。

十、娱乐及其他

1. 娱乐设施注意事项

●邮轮上的所有娱乐活动及设施，均视天气、潮汐、人员流动等情况，由船方决定其开放的次数、时长和参与规则；

●娱乐活动及设施的具体开放信息，原则上以每天《邮轮日报》公布的信息为准，如有任何变化，以船方的官方通知为准；

●建议需要参加船上娱乐活动的游客，仔细阅读每天《邮轮日报》，以便合理安排自己及家人各种活动的时间；

● 由于船上游客较多，娱乐活动及设施开放时间很可能出现排队等候的情况，届时请您务必听从船方现场工作人员的组织和安排，有序排队，耐心等候，切勿推挤，注意安全；

● 船上部分游乐设施，对参与者的年龄、身高、体重、健康状况有一定要求，请您和您的家人在参与之前，务必看清要求，以免造成不必要的危险。

2. 医疗

船上配备具有从医执照的专业医师，提供付费诊疗和出售常用药品；医疗中心值班时间请详见邮轮日报，设有 24 小时急救服务【2 层】。

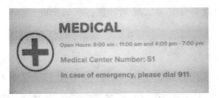

4. 禁令

除甲板指定区域、赌场可以吸烟外，私人阳台以及任何室内场所均禁止吸烟，违规者将受到 250 美元以上的处罚金。禁止携带任何酒类以及大型刀具登船。

6. 邮轮前台

【4 层船中】

3. 网络通信

进入公海航行期间，手机仍可能有信号覆盖，但为卫星信号，请谨慎使用，以免产生大额通信费用。

卫星电话参考费用：7.95 美元/分钟；

皇家无线上网收费规定如下：

单日套餐：$30/晚，1 个设备

全程套餐：$10/晚，1 个设备

　　　　　$15/晚，2 个设备

游客可在登船当天注册选购套餐。皇家无线上网会在游轮进入公海后（约启航后 4 小时）启动。

5. 邮轮安全

携幼儿及老人出行的游客，敬请密切注意孩子及老人的行动，如上下楼、戏水、用餐、使用厕所、观赏海景、攀爬等，做到安全第一。

友情提示：为了您和您的家人，敬请适度饮酒、适度参与博彩活动。

7. ＊＊旅游服务台

【5 层船中】

十一、岸上游

1. 提前在邮轮日报上，确认自己所在团队当日的集合时间、集合地点并准时前往集合。领队将在集合地点发放护照复印件。

2. 准备好靠港当日所要携带的证件，个人所需物品切勿遗漏。

3. 听从领队和船方工作人员的安排依次有序的入座及等候下船登岸。

4. 岸上观光请听从导游和领队的安排，遵守时间、注意个人及财产安全。

5. 最晚登船时间：请所有客人注意，务必在邮轮起航前一个半小时返回船上。

6. 违禁物品不得带上或带下船：生鲜水果和肉类等。

重要提醒：凡是集合时间迟到15分钟以上视作自动放弃当日岸上观光行程，敬请知晓。

a 线

★日本 福冈 邮轮预计靠港时间7：00 预计离港时间18：00

今日邮轮停靠福冈，完成入境手续后前往【栉田神社】（约30分钟）游览，该神社建于757年，日式林园景致优美，千年银杏树据说能够保佑安康。午餐后前往【运河城】（约1.5小时）大型综合商城游览，贯穿着运河的建筑风格的博多运河城是九州地区超具艺术气息的购物场所，是福冈市民休闲购物娱乐的第一选择。随后前往福冈城南的【油山牧场】（约50分钟），这里空气清新、闹中取静、自然风景秀丽迷人；此外，牧场还饲养了不少小动物，加之多种设施，让大小朋友们有机会贴近自然；之后返回码头登船。（含午餐）

★日本 境港 邮轮预计靠港时间12：00 预计离港时间20：00

今日邮轮停靠境港，下船后前往日本山阴地区最大的池泉洄游式日本庭院【由志园】（约1小时），黑松、池塘、石灯、瀑布、枫树，这里一切的一切构成了一幅美丽的日本庭院风景画。随后前往【AEON 永旺百货】（约2小时）自由购物。（不含餐）

b 线

★日本 福冈 邮轮预计靠港时间7：00 预计离港时间18：00

今日邮轮停靠福冈，完成入境手续后前往【运河城】（约1.5小时）大型综合商城游览，贯穿着运河的建筑风格的博多运河城是九州地区超具艺术气息的购物场所，是福冈市民休闲购物娱乐的第一选择。午餐后前往佐贺县的【忍者村主题公园】（约1小时15分钟），这里俨然是一片神秘忍者的聚集区，街道和建筑处处充满了江户时代的印记。之后返回码头登船【福冈至佐贺单程车程约为1.5小时】（含午餐）。

★日本 境港 邮轮预计靠港时间12：00 预计离港时间20：00

今日邮轮停靠境港，下船后前往日本山阴地区最大的池泉回游式日本庭院【由志园】（约1小时），黑松、池塘、石灯、瀑布、枫树，这里一切的一切构成了一幅美丽的日本庭院风景画。随后前往【AEON 永旺百货】（约2小时）自由购物（不含餐）。

c 线

★日本 福冈 邮轮预计靠港时间 7：00 预计离港时间 18：00

今日邮轮停靠福冈，完成入境手续后前往九州中部熊本县【熊本城】（约 1 小时）观光游览，熊本城是日本三大名城之一，是目前日本国内保存最完好格局的城池之一。午餐后返回福冈市，前往【运河城】（约 1.5 小时）大型综合商城游览，贯穿着运河的建筑风格的博多运河城是九州地区超具艺术气息的购物场所，是福冈市民休闲购物娱乐的第一选择。之后返回码头登船【福冈至熊本单程车程约为 1.5 小时】（含午餐）。

★日本 境港 邮轮预计靠港时间 12：00 预计离港时间 20：00

今日邮轮停靠境港，下船后前往【AEON 永旺百货】（约 2 小时）自由购物。之后前往【境港鱼市场】及【梦港塔】参观（约 1 小时），境港是日本著名的渔港，尤其以金枪鱼、长脚蟹和鱿鱼最为出名，而梦港塔的一层有连续 16 年荣获"日本 100 选优秀土特产商店街"区域、游客们可自由购买当地的土特产（不含餐）。

d 线

★日本 福冈 邮轮预计靠港时间 7：00 预计离港时间 18：00

今日邮轮停靠福冈，完成入境手续后前往九州大分县【汤布院】（约 1 小时），此地是九州首屈一指的温泉胜地和著名避暑地，小镇上的汤平街道幽静闲逸，令喜欢和风小物的人们流连；镇上的金麟湖偶有天鹅栖息，池鱼漫游，一片精致雅趣的风景。午餐后返回福冈，前往【运河城】（约 1.5 小时）大型综合商城游览，贯穿着运河的建筑风格的博多运河城是九州地区超具艺术气息的购物场所，是福冈市民休闲购物娱乐的第一选择。之后返回码头登船【福冈至汤布院单程车程约为 2 小时】（含午餐）。

十二、岸上游及紧急预案

★日本 境港 邮轮预计靠港时间 12：00 预计离港时间 20：00

今日邮轮停靠境港，下船后前往【AEON 永旺百货】（约 2 小时）自由购物。之后前往【境港鱼市场】及【梦港塔】参观（约 1 小时），境港是日本著名的渔港，尤其以金枪鱼、长脚蟹和鱿鱼最为出名，而梦港塔的一层有连续 16 年荣获"日本 100 选优秀土特产商店街"区域、游客们可自由购买当地的土特产（不含餐）。

e 线

★日本 福冈 邮轮预计靠港时间 7：00 预计离港时间 18：00

该线路为穿梭巴士，由码头至福冈市区最热闹的"天神市役所站"往返【码头至集散点单程车程约为 20 分钟】。当天，游客按团队形式分批下船，搭乘穿梭巴士前往福冈天神地区，于指定地点下车，随后自由活动【预留自由活动时间约达 4.5 个小时】，傍晚指定时间在指定地点集合，以团队形式原车返回码头【该线路不含餐、无景点安排和导游随车，游客有完全自主的大段自由活动时间，充分享受购物观光美食的完美体验】（午餐自理）。

★日本 境港 邮轮预计靠港时间12：00 预计离港时间20：00

抵达境港后，搭乘穿梭巴士前往【AEON 永旺百货】游客按团队形式分批下船，搭乘穿梭巴士前往 AEON，于指定地点下车，随后自由活动【预留自由活动时间约达 3 个小时】，傍晚指定时间在指定地点集合，以团队形式原车返回码头【该线路不含餐、无景点安排和导游随车，游客有完全自主的大段自由活动时间，充分享受购物观光美食的完美体验】（不含餐）。

（一）组织机构及职责

1. 紧急事故处理组：组长：吴江；副组长：吴磊；

2. 主要职责：负责现场指挥、处置及善后工作。

（二）紧急事故的应急预案

应急响应：

1. 团员伤病的处理流程

（1）团员中发生伤痛、感冒及拉肚子等，由领队负责安排到邮轮医务室索取药物进行简单护理。在邮轮巡游期间，医务人员提供 24 小时服务，标准服务时间将刊登在《邮轮日报》上，船上配备医务中心，提供有限医疗服务。

（2）团员中如有发高烧、中风等危险性较高的病，领队需立即通知邮轮医生给病人进行治疗。如病情较严重时，须即报告紧急事故处理组和报告邮轮指挥中心，视实际情况采取救助措施。

2. 团员食物中毒的处理流程

（1）当领队发现团员中有呕吐不止或疑似食物中毒，应立即报告紧急事故处理组，并即通知邮轮公司人员到现场，查明是否食物中毒及发生时间、食物源；

（2）查明原因后，即组织人员隔离，封闭食物中毒源；

（3）领队应积极做好稳定团员情绪工作，防止事态进一步扩大；

（4）造成重大食物中毒事件，由紧急事故处理组将情况和处理方案等上报公司领导，并向有关防疫部门报告或备案。

（三）登船下船延误的应急预案

1. 事故预防措施：

（1）密切注意天气情况，做到早有消息，早有准备；

（2）提早与邮轮公司和目的地接社联系，共同商讨因天气原因导致上岸行程延误的后备方案。

2. 应急响应：

如遇大雾等天气原因，短时间内能恢复正常进行的，领队安排团员在码头、邮轮上或景点耐心等待，并做好安抚工作。总指挥小组负责码头停车。和登船秩序。

（四）重大交通事故的应急预案

应急响应：

1. 发生重大交通事故时

（1）指挥与协调：发生重大交通事故时，及时通知各方，如警方、医院、保险等赶赴现场；

（2）现场施救：尽快通知相关救援部门，快速、果断进行现场施救，全力控制事故态势，防止事故扩大；

（3）后期处置：疏散无关人员，安抚其他团员情绪，保障后续行程正常进行。

（五）行程中团员人身与财产安全的应急预案

1. 事故预防措施

（1）落实保险的事项；

（2）集合出发、上下邮轮、旅游观光等总指挥小组亲临现场；

（3）上船后设立＊＊旅游总值班服务处（配对讲机）；

（4）领队设立"大本营"，每晚进行例会，强调各项安全预防措施，确保团员人身财物安全；

（5）出团前所有工作人员和领队必须了解各主要事故处理部门电话，以保证及时快速处置事故。

2. 应急响应：

（1）团员发生重大伤病时：

A. 领队应及时通报紧急事故处理组，及时送往就近医院进行治疗；

B. 配合索取相关医疗凭证等，协助善后保险理赔。

（2）团员丢失钱物时：协助及时报警，留取相关"调查记录"，并报告紧急事故处理组；

（3）团员丢失证件时：

A. 协助及时报警，向警方索取"调查记录"，以作证件丢失证明；

B. 挂失补办，在总指挥小组安排下到相关机构补办证件；

C. 如遇补办时间长影响行程或回国时间，由紧急事故处理组协调安排人员处理善后事宜。

（4）要求团员不得擅自离团，如发生走失现象时：

A. 了解情况，迅速寻找，并及时通报紧急事故处理组，请求地接社工作人员协助寻找；

B. 领队须在经紧急事故处理组同意后，方可报警；

C. 找到走失者后，领队要做好善后安抚工作，并及时通报紧急事故处理组。

（5）团员发生突然死亡时：

A. 立即报告紧急事故处理组，派人赶赴现场，保护事故现场，并即报当地相关医疗部门和有关部门；

B. 注意保护好遇难者的遗骸或遗体，对事故现场的行李和物品要认真清理和保管，并逐项登记造册；

C. 在死亡人员身份确认无误后，由紧急事故处理组负责通知死者家属；

D. 立即通知保险公司，让其介入相关理赔程序；

E. 做好死者家属接待工作，并协助相关部门做好遇难者遗体和遗物的处理及其善后工作。

（六）台风紧急预案

1. 工作人员和领队手机必须24小时保持畅通（除航行途中无信号原因），配有对讲机人员务必确保电源充足、频率正确，处于正常使用状态；

2. 如遇台风或暴雨警报，应及时通报团员，做好安全预防工作；

3. 在发生台风或暴雨期间，必须统一听从紧急事故处理组对活动项目的安排，不得擅自决定游览安排，并做好对团员的解释安抚工作；

4. 如在游览途中遇到台风暴雨，领队应服从当地码头景点、地接社关于预防台风的工作要求；

5. 当台风暴雨自然灾害影响到团队人数安全时，立即向当地旅游行政管理部门报告有关情况，并积极做好团队客人的安抚工作；

6. 如因台风延期回国，由总指挥部负责向公司领导报告。

（七）保险

全船游客均购买美亚旅游意外险。

十三、领队工作手记

附录2 上海市邮轮旅游合同示范文本（2015版）

上海市工商行政管理局
上海市旅游局

使 用 说 明

一、本合同示范文本供旅游者参加邮轮旅游与旅行社签订包价旅游合同时使用。旅游者应选择具有经营旅游业务相应资格的旅行社。旅行社应具有旅游行政管理部门颁发的《旅行社业务经营许可证》和工商行政管理部门颁发的《营业执照》。经营出境旅游的旅行社应具有经营出境旅游业务资格；经营赴台湾地区旅游的旅行社除了应具有上述经营出境旅游业务资格外，还应具有组织大陆居民赴台湾地区旅游的经营资格。

二、旅游前，旅行社应当与旅游者签订书面旅游合同，本合同及其附件均应使用中文文本。旅游者在交纳旅游费用后，旅行社应开具发票。

三、旅游者在自行安排活动期间，应结合自身身体状况选择邮轮上的活动项目。旅游者应选择适合自身身体状况的岸上旅游产品及项目。

四、旅行社委托组团，须事先告知旅游者并在本合同中载明。

五、旅游者与旅行社也可使用本合同电子版。

六、在填写本合同第二条"行程与标准"和"旅游行程单"时，旅行社应以准确、明晰的语言表述，不得出现"准X星级"、"相当于X星级"、"仅供参考"、"与××同级"等模糊不确定性用语。

七、旅游者有权自主选择旅游产品和服务，有权拒绝旅行社的强制交易行为。

八、在签订合同时，双方应当结合具体情况选择本合同协议条款中所提供的选择项，条款前有"□"符号的，甲乙双方应当协商选定。双方选定的条款，应当在"□"中划"√"；双方不选的条款，应当在"□"中划"×"；条款中有空格处的，供双方自行约定并填写完整，对双方不予约定的空格处，应当划"×"以示没有特别约定。

九、旅行社制定补充条款等双方自行约定内容对本合同示范文本有关条款的内容进行补充、细化的，自行约定内容不得减轻或者免除应当由旅行社承担的责任。

十、本合同示范文本自2015年8月25日起使用。今后凡未制定新的版本前，本版本延续使用。

十一、旅游咨询与投诉机构：

1. 上海市旅游质量监督所

地址：中山南二路2419号B1楼　邮编：200232

投诉电话：64393615、962020

2. 上海市消费者申（投）诉举报中心

举报投诉电话：12315

3. 上海市文化市场行政执法总队

地址：永嘉路383号　邮编：200031

旅游违法违规举报电话：12318

合同编号：

上海市邮轮旅游合同

（2015版）

甲方（旅游者或旅游团体）：

乙方（旅行社）：

经营许可证编号：

经营范围：

根据《中华人民共和国合同法》、《中华人民共和国旅游法》、《旅行社条例》、《上海市旅游条例》及其他有关法律法规的规定，甲乙双方在平等自愿、协商一致的基础上，签订本合同。

第一条　合同标的

邮轮产品名称_____。

团号：_____。

组团方式（二选一）

□自行组团

□委托组团（委托社全称及经营许可证编号_____）。

出发日期_____，出发地点_____。

邮轮途中停靠港口_____。

岸上游览地点_____。

结束日期_____，返回地点_____。

第二条　行程与标准（乙方提供旅游行程单，须含下列要素）

邮轮上舱位类型及标准和住宿天数_____。

邮轮上用餐次数_____，标准_____。

岸上景点名称和游览时间_____。

岸上往返交通_____，标准_____。

岸上游览交通_____，标准_____。

岸上旅游者自由活动时间_____，次数_____。

岸上住宿安排（名称）及标准和住宿天数_____。

岸上用餐次数_____，标准_____。

岸上地接社名称_____，地址_____。

岸上地接社联系人＿＿＿＿＿＿＿＿，联系电话＿＿＿＿＿＿＿＿。

第三条　旅游者保险

乙方提示甲方购买人身意外伤害保险和邮轮旅游意外保险。经乙方推荐，甲方已经阅读并明确知晓上述保险的保险条款及其保单内容。甲方＿＿＿＿＿（应填同意或不同意，打钩无效）委托乙方办理个人投保的人身意外伤害保险；甲方＿＿＿＿＿（应填同意或不同意，打钩无效）委托乙方办理个人投保的邮轮旅游意外保险。

保险公司及产品名称＿＿＿＿＿＿＿＿。

保险费人民币＿＿＿＿＿元/人。

相关投保信息和约定以保单及其保险条款为准。

第四条　旅游费用及其支付（以人民币为计算单位）

旅游费用包括：□邮轮船票费（含邮轮上指定的舱位、餐饮、游览娱乐项目和设施等）；□船上服务费（小费）；□港务费；□签证费；□签注费；□乙方统一安排岸上游览景区景点的门票费、□交通费、□住宿费、□餐费；□其他费用＿＿＿＿＿＿。

甲方应交纳旅游费用＿＿＿＿元，大写＿＿＿＿元。

旅游费用交纳期限＿＿＿＿＿＿＿＿＿＿。

旅游费用交纳方式：□现金；□支票；□信用卡；

□其他＿＿＿＿＿。

第五条　双方的权利义务

（一）甲方的权利义务

1. 甲方有权知悉其购买的邮轮及岸上旅游产品和服务的真实情况，有权要求乙方按照约定提供产品和服务；有权拒绝乙方未经协商一致指定具体购物场所、安排另行付费旅游项目的行为；有权拒绝乙方未经事先协商一致将旅游业务委托给其他旅行社。

2. 甲方应自觉遵守旅游文明行为规范，遵守邮轮旅游产品说明中的要求，尊重船上礼仪和岸上旅游目的地的风俗习惯、文化传统和宗教禁忌，爱护旅游资源，保护生态环境；遵守《中国公民出国（境）旅游文明行为指南》等文明行为规范。甲方在旅游活动中应遵守团队纪律，配合乙方完成合同约定的旅游行程。

3. 甲方在签订合同或者填写材料时，应当使用有效身份证件，提供家属或其他紧急联络人的联系方式等，并对填写信息的真实性、有效性负责。限制民事行为能力人单独或由非监护人陪同参加旅游的，须征得监护人的书面同意；监护人或者其他负有监护义务的人，应当保护随行未成年旅游者的安全。

4. 甲方应当遵守邮轮旅游产品说明及旅游活动中的安全警示要求，自觉参加并完成海上紧急救生演习，对有关部门、机构或乙方采取的安全防范和应急处置措施予以配合。

5. 甲方不得随身携带或者在行李中夹带法律、法规规定及邮轮旅游产品说明中禁止带上船的违禁品。甲方应遵守邮轮禁烟规定，除指定的吸烟区域外，其余场所均禁止吸烟。

6. 在邮轮旅游过程中，甲方应妥善保管随身携带的财物。

7. 在邮轮上自行安排活动期间，甲方应认真阅读并按照邮轮方《每日须知》和活动安排，自行选择邮轮上的用餐、游览、娱乐项目等。在自行安排活动期间，甲方应在自己能够控制风险的范围内活动，选择能够控制风险的活动项目，并对自己的安全负责。

8. 甲方参加邮轮旅游以及岸上游览必须遵守集合出发和返回邮轮时间，按时到达集合地点。

9. 行程中发生纠纷，甲方应按本合同第八条、第十一条约定的方式解决，不得损害乙方和其他旅游者及邮轮方的合法权益，不得以拒绝上、下邮轮（机、车、船）等行为拖延行程或者脱团，不得影响港口、码头的正常秩序，否则应当就扩大的损失承担赔偿责任。

10. 甲方向乙方提交的出入境证件应当符合相关规定。甲方不得在境外非法滞留，随团出游的，不得擅自分团、脱团。

11. 甲方不能成行的，可以让具备参加本次邮轮旅游条件的第三人代为履行合同，并及时通知乙方。因代为履行合同增加或减少的费用，双方应按实结算。

（二）乙方的权利义务

1. 乙方提供的邮轮船票或凭证、邮轮旅游产品说明、登船相关文件、已订购服务清单，应由甲方确认，作为本合同组成部分。

2. 乙方提供旅游行程单，经双方签字或者盖章确认后作为本合同组成部分。

3. 乙方不得以不合理的低价组织旅游活动，诱骗甲方，并通过安排购物或者另行付费旅游项目获取回扣等不正当利益。

4. 乙方应在出团前，以说明会等形式如实告知邮轮旅游服务项目和标准，提醒甲方遵守旅游文明行为规范、遵守邮轮旅游产品说明中的要求，尊重船上礼仪和岸上旅游目的地的风俗习惯、文化传统、宗教禁忌。在合同订立及履行中，乙方应对旅游中可能危及甲方人身、财产安全的情况，做出真实说明和明确警示，并采取防止危害发生的适当措施。

5. 当发生延误或不能靠港等情况时，乙方应当及时向甲方发布信息，告知具体解决方案。

6. 乙方应妥善保管甲方提交的各种证件，依法对甲方信息保密。

7. 因航空、港务费、燃油价格等费用遇政策性调价导致合同总价发生变更的，双方应按实结算。

8. 甲方有下列情形之一的，乙方可以解除合同：

（1）患有传染病等疾病，可能危害其他旅游者健康和安全的；

（2）携带危害公共安全的物品且不同意交有关部门处理的；

（3）从事违法或者违反社会公德的活动的；

（4）从事严重影响其他旅游者权益的活动，且不听劝阻、不能制止的；

（5）法律规定的其他情形。

因前款情形解除合同的，乙方应当按本合同第七条扣除必要的费用后，将余款退还甲方；给乙方造成损失的，甲方应当依法承担赔偿责任。

9. 成团人数与不成团的约定（二选一）

□最低成团人数_____；低于此人数不能成团时，乙方应当提前30日通知甲方，本合同解除，向甲方退还已收取的全部费用。

□本团成团不受最低人数限制。

第六条　甲方不适合邮轮旅游的情形

因邮轮上没有专科医师及医疗设施，邮轮离岸后无法及时进行急救和治疗，为防止途中发生意外，甲方购买邮轮旅游产品、接受旅游服务时，应当如实告知与邮轮旅游活动相关的个人健康信息，参加适合自身条件的邮轮旅游活动。如隐瞒有关个人健康信息参加邮轮旅游，由甲方承担相应责任。

第七条　甲方解除合同及承担必要费用

因甲方自身原因导致合同解除，乙方按下列标准扣除必要费用后，将余款退还甲方：

（一）甲方在行程前解除合同的，双方约定扣除必要费用的标准为：

1. 行程前_____日至_____日，旅游费用_____%；

2. 行程前_____日至_____日，旅游费用_____%；

3. 行程前_____日至_____日，旅游费用_____%；

4. 行程前_____日至_____日，旅游费用_____%；

5. 行程开始当日，旅游费用_____%。

甲方行程前逾期支付旅游费用超过_____日的，或者甲方未按约定时间到达约定集合出发地点，也未能在中途加入旅游的，乙方有权解除合同，乙方可以按本款规定扣除必要的费用后，将余款退还甲方。

（二）甲方因疾病等自身的特殊原因，导致在行程中解除合同的，必要的费用扣除标准为：（二选一）

□1. 双方可以进行约定并从其约定：

旅游费用-（　　　）-（　　　）-（　　　）-（　　　）

□2. 双方未约定的，按照下列标准扣除必要的费用。

旅游费用×行程开始当日扣除比例+（旅游费用-旅游费用×行程开始当日扣除比例）÷旅游天数×已经出游的天数。

如按上述（一）或（二）约定标准扣除的必要费用低于实际发生的费用，按照实际发生的费用扣除，但最高额不应当超过旅游费用总额。

行程前解除合同的，乙方扣除必要费用后，应当在合同解除之日起_____个工作日内向甲方退还剩余旅游费用。

行程中解除合同的，乙方扣除必要费用后，应当在协助甲方返回出发地或者到达甲方指定的合理地点后_____个工作日内向甲方退还剩余旅游费用。

第八条　责任减免及不可抗力情形的处理

（一）具有下列情形的旅行社免责

1. 因甲方原因造成自己人身损害、财产损失或造成他人损失的，由甲方承担相应责任，但乙方应协助处理。

2. 因不可抗力造成甲方人身损害、财产损失的，乙方不承担赔偿责任，但应积极采取救助措施。

3. 在自行安排活动期间甲方人身、财产权益受到损害的，乙方在事前已尽到必要警示说明义务且事后已尽到必要救助义务的，乙方不承担赔偿责任。

4. 甲方因参加非乙方安排或推荐的活动导致人身损害、财产损失的，乙方不承担赔偿责任。

5. 由于公共交通经营者的原因造成甲方人身损害、财产损失的，由公共交通经营者依法承担赔偿责任，乙方应当协助甲方向公共交通经营者索赔。因公共交通工具延误，导致合同不能按照约定履行的，乙方不承担违约责任，但应向甲方退还未实际发生的费用。

（二）因发生不可抗力情形或者乙方、履行辅助人已尽合理注意义务仍不能避免的事件，可能导致邮轮行程变更或取消部分停靠港口等情况时，按以下约定方式处理。

1. 行程前发生的，甲方可以按（1）或（2）选择（二选一）

□（1）甲方同意邮轮行程变更或取消部分停靠港口等，按以下约定处理：

①在不减少行程自然天数的情况下，启航延迟、港口停靠时间缩短、返航延迟抵达：船方提供餐食和各项服务，乙方退还旅游费用总额的_____%。

②无法停靠目的地港口：退还该港口的港务费以及未发生的岸上观光费用。

③行程自然天数减少：扣除已实际支付且不可退还的费用后，按照减少行程的自然天数所占计划行程的百分比退还旅游费用。

□（2）甲方不同意邮轮行程变更或取消部分停靠港口等上述约定，解除本合同；乙方应当在扣除已实际支付且不可退还的费用后，将余款_____元退还甲方。

2. 行程中发生的，按上述（1）的约定处理。

第九条　违约责任

（一）乙方在行程前30日以内（含第30日，下同）提出解除合同的，向甲方退还全额旅游费用（不得扣除签证/签注等费用），并按下列标准向甲方支付违约金：

1. 行程前_____日至_____日，支付旅游费用总额_____的违约金；

2. 行程前_____日至_____日，支付旅游费用总额_____%的违约金；

3. 行程前_____日至_____日，支付旅游费用总额_____%的违约金；

4. 行程前_____日至_____日，支付旅游费用总额_____%的违约金；

5. 行程开始当日，支付旅游费用总额_____%的违约金。

如上述违约金不足以赔偿甲方的实际损失，乙方应当按实际损失对甲方予以赔偿。

乙方应当在解除合同通知到达日起_____个工作日内，向甲方全额退还已收旅游费用并支付违约金。

（二）甲方逾期支付旅游费用的，应当每日按照逾期支付部分的旅游费用的_____%，向乙方支付违约金。

（三）甲方提供的个人信息及相关材料不真实而造成的损失，由其自行承担；如给乙方造成损失的，甲方还应当承担赔偿责任。

（四）甲方因不听从乙方的劝告、提示而影响旅游行程，给乙方造成损失的，应当承担相应的赔偿责任。

（五）乙方未按合同约定标准提供交通、住宿、餐饮等服务，或者违反本合同约定擅自变更旅游行程，给甲方造成损失的，应当承担相应的赔偿责任。

（六）乙方未经甲方同意，擅自将旅游业务委托给其他旅行社的，甲方在行程前（不含当日）得知的，有权解除合同，乙方全额退还已收旅游费用，并按旅游费用的15%支付违约金；甲方在行程开始当日或者行程开始后得知的，乙方应当按旅游费用的25%支付违约金。如违约金不足以赔偿甲方的实际损失，乙方应当按实际损失对甲方予以赔偿。

（七）乙方未经与甲方协商一致或者未经甲方要求，指定具体购物场所或安排另行付费旅游项目的，甲方有权在旅游行程结束后三十日内，要求乙方为其办理退货并先行垫付退货货款，或者退还另行付费旅游项目的费用。

（八）乙方具备履行条件，经甲方要求仍拒绝履行合同，造成甲方人身损害、滞留等严重后果的，甲方除要求乙方承担相应的赔偿责任外，还可以要求乙方支付旅游费用＿＿＿倍（一倍以上三倍以下）的赔偿金。

（九）其他违约责任：

第十条　自愿购物和参加另行付费旅游项目约定：

1. 甲方可以自主决定是否参加乙方安排的购物活动、另行付费旅游项目。

2. 乙方可以在不以不合理的低价组织旅游活动、不诱骗甲方、不获取回扣等不正当利益，且不影响其他旅游者行程安排的前提下，按照平等自愿、诚实信用的原则，与甲方协商一致达成购物活动、另行付费旅游项目补充协议。

3. 购物活动、另行付费旅游项目安排应不与旅游行程单冲突。

4. 地接社及其从业人员在行程中安排购物活动、另行付费旅游项目的，责任由订立本合同的乙方承担。

5. 购物活动、另行付费旅游项目具体约定见《自愿购物活动补充协议》（附件1）、《自愿参加另行付费旅游项目补充协议》（附件2）。

第十一条　争议解决方式

双方发生争议的，可协商解决，也可在旅游合同结束之日90天内向旅游质监机构申请调解，或提请上海仲裁委员会仲裁（不愿意仲裁而选择向法院提起诉讼的，请双方在签署合同时将此仲裁条款划去）。

第十二条　附则

本合同自双方签字或盖章之日起生效，本合同附有的旅游行程单、邮轮旅游产品说明和补充条款、补充协议等均为合同的附件，与本合同具有同等法律效力。

补充条款

甲方签字（盖章）：　　　　　　乙方签字（盖章）：

住　　所：　　　　　　　　　　营业场所：

甲方代表：　　　　　　　　　　乙方代表（经办人）：

联系电话：　　　　　　　　　　联系电话：

邮　　编：　　　　　　　　　　邮　　编：

日　　期：　　　　　　　　　　日　　期：

附件1　自愿购物活动补充协议

1. 甲方可以自主决定是否参加乙方安排的购物活动；

2. 乙方可以在不以不合理的低价组织旅游活动、不诱骗甲方、不获取回扣等不正当利益，且不影响其他旅游者行程安排的前提下，按照平等自愿、诚实信用的原则，与甲方协商一致达成购物活动的约定；

3. 购物活动安排应不与《行程单》冲突；

4. 具体购物场所应当同时面向其他社会公众开放；

5. 地接社及其从业人员在行程中安排购物活动，责任由订立本合同的乙方承担；

6. 购物活动具体约定如下：

具体时间　　　　　　　地点　　　　　　　　　　购物场所

名称　　　　　　　　　主要商品

信息　　　　　　　　　最长停留时间（分钟）　　其他

说明　　　　　　　　　甲方

签名同意

　　年　月　日　时　　　　　　　　签名：

甲方签名：　　　　　　　　　　乙方（经办人）签名：

　　年　月　日　　　　　　　　　　年　月　日

附件2　自愿参加另行付费旅游项目补充协议

1. 甲方可以自主决定是否参加乙方安排的另行付费旅游项目；

2. 乙方可以在不以不合理的低价组织旅游活动、不诱骗甲方、不获取回扣等不正当利益，且不影响其他旅游者行程安排的前提下，按照平等自愿、诚实信用的原则，与甲方协商一致达成另行付费旅游项目的约定；

3. 另行付费旅游项目安排应不与《行程单》冲突；

4. 另行付费旅游项目经营场所应当同时面向其他社会公众开放；

5. 地接社及其从业人员在行程中安排另行付费旅游项目的，责任由订立本合同的乙方承担；

6. 另行付费旅游项目具体约定如下：

具体时间　　　　　　　地点　　　　　　　　　　购物场所

和内容费用（元）　　　项目时长（分钟）　　　　其他

说明　　　　　　　　　甲方

签名同意

　　年　月　日时　　　　　　　　签名：

　　年　月　日时　　　　　　　　签名：

甲方签名：　　　　　　　　　　乙方（经办人）签名：

　　年　月　日　　　　　　　　　　年　月　日

参考文献

［1］蔡二兵．我国邮轮港口经营模式研究——以吴淞口国际邮轮港为例［D］.上海工程技术大学旅游管理专业，2015.

［2］孙瑞红，叶欣梁，徐虹．中国邮轮市场的价格形成机制与"低价困境"研究［J］.旅游学刊，2016（11）.

［3］邮轮：开启切舱销售模式 正驶入价格战深海［N］.新京报，2015-06-24.

［4］徐维维．公主邮轮持续加码中国市场 业界质疑包船模式［N］.21世纪经济报道，2016-03-10.

［5］寿晓渊．中国邮轮业为何不走寻常路？［N］.环球旅讯，2015-12-15.

［6］寿晓渊．邮轮市场兵败2015年的根本原因：包船模式［N］.环球旅讯，2015.

［7］寿晓渊．2016年中国邮轮业营销模式及发展趋势［N］.环球旅讯，2015-12-17.

［8］寿晓渊．罗杰叹游轮：2014-2015我眼中的中国邮轮业．皇家加勒比游轮微信公众号，2014-12-31.

［9］殷翔宇．国外邮轮企业经营模式［J］.水运管理，2013，35（4）.

［10］蔡二兵，史健勇．上海吴淞口国际邮轮港经营模式［J］.水运管理，2014，36.

［11］洪杏，王学锋．对我国邮轮供应链中信息不对称问题的探讨．供应链管理，2015.

［12］徐珏慧．上海邮轮母港市场运营深度分析．智慧旅行，2014.

［13］黄梅．中国邮轮旅游包船模式分析与展望．青岛远洋船员职业学院学报，2016.

［14］徐珏慧．全球邮轮航线布局，邮轮高级研修班，2014.

［15］毛立人．邮轮航线规划，邮轮高级研修班，2014.

［16］于亚楠．邮轮公司对旅行社的销售政策和销售支持．邮轮旅游销售培训班，2015.

［17］程爵浩等．2015-2016中国邮轮产业发展白皮书，2016.

［18］王学峰．国际邮轮．中国商务出版社，2016.

［19］程爵浩，崔园园．邮轮市场的现状与趋势［N］.中国旅游报，2012-04-13.

［20］陈文杰．皇家加勒比邮轮公司在华营销策略研究［D］.上海：上海外国语大学，2014.

［21］孙晓东，武晓荣，冯学钢．邮轮航线设置的基本特征与规划要素研究［J］.旅游学刊，2015，30（11）：111-121.

［22］郭训，王颖，于亚楠．中国长线邮轮旅游市场营销策略研究．上海市旅游培训中心研发部，上海市发展与改革委员会投资咨询公司，地中海邮轮旅行社（上海）有限公司.

［23］徐珏慧．上海邮轮母港市场运营深度分析［J］．中国港口，2014（6）.

［23］聂刚．小议移动互联时代，电台媒体需要面对的几项挑战．东南传播．2013-08-20.

［25］邮轮船票销售和凭票上船制度．2014.12：27-28.

［26］方懿．邮轮旅游民事法律关系初探［J］．中国海商法研究，2013，24（2）.

［27］彭援军．国外邮轮市场开发与经营模式［N］．中国旅游报，2004-02-18（2）.

［28］李晓良．皇家加勒比推出邮轮产品在线培训教程．中国旅游报．2009-12-04.

［29］Cruise Lines International Association（CLIA）.2011 Cruise industry overview［EB/OL］.

［30］邮轮船票销售和凭票上船制度．2014.12.

［31］陈梅．基于旅游者需求的中外邮轮市场开发差异性对比研究［D］．北京第二外国语学院，2011.

［32］寿晓渊，中国邮轮业为何不走寻常路？｜旅讯8点正，环球旅讯，http：//mp.weixin.qq.com/s?__biz=MTEzMzIzODIyMQ==&mid=402785693&idx=1&sn=4c6ac17c61f7d4a0ec766cfab972081d#rd.

［33］上港邮轮中心带来VR技术．科技频道．和讯网：http：//tech.hexun.com/2016-09-02/185838245.html.

［34］国内首家"全系列"邮轮体验店在江苏常州揭幕，中国发展网：http：//www.ceh.com.cn/cjpd/2016/08/975088.shtml.

［35］公主邮轮国内首个线下体验店落户杭州，杭州网：http：//hznews.hangzhou.com.cn/jingji/content/2016-08/09/content_6265321.htm.

责任编辑：谯　洁
责任印制：冯冬青
封面设计：何　杰

图书在版编目（CIP）数据

国际邮轮产品运营和服务规范／"上海国际邮轮旅游人才培训基地"教材编委会编．--北京：中国旅游出版社，2017.6（2021.1重印）

ISBN 978-7-5032-5838-1

Ⅰ.①国…　Ⅱ.①上…　Ⅲ.①旅游船—旅游产品—经营管理　Ⅳ.①F590.7

中国版本图书馆 CIP 数据核字（2017）第 126633 号

书　　名：国际邮轮产品运营和服务规范
作　　者："上海国际邮轮旅游人才培训基地"教材编委会编
出版发行：中国旅游出版社
　　　　　（北京静安东里6号　邮编：100028）
　　　　　http://www.cttp.net.cn　E-mail:cttp@mct.gov.cn
　　　　　营销中心电话：010-57377108，010-57377109
　　　　　读者服务部电话：010-57377151
排　　版：北京旅教文化传播有限公司
经　　销：全国各地新华书店
印　　刷：北京工商事务印刷有限公司
版　　次：2017 年 6 月第 1 版　2021 年 1 月第 2 次印刷
开　　本：787 毫米×1092 毫米　1/16
印　　张：15.5
字　　数：320 千
定　　价：38.00 元
ＩＳＢＮ　978-7-5032-5838-1